Joan Chittister

Das Geschenk der Jahre

Joan Chittister

Das Geschenk der Jahre

Wie wir glücklich älter werden

Aus dem Amerikanischen
von Bernardin Schellenberger

KREUZ

Dieses Buch ist Eunice Kennedy gewidmet.
Sie lebte ihr Leben auf jeder Stufe in vollem Maß,
inspirierte das Leben vieler Menschen
und ist uns allen ein Vorbild.

Titel der Originalausgabe:
The gift of years. Growing older gracefully

Published by BlueBridge. An imprint of United Tribes Media Inc., New York

Für die deutschsprachige Ausgabe:

www.kreuz-verlag.de

Satz: de·te·pe, Aalen
Herstellung: fgb · freiburger graphische betriebe
www.fgb.de

Gedruckt auf umweltfreundlichem, chlorfrei gebleichtem Papier
Printed in Germany

ISBN 978-3-7831-3415-5

Inhalt

Einführung

Der Sinn des Lebens

Ein Januarmorgen in der irischen Grafschaft Kerry. Der Atlantik vor der Küste der felsigen Inseln unter mir tost heftig mit weißen Schaumkronen und wütenden Wasserpalisaden, die donnernd gegen die Felszacken der kleinen Inselchen schlagen. Die Windböen der letzten beiden Nächte haben die Hügel, an die sich dieses kleine irische Steinhaus hier klammert, durchnässt, und noch Stunden später tropft Wasser von nackten Zweigen. Der gewöhnlich ruhige kleine Bach draußen vor meinem Fenster stürzt wild schäumend den Abhang ins Tal hinunter. Das ist ein normaler Wintertag in Kerry.

Normal ist er aber heute nicht für alle.

Im Laufe der beiden letzten, vom rüttelnden, heulenden Wind durchtosten Nächte kam die Nachricht, fünf irische Fischer und ihr Trawler würden auf See vermisst. Heute Morgen wurden sie für tot erklärt: Die See sei zu wild, um auch nur versuchen zu können, ihre Leichen zu bergen.

Wer sie waren und wie alt sie waren, weiß ich nicht. Aber eines weiß ich: Das Leben und die Zeit sind für uns unheimlich unfassbare Gegebenheiten. Sie gehören uns – und zugleich gehören sie uns ganz und gar nicht. Manche von uns werden wie diese Fischer überraschend vom heftigen Sturm einer Jahreszeit fortgerissen.

Die meisten von uns gehen wie Sie und ich Schritt für Schritt durchs Leben, einmal mit dem zuversichtlichen

Gefühl, es werde nie aufhören, einmal mit der Gewissheit, dass es für uns schon bald zu Ende sein wird.

Gerade in solchen Augenblicken, in denen einem dies in Ruhe bewusst wird, ist es wichtig, sich ganz nüchtern den Fragen zu stellen, was es denn bedeute, älter zu werden, älter zu sein, alt zu sein, in unserer Gesellschaft zum älteren Menschen zu werden. Wichtig dabei ist, dass das Alter nicht zum Hindernis für die magnetische Kraft in uns wird, die uns hin zum Leben zieht. Das Leben besteht ja nicht bloß darin, dass man noch atmet. Im Leben geht es vielmehr darum, mehr zu werden, als wir sind, alles zu sein, was wir sein können, und zwar in allem, was wir tun – ganz gleich, wie alt wir sind und wo immer wir auf der sozialen und wirtschaftlichen Leiter stehen.

Dieses Buch ist für all die geschrieben, die an der Schwelle zum »Altwerden« stehen, für Menschen, die ihren ersten Rentenbescheid erhalten haben und sich darüber wundern, denn eigentlich fühlen sie sich noch ziemlich jung und gesund.

Aber es ist ebenso ein Buch für alle, die sich Sorgen um ihre Eltern machen und sich auf die Fragen einstellen möchten, die sich mit zunehmendem Alter vermutlich stellen werden. Und es ist auch ein Buch für alle, die sich Gedanken darüber machen möchten, wie sich der Prozess des Älterwerdens auf ihr eigenes Leben schrittweise auswirkt.

Und schließlich ist dies ein Buch für alle, die sich nicht alt »fühlen«, ganz gleich, wie hoch die Zahl ihrer Jahre bereits sein mag, und die dennoch eines Tages verwundert und irgendwie benommen feststellen müssen, dass sie dem Altwerden kein Schnippchen schlagen konnten, die also irgendwann plötzlich merken: Ich bin schon älter, als ich überhaupt je gedacht hatte. Sie werden jetzt mit einem Mal von den Jüngeren in ihrer Umgebung als »Senioren« oder »die Älteren« oder die »ältere Generation« oder sogar als die »Alten« bezeichnet, obwohl sie sich innerlich noch nicht anders fühlen als vor einem Jahr. Das Einzige, was nicht zu leugnen ist, ist natürlich die Zahl ihrer Jahre. Und letztlich bemisst sich an ihr alles.

Ja, sie sind alt und werden Tag für Tag noch älter – zumindest nach den Tagen des Kalenders gemessen. Aber in ihrem Inneren wissen sie selbst, dass sie eine Lebensphase verlassen und eine andere betreten, sich noch an die eine klammern, aber unaufhaltsam in die andere gleiten. Und sie wissen nicht, wie sie damit umgehen sollen. Ist folglich also bald Schluss mit allem, was sie im Leben als lebenswert und erfüllend empfinden? Sollten sie sich einfach ins Unvermeidliche fügen und ihren beschwerlichen Zustand annehmen? Oder ist das in Wirklichkeit der Anfang einer ganz neuen Lebensweise? Sind sie im Begriff, allen Sinn und jedes Ziel zu verlieren? Oder kommt jetzt erst allmählich der Sinn des Lebens ans Licht? Da viele von uns womöglich fast genauso viele Jahre außerhalb wie innerhalb des Arbeitslebens verbringen, ist es ganz gewiss notwendig und richtig, sich gründlicher Gedanken darüber zu machen, was denn für uns alle in diesen Jahren steckt, was sie von uns verlangen und was sie uns zu bieten haben. Die Voraussetzung dafür ist aber, dass wir wissen, wonach wir Ausschau halten sollen, wenn sie auf uns zukommen.

Das Schlechteste an diesem Buch könnte sein, dass ich wahrscheinlich noch zu jung bin, um es zu schreiben. Schließlich bin ich erst 70. So möchte ich mir im Interesse einer möglichst vollständigen Darstellung auf jeden Fall vorbehalten, es noch einmal gründlich überarbeiten zu dürfen, wenn ich 90 bin. Jetzt gleich möchte ich jedoch darüber schreiben, wie es sich anfühlt, wenn man sich vor die Zeit gestellt sieht, für die keine Karrieren mehr geplant und vorgezeichnet werden.

Ich möchte auch darüber schreiben, was ich bei den älteren Menschen miterlebt habe, mit denen ich mein ganzes Leben lang zusammen war, und die auch nach der Zeit, die die meisten Menschen als ihre »produktive« bezeichnen werden, noch viele recht vitale Jahre erleben. Ich möchte über den Übergang in diese letzte Phase des menschlichen Reifwerdens schreiben sowie darüber, wie sie sich als eine Gipfelzeit des Lebens erleben lässt.

Die Gerontologen sagen uns, es gebe in unserer Gesellschaft drei Stufen des »Altseins«: die jungen Alten mit 65 bis 74; die alten Alten mit 75 bis 84; und die ältesten Alten mit 85 Jahren und darüber. Diese drei Stufen hätten bestimmte Dinge gemeinsam, und jede von ihnen bringe zugleich ihre eigenen Themen mit sich.

Während man vom frühen Leben – dem Leben ab der Geburt bis zum Alter von 21 – sehr viel weiß, wissen wir vom höheren Alter seit jeher nur relativ wenig. Die Gerontologie als Wissenschaft – die Erforschung der biologischen, psychologischen und sozialen Aspekte des Alterns – entstand sogar erst nach dem Zweiten Weltkrieg. Bis dahin konzentrierte sich alles Interesse für das Alter ganz darauf, mit welchen Mitteln man das Jungsein verlängern oder die Auswirkungen des Alterns abbremsen könne. Was der Gerontologie aber immer noch fehlt, ist das Bewusstsein für die spirituellen Dimensionen dieser Lebensphase: Nur sie geben uns ja die Ressourcen an die Hand, die wir brauchen, um das Wesen und den Sinn des Lebens überhaupt aus einer Langzeitperspektive heraus einschätzen zu können.

Ich möchte also darüber schreiben, wie das Leben über seine physische Dimension hinaus auf eine spirituelle Entwicklung hin angelegt ist. Ja: Während die physische Dimension des Lebens sich mindert, steigert sich auch seine spirituelle Dimension. Auf die physischen Veränderungen, die mit dem Alter kommen, will ich nicht eingehen, auch wenn sie wichtig sind und starke Auswirkungen haben. Vielmehr möchte ich die mentalen und spirituellen Einstellungen betrachten, mit denen wir diese Herausforderungen angehen müssen. Sie sind ausschlaggebend dafür, wer wir im Laufe dieses Prozesses werden, in dem wir von einer Stufe des Altwerdens zur nächsten gelangen.

Direkt über den Tod werde ich hier nicht schreiben. Tod und Alter sind keine Synonyme. Der Tod kann jederzeit eintreten; das Alter kommt nur zu den wirklich Gesegneten. Aber natürlich werde ich darüber schreiben, was es bedeutet, bewusst und klar zu wissen, dass man diesem nicht mehr fernen Zeitpunkt Tag für Tag näher kommt.

Ich möchte über Sie und mich schreiben und über die Bedeutung dieser Zeit für alle hinter uns liegenden Jahre und erst recht für die Tage, die uns noch beschieden sind. Da wird es viel zu schreiben geben.

Wenn ich vom »Geschenk der Jahre« spreche, geht es um sehr viel mehr als um die Einsicht, dass diese späten Jahre ein *Geschenk* sind und nicht eine Last. Nicht jeder, der sie durchlebt, begreift sie richtig oder freut sich über sie. In diesem Buch geht es folglich darum, sich auf die Segnungen dieser Zeit bewusst einzulassen und ihre Lasten zu bewältigen. Darin besteht die spirituelle Aufgabe des späteren Lebens.

Das ist eine eigenartige Lebensphase, ja vielleicht sogar die eigenartigste von allen. Aber mit ihr stellen sich alle Ängste und Hoffnungen eines ganzen Lebens ein. Um diese Jahre fruchtbar zu leben, müssen wir uns jede einzelne dieser Ängste und Hoffnungen aufrechten Hauptes und mit lebendiger Aufmerksamkeit ansehen. Es geht jetzt nicht darum, möglichst alt zu werden, also nicht um die Frage, wie viele Jahre wir dem Leben noch abtrotzen können. Es geht um das Altwerden als solches, um das Leben der spezifischen Werte, die dieser Lebensabschnitt bietet, genau wie jeder andere Abschnitt auch. Oder, wie E. M. Forster schreibt: »Wir müssen willens sein, das Leben, wie wir es geplant hatten, loszulassen, damit wir bereit sind für das Leben, das uns erwartet.«

Es ist für uns an der Zeit, unsere Fantasien vom ewigen Jungsein und unsere Ängste vor dem Älterwerden loszulassen und zu entdecken, wie schön es ist, im guten Sinn älter zu werden. Es ist an der Zeit, zu begreifen, dass die letzte Phase des Lebens kein Nicht-Leben ist, sondern eine *neue Stufe* des Lebens. Diese älteren Jahre sollen gute Jahre werden. Wir können sie auf vernünftige Weise aktiv leben, mit geistiger Wachheit und Aufmerksamkeit, mit unserer Erfahrung und bleibenden Neugier, als sozial wichtige und spirituell bedeutsame Menschen.

Aber die wichtigste Dimension des fruchtbaren Altwerdens dürfte in der Wahrnehmung bestehen, dass das Altern seinen Sinn hat: Das Alter hat seinen guten Grund, ganz gleich, in welcher Situation wir uns befinden und über welche sozialen Ressourcen wir verfügen. Jede Lebensphase ist auf etwas Bestimmtes hin angelegt, und diejenige des Alters nicht weniger als alle anderen. Der französische Moralist Joubert schreibt: »Der Abend eines gut verbrachten Lebens bringt seine Lampen selbst mit.« Hohes Alter erleuchtet – nicht nur uns selbst, sondern auch die Menschen um uns. Unsere Aufgabe ist es, das wahrzunehmen. Ja, die End-Zeit des Lebens ist eine seiner besten, eine seiner wichtigsten. Die Frage ist nur: Warum?

Wer von uns hat nicht schon sagen hören, immer und immer wieder: »Wir haben zum Leben nur dieses eine Leben«? Das Leben, so unterstellt dieser Spruch, muss eine endlose, unfehlbare Linie sein; was wir gestern getan haben und was wir heute tun, kann nicht mehr ungeschehen gemacht werden. Die lebenslangen Konsequenzen dieser Denkungsart können tödlich sein. Dabei betoniert man die Zukunft von vornherein fest; man knüpft sie im Kurzschluss an das Gestern an, das sich nie mehr reparieren lässt. Wenn aber jede Handlung von vornherein von der vorherigen festlegt wird, gibt es kein Neuwerden, keine Veränderung mehr. Dann gibt es nur die biologische Zeit, also das unentwirrbare, endlose Vorherbestimmtsein des jeweiligen Tages durch den vorigen. Und das Jetzige determiniert wiederum das Kommende.

So habe ich es nicht erlebt. Im Gegenteil: Mein Leben ist eine einzige Reihe von Neuanfängen. Jetzt, da ich in den 70ern bin, weiß ich, warum ich die Vorstellung nie besonders ernst genommen habe, dass das Leben ein ständiges Fortschreiben des Gestern sei. Im Gegenteil: Diese Vorstellung empfand ich immer als sehr unangenehm. Sie war wie eine dieser drohenden Ermahnungen, von denen die Erwachsenen regelmäßig behaupten, sie meinten sie gar nicht drohend, die aber junge Menschen immer gleich mit feinem Spürsinn wittern. Darin steckte die Botschaft: Was immer du zu einem bestimmten Zeitpunkt entscheidest, rettet oder ruiniert dein Leben für immer – so, als wäre das »Leben« eine einzige Abfolge von Gegenwarts-Momenten, von denen jeder den folgenden von vornherein unerbittlich festlegt.

In Wirklichkeit, so habe ich gemerkt, ist es ganz anders: Es stimmt überhaupt nicht, dass wir nur *ein* Leben zu leben haben. Bei näherem Zusehen besteht jedes Leben aus einer ganzen Reihe von Leben, und jedes dieser Leben enthält seine eigene Aufgabe, hat seine eigenes Aroma, kennt seine eigene Sorte von Irrtümern, seine eigenen Arten von Sünden, seine besonderen Herrlichkeiten, seine eigene Form tiefer, dumpfer Verzweiflung, seine eigene Fülle von Möglichkeiten – und dies alles ist dazu da, uns zu ein und demselben Ziel hinzuführen: zum Glück und zum Gefühl der Erfüllung.

Das Leben ist ein Mosaik aus vielen Einzelteilen, von denen jedes in sich ganz ist und jedes einen Trittstein auf dem Weg zu allen weiteren darstellt.

Jeder unserer einzelnen Lebensabschnitte scheint mir etwas für sich Bestehendes zu sein, wobei sie alle auch Teil einer einzigen, sich durchziehenden Lebenslinie sind. Jedes Wegstück ist etwas ganz Eigenes, ja ist ein einzigartiges Stück Wahrnehmung dessen, was das Leben insgesamt ist. Jedes macht uns neu. Und jedes hat seinen Zweck.

Zuerst eignen Sie sich die Fähigkeit an, überhaupt ein lebendiges Wesen zu sein. Sie lernen zu reden und zu gehen und nichts kaputt zu machen und nicht zu laut zu schreien und nicht mit dem Fuß aufzustampfen und »NEIN!« zu brüllen, so gern Sie das auch täten.

Dann, in der nächsten Phase, lernen Sie, wie man Schüler ist und sich Freunde erwirbt. Oder vielleicht erleben Sie, dass Sie sich keine Freunde machen können und Sie etwas an sich haben, das die anderen nicht mögen. So werden Sie am Ende womöglich jemand sein, der nicht zur Masse gehört. Dennoch werden Sie dank eines nicht umzubringenden Kerns in Ihnen ein ziemlich haltbares Stück Selbstachtung ausbilden, das Sie darauf beharren lässt, dass Sie grundsätzlich in Ordnung sind, mögen die anderen sagen, was sie wollen.

Schließlich werden Sie erwachsen und auch von den anderen zum Erwachsenen erklärt. Und interessanterweise halten Sie sich auch selbst für einen.

Sie erhalten alle möglichen Diplome und Zertifikate, sei es von Ämtern oder weil Sie inzwischen im Leben einiges gelernt haben. Sie werden kaufmännische Angestellte oder Unternehmer, Chefkoch in einem Restaurant oder Fachärztin für Hautkrankheiten, Feuerwehrmann oder Lehrerin, Zahnarzthelferin oder Schweißer. Sie gehen Ihren Weg, haben einen Beruf, eine bestimmte Fertigkeit, ein Stück Welt, dem Sie Ihren Stempel aufprägen können. Sie begegnen jemandem, dessen Lebensentwurf zu Ihrem eigenen passt, finden einen Partner oder eine Partnerin, mit dem zusammen Sie Ihre Vorstellungen in die Praxis umsetzen können, gründen eine Familie und richten sich darauf ein, viele Jahre zusammen zu sein. Oder es ergibt sich oder Sie entscheiden sich ausdrücklich dafür, dass Sie allein bleiben; Sie wollen frei sein, um die Welt kennenzulernen oder sich ganz auf eine Karriere oder einen Dienst konzentrieren zu können. Welchen Weg Sie auch immer einschlagen: Sie haben, sofern Sie Glück haben, ein Ziel vor Augen.

Aber recht oft geht Ihnen das, was Sie in dieser Phase über das Leben lernen, in dem hektischem Streben, mit dem Sie Ihre Ziele erreichen wollen, wieder verloren. Sie strampeln sich ab, um eine Stelle zu finden und zu behalten. Sie bekommen Jobs, geben Jobs auf und verlieren Jobs. Sie mühen sich ab, um ein Haus zu kaufen oder einen Abschluss zu erreichen oder die Sicherheit, von der man in unserer Kultur meint, sie werde bis zum Ende halten.

Und irgendwann fängt dann die Zeit an, sich zu rächen. Sie lässt gar nicht mehr so viele Jahre übrig, um die Hypothek abzubezahlen. Es bleiben bloß noch so viele Jahre, um Pläne für den Ruhestand zu machen. Manche müssen gehen, weil Betriebe verkleinert und Firmen geschlossen werden, andere kommen vielleicht noch in den Genuss von Beförderungen, Prämien oder Zuschlägen für besondere berufliche Leistungen.

Schließlich ist alles so leicht und schnell, wie es angefangen hat, auch vorbei. Ihre erste Rentenzahlung kommt aufs Konto, und Sie bekommen einen Senioren-Ausweis für Ermäßigungen bei Verkehrsmitteln und Eintritten. Sie sind im Ruhestand – und haben dieses Gefühl der Freiheit, das bei vielen ganz plötzlich in das Gefühl erzwungener Nutzlosigkeit umschlagen kann.

Vor ihnen steht die hohe, graue Mauer, auf der steht: »die späten Jahre«.

Professoren schreiben wissenschaftliche Aufsätze über die psychologische oder körperliche Veränderungen dieser Jahre. Aber wenn wir von einer Phase unseres Lebens in die nächste geraten, wissen wir nur, dass das Älterwerden eben darin besteht, älter zu werden.

Was ist der Sinn von all dem? Der französische Schriftsteller La Rochefoucauld schreibt: »Wir werden beim Älterwerden törichter und zugleich weiser.«

Was davon ist es also? Was ist der Zweck all dieser zusätzlichen Jahre, dieser Jahre außerhalb der Systeme, jenseits der verfassten Institutionen? Ist das die Zeit des Sterbens? Ist das nur noch die Zeit des Wartens darauf, dass alles vorbei ist? Und wenn ja: Wie können wir uns auf diese Zeit möglicherweise mit einer Art von Freude, einer Art von Würde einstellen?

Sicher wissen kann ich nur das, was ich um mich herum sehe. Margaret, einst eine Meister-Näherin, ist mit 95 immer noch auf Arbeit aus. »Ich bin immer noch für euch da«, erklärt sie, wenn sie sich bei Freundinnen umsieht, ob Damenhosen eingesäumt werden müssen oder an einem Kleid Falten zu nähen sind. Sie spricht alle in ihrer Umgebung an, und wenn niemand zu ihr kommt, macht sie bei anderen Besuche. Sie liest und hört Musik. Sie bleibt mit ehemaligen Schülerinnen in Kontakt. Sie hört sich auf CDs aktuelle Vorträge an. Sie lebt. Sie hat etwas an sich, das die Zeit heiligt und diese nicht schal, sondern kreativ sein lässt. Damit gewährt sie mir Einsicht in den Teil meines Lebens, den ich noch nicht sehen kann. Sie sagt mir, dass sich das Maß an Leben, das man hat, nicht nach der Zahl der Jahre bemessen lässt.

Jeder Lebensabschnitt hat seinen eigenen Zweck. Dieser spätere gibt mir die Zeit, alle anderen zu verarbeiten und mir anzueignen. Bei Margaret lerne ich, dass die Aufgabe dieser Lebensphase nicht darin besteht, einfach darauf zu warten, dass das Ende der Zeit kommt. In Wirklichkeit geht es darum, lebendig zu werden, und zwar so, wie ich es bisher noch gar nicht war.

In diesem Buch werden die vielen Dimensionen des Alterungsprozesses in den Blick genommen: sein Zweck und seine Herausforderungen, die Kämpfe und Überraschungen, Probleme und Chancen, Leiden und Freuden. Es handelt davon, sich abgehängt zu fühlen und mit dem übrigen Leben nicht mehr in Kontakt zu sein. Es wird vom Unterschied zwischen Tun und Sein die Rede sein und davon, dass beides wichtige Dimensionen des Lebens sind. Beide sind für das Gewebe des Lebens wichtig, beide sind ein Geschenk an die Gesellschaft; weder ist nur das eine wichtig noch das andere belanglos. Wir werden der Versuchung begegnen, uns von den Veränderungen, die um uns herum im Gang sind, abzusetzen. Wir werden uns damit auseinandersetzen, was mit uns passiert, wenn alte Beziehungen enden, sich verlagern, sich verändern oder verschwinden und dafür neue Menschen und Herausforderungen an ihre Stelle treten. Es ist die Rede von der Angst vor dem Morgen und vom Geheimnis des »für immer«. Es geht darum, wie man mit all dem zurechtkommt und um die verschiedenen Lebensfragen, die mit dem Alter auftauchen und uns in die Fülle des Lebens führen und wiederum neu machen wollen.

Dieses Buch muss nicht in einem Zug gelesen werden – oder auch nur der Reihe nach. Man kann es genau so nehmen, wie die älteren Jahre: langsamer, nachdenklicher, ernsthafter. Immer nur ein Thema auf einmal. Es ist so gedacht, dass man darin immer wieder liest – und sei es auch nur, um nach dem Puls des Lebens zu tasten, während man lesend von einem Thema, einem Jahrzehnt zu anderen kommt.

Es geht um die Jahre, die den Schlussstein im Gewölbe des Lebens darstellen, um die Zeit, in der wiederum ein ganz neues Leben am Entstehen ist. Das Geschenk dieser Jahre besteht nicht nur darin, lebendig zu bleiben, sondern es ist viel größer: Es ist das Geschenk, lebendiger zu werden denn je.

Bedauern

Der indische Swami Sivananda schreibt: »Grüble nicht über deine früheren Fehler und Misserfolge nach, denn all dies erfüllt deinen Geist nur mit Gram, Bedauern und Niedergeschlagenheit.«

Eines Tages kommt das Bedauern, eines der Gespenster des Alterns, über uns, und zwar verkleidet als Weisheit. Es wirkt tiefsinnig und ernsthaft, sensibel und verantwortungsvoll. Es stachelt uns an, mit dem Zurückschauen anzufangen. Es drängt uns, alles, was wir jemals getan haben, in Frage zu stellen. Es flüstert uns ein: Ich hätte auf meine Mutter hören sollen. Ich hätte auf der Schule bleiben sollen. Ich hätte mit dem Heiraten warten sollen. Ich hätte mich auf etwas anderes spezialisieren sollen. Ich hätte bestimmte Stellen wechseln sollen. Ich hätte mehr Zeit mit den Kindern, mit der Familie, daheim verbringen sollen. Ich hätte weggehen sollen von diesem Ort, dieser Stadt, diesem öden oder wilden oder beengenden Leben.

Diese Übung erschöpft einen. Und außerdem ist sie gefährlich. Sie nagt den Geist an, und sie führt zu einer deutlich spürbaren Ermüdung. Die Jahre sind davongeglitten, ohne dass wir es recht gemerkt haben. Und jetzt ist es zu spät für das, was wir noch unbedingt hätten haben und ändern wollen: zu spät für die Reise, von der ich immer geträumt hatte; zu spät für eine ganz andere Arbeit; zu spät, um in eine stille Gegend aufs Land zu ziehen – oder in die Großstadt, wo bestimmt alles viel größer, heller und besser gewesen wäre. Es ist zu spät, um noch einmal von Neuem anzufangen; zu spät, um es dieses Mal besser zu machen.

Und das Schlimmste von allem ist daran: Das Bedauern möchte dahinterkommen, aus welchem Grund ich ausgerechnet das gemacht habe, was ich gemacht habe. Aber das weiß ich nicht.

Dieser Zwang zum Zurückschauen, dieser Zwang, mir selbst und anderen zu erklären, warum ich getan habe, was ich getan habe – oder schlimmer noch: zu rechtfertigen, weshalb ich nicht etwas anderes getan habe –, ist einer der direktesten uns verfügbaren Wege hinein in die Depression. Andrew Weil schreibt in seinem Buch *Healthy Aging*, dass unsere Gedanken, Gefühle und Einstellungen »maßgeblich die Art und Weise bestimmen, wie wir altern«. Sie können die Qualität der Zeit, die wir gegenwärtig erleben, gewaltig beeinträchtigen.

Wir hören uns innerlich sagen: »Meine Zeit ist fast abgelaufen – und was habe ich aus ihr gemacht?« Heimlich, still und leise beginnt die Vergangenheit unsere Aufmerksamkeit genauso in Beschlag zu nehmen wie die Gegenwart – zuweilen sogar stärker.

Aber wenn das Bedauern anfängt, richtet es sich nicht nur auf die Vergangenheit. Es lenkt unser Grübeln auch auf die Gegenwart und verleidet uns auch den jeweiligen Augenblick. Damit nimmt es unseren Schritten ihren Schwung. Wo immer wir jetzt sind, was immer wir jetzt tun – immer plagt uns der Gedanke, dass wir etwas anderes hätten tun können, etwas Befriedigenderes, etwas Wichtigeres, etwas Wertvolleres.

Und die Vorstellung von dem, was wir früher alles hätten anders entscheiden können und was wir alles nicht getan haben, beginnt all dem, was wir tatsächlich getan haben, seinen Glanz zu nehmen.

Das Denken an das, was hätte sein können, nagt tief im Herzen. Es gebärdet sich als Nachdenken, als eine Art Nachzeichnung der Jahre. Aber tief innen fühlt es sich eher wie ein Scheitern an und nicht als verständnisvoller Rückblick. Was haben wir aus unserem Leben gemacht? Was ist aus uns geworden?

Wir gehen alles, was wir getan haben, kritisch durch. Tauchen alte Freunde auf, beginnen wir unser Leben gegenüber dem ihrigen abzuwerten. Dabei beschäftigt uns nicht so sehr der Gedanke, was sie alles hinbekommen haben, sondern eher derjenige, was wir selbst nicht geschafft haben.

Dies alles richtet sich mit unerbittlichen Schlägen gegen unseren innersten Lebenskern. Warum haben wir dies getan, warum nicht das, warum haben wir es nicht geschafft, alles anders zu machen? Das Licht der Seele beginnt sich einzutrüben. Unser Leben überzieht sich mit einem Grau, das wir nie zuvor gekannt hatten. Wir unterziehen unser Leben dem Endgericht – und das, was wir alles nicht geschafft haben, macht uns Angst.

Dieses Bedauern gebärdet sich als Einsicht. Aber wie könnte es sich dabei um spirituelle Einsicht handeln, wenn man alles Gute, das es gegeben hat, mit dem Blick auf das, was nicht war, leugnet? Nein, Bedauern ist nicht Einsicht. In Wirklichkeit gerät die Seele so in einen gefährlichen Treibsand. Es gibt aber viele Wege zur Fülle des Lebens, die alle unterschiedlich und alle einmalig sind.

Die Übung des Bedauerns wirkt anfangs ziemlich einfach und unschuldig, aber sie hat etwas Starres an sich. Das Bedauern zieht uns feuchtschwer in die Mitte unserer selbst hinab und verstrickt uns in lähmende Fantasievorstellungen. Es schafft aus Spinnweben und Luft ein falsches Leben und lässt uns das Leben, das wir haben, bedauern. Es verwendet unsere gute Zeit für das, was nicht war, statt für das, was ist.

Bedauern ist eine Versuchung. Es verführt uns zur Lust auf das, was in der Vergangenheit nie war, statt unserer sich verändernden Gegenwart neue Energie zuzuführen. Es ist ein Missbrauch des Alterungsprozesses. Eine der Funktionen des Alterns – eines seiner Geschenke – besteht darin, sich mit dem Selbst, das wir sind, anzufreunden, statt zu betrauern, was wir nicht sind. Wenn wir uns selbst abwerten, stellen wir alles, was wir sind und waren, in Frage, in Zweifel. Wir zweifeln an dem Gott, der uns geschaffen hat und mit uns bis ans Ende mitgeht.

Doch dieses Bedauern kann auch gerade zur Gnade werden, die wir brauchen, um uns wieder an die Energie anzuschließen, die uns bis hierher gebracht hat. Das Bedauern kommt mit zwei Gesichtern: Das eine ist das Bedauern über unsere Fehlschläge, aber das ganz andere ist das Bedauern über die Entscheidungen, die wir in unserem Leben getroffen haben.

Wenn wir die Straßen bedauern, die uns dorthin geführt haben, wo wir sind, laufen wir Gefahr, unsere Zukunft zu verlieren. Wir nehmen ihr alle neuen Möglichkeiten. Wir verkennen dann, dass diese Straßen genauso lebenspendend und genauso gut für uns sein können, genauso von Gott erfüllt wie die Straßen, die wir früher zurückgelegt haben.

Wenn wir dagegen Dinge bedauern, die wir nie hätten tun sollen: etwa den Ruf von jemandem geschädigt zu haben; jemanden, den wir liebten, missbraucht zu haben; von der Wahrheit abgewichen zu sein, um vorwärts zu kommen oder Beifall zu ernten; unseren eigenen Körper so sehr geschädigt zu haben, dass uns das physisch oder emotional angeschlagen hat – dann wissen wir, dass wir zu einem wertvolleren Menschen geworden sind. Es ist ein Moment großer Erleuchtung, wenn uns aufgeht, dass die Jahre uns haben wachsen lassen und uns getragen haben. Wir haben jetzt mehr Substanz als damals, als wir noch jung waren – ganz gleich, was wir in der Vergangenheit getan haben oder wo wir waren, als wir es getan haben.

Das Bedauern markiert mit seinen Stichen eine Schwelle des Lebens. Diese Stiche fordern uns auf, die Ideale und Motive zu überprüfen, die uns dorthin geführt haben, wo wir jetzt sind. Sie erinnern uns an die Menschen, die wir geliebt haben, an das Orientierungsgefühl, das uns gelenkt hat, an die Verpflichtungen, die wir eingegangen sind und eingehalten haben. Die Entscheidungen, die wir in der Vergangenheit trafen, sind es, die uns zu dem Menschen gemacht haben, der wir heute sind. Die Wege, die wir nicht eingeschlagen haben, könnten uns genauso dazu gemacht haben. Aber andererseits: Sie könnten uns auch nicht dazu gemacht haben.

So, wie es ist, können wir jetzt, mit klarem Blick und deutlicherem Bewusstsein für das, was uns die Jahre gebracht haben, statt es uns eben nicht zu bringen, begreifen, warum wir die sind, die wir sind.

Auf jeden Fall müssen wir zurückblicken. Auf jeden Fall müssen wir uns fragen, warum wir sind, wo wir sind. Und wir müssen uns auch die Frage stellen, warum wir nicht all das getan haben, von dem wir zumindest zu einer bestimmten Zeit dachten, dass wir es tun wollten und es hätten tun sollen.

Diese Antworten, diese Motive sagen uns, wer wir wirklich sind. Wenn wir die Entscheidungen der Vergangenheit überdenken, lautet die zentrale Frage: Hat sich in uns alles entwickelt, was sich infolge dieser Entscheidungen entwickeln sollte? Hat das Leben, das wir gewählt haben, uns in die Fülle des Lebens geführt, das Gott für jeden von uns will?

Die Last des Bedauerns besteht darin, dass wir den Wert unserer in der Vergangenheit getroffenen Entscheidungen womöglich nicht verstehen. Dann gelingt es uns nicht, die Gaben zu erkennen, die sie uns gebracht haben.

Der Segen des Bedauerns ist klar: Wenn wir bereit sind, uns ihm ganz zu stellen, führt es uns so weit, dass wir auf völlig neue Weise in dieser neuen Lebensphase präsent sein können. Das Bedauern drängt uns dazu, weiterhin zu »werden«.

Sinn

Vor über zweitausend Jahren schrieb Cicero: »Großes wird nicht durch Muskelkraft, Geschwindigkeit oder körperlicher Geschicklichkeit erreicht, sondern durch Nachdenken, Charakterstärke und Urteilsvermögen. An solchen Eigenschaften ist das Alter gewöhnlich nicht ärmer, sondern sogar reicher.«

Heute leben wir in einer Welt, die ihre Leistungen nach Geschwindigkeit und Geschäftigkeit bemisst. Wie leben im Strudel der Internet-Kommunikation, die uns mit all ihren Informationen und Daten, internationalen Shoppingtouren und Sofortbotschaften erstickt. Zeit und Raum, Zeit und Denken haben nur noch geringen Kurswert. Es wird immer schwieriger, genügend Zeit zum Nachdenken zu finden. Statt nachzudenken, tun wir pausenlos etwas. Wir sind derart damit beschäftigt, ständig etwas am Laufen zu halten, dass uns nur noch wenig Zeit dafür bleibt, zu überlegen, welchen Wert das hat, was da läuft.

So brauchen wir dringend Menschen, die sich auf den Sinn des Lebens konzentrieren und nicht nur auf dessen Geschwindigkeit, Mechanisierung und Digitalisierung fixiert sind.

Aber man hat uns auf eine Sammlung von Daten reduziert. Regierungen und Firmen möchten von uns Zahlen haben – und diese für die Nachwelt speichern: die Nummer des Hauses oder Stockwerks, in dem wir wohnen, die Telefonnummer, unter der wir zu erreichen sind, das Jahr, in dem wir unser Abitur gemacht haben, die Zahl der Diplome, die wir haben, die Zahl der Menschen in unserer

Familie, unsere Sozialversicherungsnummer, anhand deren wir eines Tages unser Anrecht auf Unterhalt, Pflege und Unterbringung geltend machen können – und, anscheinend am wichtigsten von allen, die Berufe, die wir ausgeübt haben.

Keine dieser Zahlen spiegelt wider, was wir über Gott denken oder wie die Politik in unserem Land läuft oder ob unsere Lebensqualität derzeit noch annähernd so gut ist, wie sie schon einmal war oder sein könnte oder sein sollte. Nein: Was wir denken, wollen sie nicht wissen. Es ist ihnen egal, ob wir schon einmal einen Köder an einen Angelhaken gesteckt oder einen kranken Vogel aufgepäppelt haben oder ob wir unser Leben dafür einsetzen, die Lebensqualität der Menschen in unserer Umgebung zu verbessern. Sie fragen auch nicht danach, was wir glauben und warum wir das tun, wofür wir sterben würden und warum, worauf wir hoffen und warum wir das tun. Der *Sinn* scheint also eindeutig nicht zu dem zu gehören, worum es in unserer Art von Welt geht.

Da ist es kein Wunder, dass sich viele von uns wie Schachfiguren auf einem Brett vorkommen oder wie Zahnräder in einem Getriebe. Die Botschaft, die wir verinnerlicht haben, ist klar: Wir sind, was wir tun und was wir besitzen, und nicht, was wir in unserem Inneren sind. Aber darauf kommt es in Wirklichkeit an!

Jetzt sind wir in einer Lebensphase, in der uns eine Frage plagt, die entweder vernichtend oder produktiv auf uns wirken kann – je nachdem, wie wir mit der Antwort umgehen. Dies ist für die letzte Lebensstufe von zentraler Bedeutung. Wir müssen uns nicht nur die Frage stellen: Wer bin ich eigentlich, wenn ich vom Tun ins Sein übergehe?, sondern wir müssen auch um unseres Glücks und unserer mentalen Gesundheit willen die Frage beantworten: Was bin ich, wenn ich nicht mehr tue, was ich zu tun gewohnt war? Und macht das irgendjemandem etwas aus? Und was hat das mit dem Hineinwachsen in Gott zu tun?

Wenn die Berufsarbeit aufhört oder die Stellung verschwindet oder die Rolle sich überlebt; wenn ich also nicht mehr der bisherige Geldverdiener oder Chef bin, nicht mehr die Gemeinderätin oder Lehrerin und nicht einmal mehr die Oma oder der Opa im Familienverband – welchen Inhalt hat dann mein Leben noch? In unserer heutigen Zeit, in der von fünf Berufstätigen zwei gezwungenermaßen früher als geplant aus ihrem Beruf ausscheiden, nimmt die Desorientierung alle Züge einer sozialen Epidemie an.[1]

In unserer Gesellschaft wird man, gleich nachdem man sich namentlich vorgestellt hat, fast routinemäßig nach dem Beruf gefragt. Es geht also nicht einfach nur um eine philosophische Frage. Wenn man im Schnitt mit vierundsechzig in den Ruhestand geht und dann noch eine durchschnittliche Lebenserwartung von fünfzehn bis zwanzig Jahren hat, ist ganz entscheidend zu fragen: *Was* bin ich, wenn ich nicht mehr jung genug bin, um mir eine Position zu verschaffen, mich mit einer weiteren Trophäe zu schmücken, mein Einkommen weiter zu steigern und morgens aus dem Haus zu hasten, um viele Stunden lang im Büro irgendeiner Firma tätig zu sein? *Wer* bin ich, wenn mein berufliches Dasein aufhört und mein Geld gerade noch ausreicht, um meine Miete bezahlen zu können?

1 McKinsey and Co., New York City, www.harpers.org/HarpersIndex2006-10.html (23.1.2007).

Diese schwerwiegenden Fragen kommen mit dem Ruhestand. Es sind bohrende Fragen, die die Tage des Übergangs von dem Zustand, wo man jemand ist, in den Zustand, wo man niemand mehr ist, mühsam machen. Es sind die Kernfragen, die an den Nerv unserer Spiritualität rühren.

In einer gnadenlos aktivitätsorientierten Gesellschaft ist Arbeit alles. Schon indem man das Wort »Ruhestand« gebraucht, macht man die Arbeit zum Bezugspunkt und Maßstab des Lebens.

Schon um finanziell zu überleben – vom Vorwärtskommen ganz zu schweigen –, haben wir derart lange unterdrückt, was wir denken und woran wir glauben, dass es uns jetzt fast unmöglich ist, uns zu erinnern, wie diese Gedanken und Glaubensüberzeugungen ausgesehen haben – wenn sie uns denn je richtig bewusst waren. Wir haben uns im Interesse der bürgerlichen Harmonie eher darum bemüht, im Leben einigermaßen »zurechtzukommen«, statt wirklich von uns aus eine ganz eigene Art des Denkens und Lebens zu entwickeln. Bis zu diesem Zeitpunkt ging es eher darum, gut zu funktionieren, als gut zu leben. O doch, natürlich gingen wir zur Wahl, aber allzu oft ging es uns sogar bei diesem großen Akt der moralischen Bewertung mehr um unsere wirtschaftliche Sicherheit als um das Bekenntnis zu spirituellen Grundsätzen oder um den Rest der Menschheit.

Ich mag ein effizienter Mensch gewesen sein – aber ein spiritueller Mensch war ich kaum. Was bin ich also jetzt, wo die Effizienz nicht mehr das ist, was mein Leben ausmacht?

Was kann ich mit all den Jahren vor mir anfangen, um der inneren Leere zu entgehen, die sich einstellt, wenn ich die gesamte Ausstattung abstreife, die mit einem Beruf einhergeht – etwa die Partys mit der Belegschaft oder die Betriebsausflüge oder die Urlaubsbriefe, in denen ich meinen Freunden all meine Erfolge schildern konnte?

Das ist die Zeit, heimzukommen zu meinem Selbst. Jetzt finde ich mich so vor, dass alle Zusätze meines Lebens von mir abgestreift sind. Ich stehe von Angesicht zu Angesicht meinem Selbst gegenüber. Und meine Angst ist jetzt, dass gar kein Selbst da ist. Ich habe mein Leben damit verbracht, jemand Wichtiges zu sein – und jetzt ist nichts mehr übrig als ich selbst. Ich leite nichts mehr. Ich werde nichts mehr. Ich bin jetzt einfach ich. Aber was ist das?

Wenn alle Titel und Vorzüge wegfallen, steht der Sinn – die Botschaft meines Lebens, die Substanz meines Seins – allein da, nackt und fröstelnd. Ich bin ich. Einfach nur ich.

Was sehen jetzt die anderen in mir? Was sieht jetzt Gott in mir? Was sehe jetzt ich in mir? Was fange ich jetzt mit meiner Zeit an? Was bringt mich morgens aus dem Bett – etwas Größeres als die Unlust, noch länger darin liegen zu bleiben?

Das ist in der westlichen Welt tatsächlich die große Frage des höheren Alters. Was *bin* ich, wenn ich nichts weiter bin? Was bleibt von mir übrig, wenn alles andere vergeht: die Positionen, die Macht, der Status, der Arbeitsplatz, das Ziel, die Rolle, der Einfluss – und all die Beziehungen, die ich um all dies gewoben und aufgebaut hatte? »Aus der Tiefe rufe ich, Herr, zu dir«, klagt der Psalmist. Jetzt steckt in uns allen ein solcher Psalmist.

Die Antwort auf solche überwältigenden Fragen ist kompliziert. Natürlich bin ich auf einer gewissen Ebene all die Erfahrungen, die ich jemals gemacht habe. Aber auf einer anderen Ebene bin ich nur das, was die Menschen sehen, wenn sie mich jetzt anschauen. Und schließlich bin ich nur das, als was ich mich geformt habe, und zwar jenseits all dessen, was ich getan habe. Was aber ist das?

Unsere Welt steht schon so lange auf dem Kopf, dass es geradezu unmöglich geworden ist, den Sinn des Lebens *nicht* im Tun zu sehen. Die Vorstellung, dass er im *Sein* bestehe – im Fürsorglich-Sein, Interessiert-Sein, Ehrlich-Sein, Wahrhaftig-Sein, Verfügbar-Sein, Spirituell-Sein, Engagiert-Sein bei den wichtigen Dingen des Lebens – ist selten. So stumpf sind wir geworden. Wir wissen nicht einmal mehr recht, was »Sinn« eigentlich sein soll.

Aber eines ist sicher: Wenn wir für die uns umgebende Welt sinnvoll sein wollen, müssen wir mehr zu bieten haben als Zahlen. Es bedeutet, dass wir die Pflicht haben, wichtige Gedanken einzubringen, gründliche Reflexion, bessere Ideen als diejenigen, von denen die Welt derzeit umgetrieben wird. Es bedeutet, dass wir die Menschen um uns anstoßen sollten, sich über das, was sie tun, Gedanken zu machen – solange sie es noch ändern können. Dabei geht es um das, was wir unbedingt tun möchten, weil es der Mühe wert ist und weil es Gottes Wille für die Welt ist.

Wenn ich mich um einen Nachbarn kümmere, der viel eingeschränkter ist als ich, regt mich das zum Denken über etwas anderes an als über mich selbst. Wenn ich mich in der Schule vor Ort engagiere, komme ich in Kontakt mit der Entwicklung der nächsten Generation. Wenn ich eine Diskussionsrunde gründe, in der über die Auswirkungen der neu beschlossenen Gesetze auf die Menschen aller Schichten in meiner Stadt gesprochen wird, mache ich mich zum denkenden Mitglied einer denkenden Bevölkerung. Wenn ich die Künste in meiner Region fördere, trage ich zum Erhalt ihrer kulturellen Seele bei. Wenn ich einer kritischen Bürgerinitiative beitrete, kann ich Positives in die Politik einbringen. Wenn ich in Gruppen dieser Art diejenige werde, die den anderen mehr Fragen stellt als bloß die Frage: »Womit verdienst du dir deinen Lebensunterhalt?«, könnte das sogar genau das Element sein, das auch ihrem Leben einen spirituellen Sinn erschließt.

Cicero hatte recht. Die ältere Generation hat der Welt eine Menge zu geben. Aber zuerst einmal müssen die Alten selbst das zu schätzen lernen.

Eine Last dieser Jahre besteht in der Vorstellung, man sei nicht mehr so viel wert, wenn man nicht mehr so schnell und geschäftig sein kann, wie wir es gewohnt waren.

Ein Segen dieser Jahre kann es sein, zu begreifen: Wir sind nicht nur als möglichst schnelle und geschäftige Menschen wertvolle Mitglieder der Gesellschaft, sondern eigentlich erst, wenn uns aufgeht, dass es stattdessen auf die Qualität dessen ankommt, was wir denken und sagen.

Angst

Der schottische Schriftsteller George MacDonald schreibt: »Das Alter ist nicht reiner Verfall, sondern es ist das Reifwerden und Anschwellen des frischen inneren Lebens, das die Hülse austrocknet und sprengt.«

Nicht das Älterwerden ist schwierig, sondern vor allem die Angst vor dem Älterwerden plagt uns. Da wir in einer Kultur leben, die ganz auf äußere Bewegung und Geschicklichkeit, physische Schönheit und sichtbare Leistung angelegt ist, sehen wir in einem langen Leben kaum mehr den Weg in das Aufblühen des Geistes hinein. Wir neigen eher zu der Auffassung, es führe uns in eine öde Gegend. So müssen wir unbedingt wieder die Schönheiten des Alters, seine Freiheit und seinen Glanz entdecken. Das Alter will uns das »frische innere Leben« offenbaren, und dazu müssen wir ihm eine Chance geben. Wenn wir lernen, neuen Herausforderungen eine Chance zu geben, werden die späteren Jahre zu einem spirituellen Abenteuer und zugleich auch zu einer psychologischen Hürde. Manche stellen sich Herausforderungen mit der Freude, mit der man etwas interessantes Neues anpackt. Andere wollen lieber bloß noch auf der Stelle treten. Der Unterschied zwischen beidem ist der Unterschied zwischen Leben und Nicht-Leben, zwischen der Wahrnehmung, dass Gott von allen Seiten winkt, und der Auffassung, man sei mit seinem Suchen am Ende.

Als sich die Frau an diesem Tag aus dem Haus wagte, blies der Wind scharf, und die Luft war kalt. Der Anblick des Stauwehrs, von dem droben am Berg die glitzernden Wassermassen herabdonnerten, lockte die Wanderer an, durch den Wald bis nach da oben hinaufzusteigen. Der Mann auf dem Bergpfad hinter ihr sagte zu ihr: »Sie müssen schneller gehen als bisher, wenn Sie sich hier heute warm halten wollen. Da oben am Wehr wird es noch kälter sein.«

»Ach«, erwiderte die Frau, »ich gehe nicht bis zum Wehr. Das ist für mich ein bisschen zu weit.« Sie setzte das höfliche Lächeln auf, das Frauen in ihren späten 60er oder frühen 70ern so gut hinbekommen.

»Tatsächlich?«, sagte der Mann, als er sie rasch überholte und an seinen Hut tippte. »Sehen Sie, ich bin 87, und wenn ich das jeden Tag schaffe, können Sie das bestimmt auch.«

Es gibt natürlich Menschen, die im Alterungsprozess physisch stark abbauen; aber das sind weniger, als wir meinen. Aktuelle Langzeitstudien zeigen, dass der Anteil der Menschen, die im Alter stark behindert sind, ständig zurückgeht und die Erholung von akuten Beeinträchtigungen von Jahr zu Jahr besser wird. Immer mehr Menschen können länger mit einem aktiven Alter ohne schwere Beeinträchtigungen rechnen – so dass also die Beeinträchtigung nicht einfach proportional zur Zahl der Lebensjahre zunimmt. Dieser Trend verstärkt sich in unserer Zeit in einem noch nie da gewesenen Maß. Zudem sind die Älteren das am raschesten anwachsende Segment der heutigen Bevölkerung.[2]

Wie die Statistik zeigt, waren in den USA 2005 nur sieben Prozent der zwischen 75 und 84 Jahre alten Menschen und nur 25 Prozent der über 84-Jährigen auf persönliche Betreuung angewiesen.[3]

2 Nancy R. Hooyman / H. Asuman Kiyak, *Social Gerontology: A Multidisciplinary Perspective*, Boston [6]2002, 28.

3 The 2005 National Health Interview Survey, www.cdc.gv/nchdata/nhis/earlyrelease/200509_12.pdf

Die Erhebungen sagen uns zudem, dass der mit dem Alter zusammenhängende Verfall und eine weitgehende körperlich-geistige Gebrechlichkeit durchschnittlich nur die letzten drei Monate eines Lebens betreffen.[4] Selbst dann, so versichern uns Studien, ist die Wahrscheinlichkeit größer, dass die mentale Klarheit bis zum Ende bleibt, als dass sie verloren geht. Es ist also ganz eindeutig: Das Leben hört erst dann auf, wenn es ganz aufhört.

So haben wir noch eine Menge Leben vor uns. Das heißt natürlich, dass wir auch noch eine Menge Verantwortung haben. Damit stellt sich für uns die große Frage: Wie wollen wir dieses Leben verbringen? Wollen wir es als eine Art von düsterer und langsamer Sterbezeit verbringen, in der unser Leben nur noch aus einer einzigen langen Liste von Dingen besteht, die ein für alle Mal zu Ende sind? Oder wollen wir es als völlig neue Lebensphase leben, als eine Zeit, die dazu da ist, uns neuen Herausforderungen zu stellen, und in der unser Charakter so reift und wir derart weise werden, dass wir für die anderen nicht nur erträglich, sondern sogar notwendig sind – so dass diese uns sogar regelrecht brauchen und suchen?

Tatsächlich stehen wir hier an einem Scheideweg: an dem Punkt unseres Lebens, an dem wir die grundlegenden Entscheidungen treffen müssen, wie die Qualität der uns verbleibenden Jahre sein soll.

Wenn wir das Alter nur als eine Reihe von Verlusten sehen, verlieren wir den Blick auf das, was wir in ihm gewinnen können. Dann zieht in unsere Seele die Angst ein. Sie ist

4 James Hillman, *The Force of Character And the Lasting Life*, New York 1999, 17.

immer da. Sie wirft ihren Schatten auf uns. Sie steckt in uns wie das Ticken einer Uhr im Herzen. Sie warnt uns vor der Zeit, in der wir nicht mehr so geschmeidig und ausdauernd sein werden, wie wir immer zu sein gewohnt waren.

Wenn der erste Schmerz kommt, etwa wenn wir plötzlich merken, dass das Knie ohne Vorwarnung zu schmerzen beginnt, tun wir das ab als Folge einer Verletzung, die wir längst vergessen hatten. »Vielleicht eine alte Fußball-Verletzung.« Oder vielleicht lag es an der Gartenarbeit, »als der Boden härter war, als ich gedacht hatte.«

Aber still und leise fängt die Realität an, sich bemerkbar zu machen: das erste Anzeichen einer beginnenden Arthritis, das erste Symptom von Gelenkverschleiß, die erste unübersehbare Vorwarnung einer schleichenden, tückischen körperlichen Veränderung. Und das in mir, der Starken. In mir, die nie ernsthaft krank war; in mir, die immer alle Treppen gegangen ist. Die immer fit und aktiv und gesund geblieben ist – bis jetzt. Was ich dann empfinde, ist nicht die Angst vor dem Schmerz, sondern vor dem sicheren und eindeutigen Anzeichen dafür, dass die, die ich war, sich verändert. Nein, richtiger gesagt: dass sie sich verschlechtert.

Ich merke, dass ich anfange, mir viel aufmerksamer als bisher die Krankengeschichten anderer anzuhören. Ich vergleiche sie mit der meinigen. Meine Arthritis ist nicht so schlimm wie die meiner Bekannten – ist die gleiche wie ihre – ist schlimmer als ihre. Der Körper anderer Menschen wird mir zum Maßstab meiner eigenen Vitalität und der Spannkraft des Lebens in mir.

Aber vor allem fange ich an, die Jahre zu zählen. Ich frage: »Mit welchem Alter starb er?« oder: »Woran starb sie?« Ich möchte das wissen. Wie viele Jahre älter ist sie als ich?

Diese Fragen hören nie auf. Der Blick verengt sich auf Dinge, an die ich früher nie gedacht hätte. Jetzt frage ich mich jeden Morgen: Wie fühle ich mich heute?

Aber unterschwellig drehen sich all diese Fragen überhaupt nicht um das Physische. Es sind emotionale, psychische, soziale, spirituelle Fragen. Wie habe ich es mir denn vorgestellt? Worauf sollte dieses jetzige Leben hinauslaufen, wenn nicht auf sein Ende und auf den dann folgenden Anfang eines neuen? Was habe ich in der Vergangenheit getan, um mit Zuversicht den jetzigen Zeitpunkt zu erreichen? Was kann ich jetzt tun, um endgültig die zu werden, als die ich gedacht war? Alle diese Fragen kommen aus der Angst. Wie lange werde ich noch imstande sein, für mich selbst zu sorgen? Wer wird für mich sorgen, wenn ich selbst das nicht mehr tun kann? Und die größte Frage: Ist mein Leben jetzt vorbei? Ist von dem Ich, das ich immer war, nichts mehr übrig geblieben? Kann ich das Leben jetzt bloß noch aushalten, statt es zu gestalten? Und natürlich auch: Welche Dimension meines Lebens habe ich bis zum gegenwärtigen Zeitpunkt überhaupt noch nicht richtig ausgelebt? Was kann ich in dieser Hinsicht jetzt noch tun, wenn ich jemals der Mensch werden soll, als der ich gedacht war?

Allzu oft verkennen wir, dass genau diese Angst in uns das beste Anzeichen des Lebens sein kann, das wir in uns tragen. Sie bedeutet paradoxerweise, dass wir durchaus recht lebendig sind. Im 20. Jahrhundert hat sich die durchschnittliche Lebenserwartung nahezu verdoppelt. Die Franzosen nennen die Zeit nach dem Ausstieg aus dem Beruf »das dritte Lebensalter«. Und das wird ziemlich lang. 1992 waren zwölf Prozent der Bevölkerung der USA über

65. Die Demografen prophezeien, dass bis 2020 18 Prozent der Bevölkerung über 65 Jahre alt sein werden. Offensichtlich ist das Leben nach 65 nichts Krankhaftes. Es ist eine Phase, in der sich ganz neue Perspektiven eröffnen.[5]

In diesem Lebensabschnitt könnte die hauptsächliche Lebensaufgabe einfach die sein, keine Angst vor der Angst zu haben. Jedes Anzeichen der Veränderung in mir und gerade all das, was ich zu verlieren fürchte, ist ein Aufruf, neu anzufangen. Wenn ich zum Beispiel die Energie und Fähigkeit verloren habe, lange Strecken zu gehen, kann ich etwas finden, das ich mit derselben Leidenschaft tue und das mir genauso viel gibt. Vielleicht besteht es darin, meine Lieblingskonzerte auf CDs zu sammeln; oder zur Vorbereitung auf eine Reise eine Fremdsprache zu lernen. Vielleicht kann ich die Vögel an einer Futterstelle vor meinem Fenster beobachten. Oder es ist jetzt Zeit dafür, mich in die Geheimnisse des Computers einweihen zu lassen. Vielleicht steht jetzt auch an, dass ich ab sofort auf den Teil meiner selbst achte, der jenseits des Physischen, mehr als das Physische und frei vom Physischen ist.

Um etwas geht es in dieser Lebensphase *nicht*, nämlich um das Nachlassen – auch wenn das physische Nachlassen sicherlich dazugehört. Stattdessen geht es darum, dass wir uns auf eine neue Art von Entwicklung einlassen: auf die Arten von Veränderungen, die in uns seit dem Zeitpunkt unserer Empfängnis eingesetzt haben und bis heute in uns weitergehen. Wir sind ja sehr viel mehr als unser Körper.

5 Patricia Beattie Jung, »Differences Among the Elderly: Who is on the Road to Breman?« in: Stanley Hauerwas / Carole Bailey Stoneking / Keith G. Meador / David Cloutier (Hrsg.), *Growing Old in Christ*, Grand Rapids MI 2003, 112 f.

Wir waren schon immer sehr viel mehr als unser Körper, aber es kann sein, dass wir den Großteil unserer Lebenszeit brauchen, bis uns das klar wird. Unsere moralische Verpflichtung besteht nicht darin, mit 60 das Skifahren anzufangen, mit 70 das Joggen und mit 80 das Radfahren, wie man es uns vielleicht einreden will. Nein, unsere moralische Verpflichtung ist es, in so guter Verfassung zu bleiben, wie es nur geht; aktiv zu bleiben, uns davor zu hüten, unseren Körper zu misshandeln, das zu tun, was uns interessiert, und das Leben der uns umgebenden Menschen zu bereichern. Unsere spirituelle Pflicht ist es, so zu altern, dass andere, die uns begegnen, den Mut und die spirituelle Tiefe finden, es genauso zu machen. Wenn man das Leben schon aufgibt, bevor es zu Ende ist, ist das nicht bloß Resignation – es ist die Weigerung, zu versuchen, sich unter Gottes Bedingungen nach Gott auszustrecken.

Gut und richtig zu altern heißt nicht, sich körperlich nicht zu verändern. Aber es heißt, sich nicht nur darüber zu definieren, wie weit man physisch weiterhin gut in Form ist.

Jetzt ist die Zeit angebrochen, in der man an wichtigere Dinge denken kann als daran, zehn Jahre jünger auszusehen, so wunderbar das auch sein mag. Wir müssen jetzt stärker auf unser inneres Ich achten. Diese Jahre sind dazu da, alles, was wir tun und wer wir sind, vom inneren Leben leiten zu lassen: von unseren bleibenden Fragen, unseren lebenslangen Interessen.

Das ist die Zeit, Erde und Samen in einen Topf zu füllen, damit etwas wachsen kann. Jetzt haben wir die Stunden zur Verfügung, es zu hegen und zu begießen. Wir haben die Zeit zum Geduldigsein.

Das ist die Zeit, wieder in Kontakt mit den Familienmitgliedern zu treten, von denen wir jahrelang nichts mehr gesehen und gehört haben.

Das ist die Zeit, die Welt als ganze in den Blick zu nehmen, sich um die Hungernden in Afrika und die Analphabeten im Mittleren Osten und die Armen in unserer eigenen Umgebung zu kümmern.

Aber was immer wir tun, wir müssen es bewusst tun. Wir müssen es aus dem Wissen heraus tun, dass bei allen Verlusten auch viel Neues zu gewinnen ist.

Was wir nicht tun dürfen, ist: nichts zu tun. Wir dürfen es nicht zulassen, dass wir von außen nach innen absterben. Wir können nicht vermeiden, mit einem sich verändernden Körper zu leben. Aber über die Gestalt unseres Lebens selbst können wir immer noch bestimmen. Wir sind für die Gestalt unserer Welt verantwortlich, so sehr sie auch den Anschein erwecken mag, sich von sich aus ihre Gestalt zu geben.

Warum sollte uns das kümmern? Weil die uns umgebenden Generationen genauso sehr auf uns angewiesen sind wie wir auf sie. Wir brauchen sie für die Verschönerung des Lebens, seine Erfindungen, Institutionen und Produkte. Sie brauchen uns, die ältere Generation, damit sie ein spirituelles Vorbild, einen psychischen Archetypus dafür finden, wie man im Alter lebt.

Das Leben kommt immer aus dem Tod. Die Gegenwart erhebt sich aus der Asche der Vergangenheit. Die Zukunft ist für alle, die willens sind, sie neu zu erschaffen, immer möglich.

Die Aufgabe jedes einzelnen Lebensabschnitts ist, sich den zu ihm gehörenden Ängsten zu stellen, so dass er mehr werden kann, als er vorher war. Für die Jungen geht es darum, die Angst davor zu überwinden, bloß noch funktionieren zu müssen. Diejenigen im mittleren Alter müssen mit der Angst vor dem Scheitern klarkommen. Diejenigen, die über die mittleren Jahre hinaus sind, müssen lernen, die Angst vor dem Schwachwerden zu überwinden.

Eine Last dieser Jahre ist die Möglichkeit, der Angst zu verfallen, nicht mehr wahrgenommen und nutzlos zu werden, sein Selbstwertgefühl und seinen Stand als ganzer Mensch zu verlieren. Die Angst versucht uns die Überzeugung einzuflüstern, das Leben sei vorbei – statt zu sehen, dass es sich einfach nur ändert.

Ein Segen der Angst ist, dass sie uns einlädt, zur Fülle unserer selbst zu finden. Sie kommt zu uns in den Nächten unserer Seele, um uns aufzufordern, auf frische und aufregende Weise mit einem neuen Ich aufzuerstehen – natürlich um unserer selbst willen, aber auch genauso um der ganzen übrigen Welt willen.

Altersdiskriminierung

Der amerikanische Schriftsteller James Thurber bemerkt: »Ich bin 65, und ich vermute, damit lande ich in der Kategorie der Altersschwachen. Aber wenn jedes Jahr 15 Monate hätte, wäre ich erst 48. Das ist unser aller Problem: Wir nummerieren alles.«

Über 65 zu sein, bedeutet in unserer Zeit, sich schlecht zu fühlen, obwohl man sich eigentlich gut fühlt. Schließlich sind wir jetzt »alt«. Wir fühlen uns allerdings gar nicht »alt«. Und wir denken auch nicht »alt«. Und wir geben uns alle Mühe, nicht »alt« auszusehen – was immer auch »alt aussehen« sein soll. Aber ach, man hat uns beigebracht, zu bedenken, dass wir jetzt »alt« sind. Wir seien zu alt, um einen Arbeitsplatz zu bekommen, sagt man uns – aber wir sollten ehrenamtlich arbeiten. Wir seien zu alt, um noch Auto zu fahren, befürchtet man – aber Fahrer zwischen 18 und 25 Jahren verursachen proportional gesehen mehr Verkehrsunfälle als Fahrer über 65. Wir seien zu alt, um noch eine Krankenversicherung abschließen zu können – aber wir waren seit Jahren nie ernstlich krank.

Das führt uns zu der grundsätzlicheren Frage, ja zu der eigentlichen Frage: Welche Rolle spielt es eigentlich noch, wie weise wir sind, in wie guter Verfassung wir sind, wie umsichtig wir sind, wie engagiert wir sind, wenn wir die Schwelle der 65 überschritten haben? In unserer Kultur wird ja, sobald man das Ruhestandsalter erreicht hat, all das gestrichen. Wir sind jetzt »alt«, und wir wissen das. Und der Rest der Welt weiß es auch. Wir sind »alt« – und wir können das übersetzen mit »nutzlos«, mit »nicht mehr gewollt«, mit »ausgemustert«, mit »inkompetent«. Wir sind die Truppe derer jenseits des aktiven Lebens, bescheinigt uns unser Geburtsdatum. Und wir lachen darüber – so gut wir darüber lachen können –, aber in Wirklichkeit, müssen wir zugeben, mit einem Stich im Herzen.

Wir erschrecken, wenn wir fernsehen. Da haben wir uns selbst anschaulich vor Augen. Wer könnte sich mit dem, was wir da sehen, anfreunden oder gar identifizieren? Im Fernsehen sind die älteren Darsteller nicht die Philosophen unserer Zeit, wie es die weisen Frauen oder Medizinmänner früherer Zeiten waren. Sie werden als gebrechliche, herumwurstelnde Geschöpfe dargestellt, die herumkriechen und nichts tun, nichts verstehen, nichts mitbekommen und irgendetwas daherbrabbeln. Sie sind »im Feenland«, wie die Iren sagen.

Diese Darstellungen sind falsch, und wir wissen das auch. Wir tatsächlichen Alten wursteln und kriechen nämlich weder herum noch brabbeln wir vor uns hin. Nein, danke schön, wir denken recht klar und wir arbeiten recht hart und wir wissen recht genau, was in der Welt um uns vorgeht. Aber was bringt das schon in einer Kultur, die anfängt, ihre erfahrenen Arbeiter mit 65 auszumustern, nur weil man sich an eine Klischeevorstellung hält, die der Überprüfung überhaupt nicht standhält, aber nur sehr schwer zu ändern ist?

Bei negativen Klischeevorstellungen werden einzelne mangelhafte Züge übertrieben und positive Züge vollständig ignoriert. So werden ältere Menschen als langsam, aber nicht als weise oder geduldig vorgestellt. Wir betrachten sie als krank, aber nicht als solche, die ihr eigenes Leben meistern. Man sagt uns dauernd, dass sie vergesslich seien, aber davon, dass alle anderen Menschen auch immer wieder vergesslich sind, ist nie die Rede.

Am schlimmsten aber ist, dass Klischees bestimmte Züge verabsolutieren, so als wären diese unvermeidlich damit verbunden, dass man schwarz oder eine Frau oder alt ist – oder auch, in diesem Fall, jung. Wir stecken die Menschen als Gruppen in Schubladen, statt sie als Individuen voll Anmut und Lebensgeist zu sehen. Wir gestehen ihnen nicht zu, dass sie sich verändern könnten, und so entwickelt schließlich eine klischeehaft beschriebene Gruppe auch Klischeevorstellungen von sich selbst.

Es ist für die menschliche Geschichte erschütternd, wenn die Außenwelt uns sagt, wer und was wir sind – und wir anfangen, es zu glauben. Wir werden dann vom Gewicht des Negativen niedergedrückt und fangen an, auch auf unserer Außenseite zu verwelken, genau wie wir bereits von innen her zu verwelken beginnen. Unser Schritt wird langsamer, das Interesse sinkt, die Lebensenergie stockt und schwindet.

Aber lassen Sie sich nicht hereinlegen. Die meisten von uns gehen auf ihren Lebensabend so zu, wie Dylan Thomas es formuliert: in wütendem Ansturm »gegen das Sterben des Lichts«.

Ed, Ende 80, geht seit Jahren jeden Tag ins Clubhaus, aber immer erst, nachdem er auf dem Golfplatz mindestens neun Löcher geschafft hat. Sam, in den 70ern, ist jeden Tag beim Kartenspiel und macht seine geistreichen Späße. Kathleen, fast 90, ist Tag für Tag in mehreren verschiedenen Wohltätigkeitseinrichtungen tätig, weil alle sie brauchen und niemand ohne sie wirklich zurechtkommt. Tim, über 80, ist der leistungsstärkste Ehrenamtliche bei »Essen auf Rädern«, der täglich mehr Mahlzeiten organisiert und liefert als jeder jüngere Mitarbeiter. Ted, hoch in den 70ern, Treuhänder einer Universität und vormals Banker und Finanzmanager, betätigt sich als Berater von gemeinnützigen Einrichtungen. Da gibt es kein Klischee. Diese Älteren sind sozial lebendig, öffentlich engagiert und für die Gemeinschaft, in der sie leben, unentbehrlich.

Der springende Punkt ist: Wir sind die einzigen sichtbaren Bilder für das Älterwerden, die die Jüngeren kennenlernen werden. Was wir ihnen beim Abschiednehmen zeigen, liefert ihnen das Vorbild für den eigenen Weg. Wir zeigen ihnen den Weg zur Fülle des Lebens.

Die einschlägigen Untersuchungen sagen nun schon seit Jahren, dass nur fünf Prozent der über 65-Jährigen in Pflegeheimen leben und 80 Prozent der übrigen älteren Bevölkerung ohne Einschränkungen den Anforderungen ihres Alltagslebens gewachsen sind.[6] Mit der zunehmenden Verbreitung der Möglichkeit, online einzukaufen und seine Bankgeschäfte zu tätigen, nimmt diese Zahl noch weiter zu. Und es stimmt zwar, dass mehr ältere Menschen als junge chronische Krankheiten haben, aber sie haben auch weniger akute Krankheiten als die Jüngeren. Sie verletzen sich daheim weniger und verursachen auf den Straßen weniger Unfälle. Und mit dem weiteren Ausbau der Gerontologie wird auch dieser Anteil noch weiter sinken.[7]

Sogar die Vorstellung von körperlicher Schönheit hängt stärker davon ab, was wir für schön halten, als davon, was wir einfach sehen. So werden zum Beispiel in Japan silber-

6 Soldo und Manton in: E. B. Palmore, *Ageism: Negative and Positive* (1990) in »Ageism«, University of California, Berkeley, www.socrates.berkeley.edu/-aging/ModuleAgeism.html (11.2.2007).

7 Palmore, Crimmins, Saito und Ingegneri in: E. B. Palmore, *Ageism: Negative and Positive* (1990) in »Ageism«, University of California, Berkeley, www.socrates.berkeley.edu/-aging/ModuleAgeism.html (11.2.2007).

nes Haar und Falten als Zeichen der Weisheit und des Dienens geschätzt.[8] In manchen Kulturen ist schon das Altsein als solches sozial privilegiert. Physische Anziehungskraft ist offensichtlich nicht universal, sondern kulturspezifisch. Ältere Menschen sind genauso physisch attraktiv wie jüngere, aber unterschiedliche Kulturen definieren »Attraktivität« unterschiedlich.

Und schließlich bewahren sich die meisten älteren Menschen ihr Leben lang ihre normalen mentalen Fähigkeiten einschließlich ihres Kurzzeit-Gedächtnisses. Sie sind genauso lern- und erinnerungsfähig wie jüngere Menschen, auch wenn sie anfangen, Informationen anders zu verarbeiten, und länger brauchen mögen, um ein Projekt fertigzustellen. Auch wenn die Klischees über das chronologische Alter noch so sehr eingefleischt sein mögen, hat das Alter dennoch keinen besonders großen Einfluss auf das Lernen.[9]

All dies und viele weitere wissenschaftliche Daten über die Verlässlichkeit und Präzision älterer Arbeiter, die Seltenheit mentaler Krankheiten bei Älteren, die Intensität ihrer emotionalen Beziehungen sowie ihre Fähigkeit zu sexuellen Beziehungen ist seit Jahren bekannt. Dazu gab es immer wieder Tests und Untersuchungen, deren Ergebnisse stabil die gleichen bleiben, ja sogar noch besser bestätigt werden, seit eine neue Generation von älteren Menschen ihr natürliches Recht einfordert, so lange zu leben, bis sie tatsächlich sterben.

8 Palmore in: E. B. Palmore, *Ageism: Negative and Positive* (1990) in: »Ageism«, University of California, Berkeley, www.socrates.berkeley.edu/-aging/ModuleAgeism.html (11.2.2007).

9 Poon in E. B. Palmore, *Ageism: Negative and Positive* (1990) in: »Ageism«, University of California, Berkeley, www.socrates.berkeley.edu/-aging/ModuleAgeism.html (11.2.2007).

Was wir im Licht solcher Tatsachen vergessen könnten, ist, dass diese Geschenke des guten Altwerdens durchaus auch einen spirituellen Sinn haben. Bekanntlich »wird von denen, die viel empfangen haben, auch viel erwartet«, und folglich auch von uns. Unser Alter spricht uns nicht von unserer Verantwortung frei, die Welt wieder ein bisschen besser in Gottes Hände zurückzulegen, als sie vor unserem Dasein auf ihr gewesen ist.

Alle die Witze über alte Menschen erweisen sich als überholt. Die Abwertung des Altseins beruht auf einer Lüge. Dieser können wir jedoch nur dann die Stirn bieten, wenn wir es nicht zulassen, dass sie unser eigenes Leben beeinträchtigt. Das Alter ist nichts Beklagens- und Bemitleidenswertes; man muss sich dafür nicht entschuldigen, muss es nicht fürchten, ihm nicht Widerstand leisten, es nicht als Zeichen des Untergangs sehen. Nur die Alten können das Alter zu einem lichtvollen, lebendigen Lebensabschnitt machen. Und das müssen wir tun. Tun wir es nicht, so laufen wir Gefahr, volle 25 oder 30 Prozent unseres Lebens ungenutzt zu lassen. Das wäre ein großer Verlust.

Eine Last dieser Jahre ist die Gefahr, die negativen Klischees vom Alterungsprozess zu verinnerlichen. Dann könnten wir zu dem werden, was wir befürchten, und damit verpassen, dass wir noch einmal in eine neue Lebensform berufen werden.

Ein Segen dieser Jahre ist es, dafür verantwortlich zu sein, den Beweis zu erbringen, dass diese Klischees falsch sind, indem wir dem Alter seine ganz eigene Lebensfülle zukommen lassen.

Freude

Der römische Philosoph und Schriftsteller Seneca schreibt: »Was das Alter angeht, umfange und liebe es. Sofern du es zu nutzen weißt, bietet es eine Fülle von Freuden. Die nach und nach abnehmenden Jahre gehören zu den köstlichsten im Leben … Selbst wenn sie an ihre äußerste Grenze geraten sind, haben sie immer noch ihre Wonnen.«

Es hat etwas Besonderes an sich, von den Erwartungen und Terminen, dem Druck und der vielfältigen Verantwortung, den Tagesabläufen und öffentlichen Aktivitäten der mittleren Jahre frei zu sein. Die Freiheit von all dem setzt die späteren Lebensjahre in ein völlig anderes Licht. Jetzt ist viel mehr Raum und Zeit. Es eröffnen sich neue Möglichkeiten, auf die anderen Menschen als Menschen einzugehen, statt mit ihnen vorwiegend berufs- und geschäftsmäßig zu tun zu haben. Diese Altersjahre eröffnen etwas Neues und Frisches, das in einer bislang unbekannten Sprache zum Herzen spricht.

Aber Seneca betont: »Sofern du es zu nutzen weißt«. Darauf kommt es ganz entscheidend an: Wir müssen mit diesem neuen Gefühl für Zeit und Raum etwas anfangen können. Das entscheidet letztlich darüber, wie glücklich und erfüllend diese Jahre sein werden. Leider können sich nur wenige wirklich darauf einlassen.

»Wissen Sie schon, dass wir beide nächsten Monat in den Ruhestand gehen?«, fragte sie. Ihre Stimme war erregt, in ihren Worten lag Anspannung. Sie tat sich schwer damit, das zu eröffnen; es war ihr sehr peinlich. »Ich weiß noch gar nicht, was ich tun werde, wenn wir die ganze Zeit beieinander sein werden«, fuhr sie fort und setzte nach einer langen, mühsamen Pause ein leichtes Lächeln auf. »Was sollen wir denn jetzt tun? Herumsitzen und uns gegenseitig anschauen?«

Diese Befürchtung ist recht verbreitet. Was geschieht mit dem Leben, wenn die eingespielte Routine aufhört? Was geschieht mit uns als Menschen, wenn mit dem Erbringen von Leistung Schluss ist? Seit Jahrzehnten waren wir unter der Woche so gut wie nie mehr miteinander daheim. Allein schon die Vorstellung, dass das jetzt bald der Fall sein wird, kann die Monate vor dem Termin der Pensionierung zu einer stillen Qual werden lassen. Wir setzen ein tapferes Gesicht auf, aber in unserem Inneren tobt die Unsicherheit. Was werden wir künftig morgens nach dem Aufstehen tun? Wenn das der Ruhestand ist – wer braucht das denn? Warum soll man überhaupt noch weiterleben, wenn es nichts mehr gibt, wofür man leben kann? Ist erst einmal die lange Reise bis zum Antritt des Ruhestands geschafft – was tun wir dann?

Wir sehen uns jäh an den Punkt gesetzt, von dem wir meinten, das sei der Gipfel, der Höhepunkt des Lebens. Aber wenn wir von ihm herunterblicken, ist da nichts. Uns geht auf, dass wir nach all diesen Jahrzehnten nichts anderes mehr können, als zu arbeiten, und das trifft uns in unserer innersten Mitte wie ein Donnerschlag. Und diese Mitte ist leer.

Wir sehen uns vor die großartigste freie Wahl gestellt, die wir je hatten, zumindest seit wir aus freien Stücken von zu Hause ausgezogen sind und uns entschieden haben, was wir im Leben anpacken wollten, seit wir die ersten erfolgreichen Schritte in unserem Beruf gemacht haben und seit wir beschlossen haben, uns schließlich an einer bestimmten Stelle niederzulassen. Und jetzt stehen wir plötzlich vor der Entscheidung, wie wir ab jetzt leben wollen, ohne dass uns gesagt würde, wie man das macht.

Die Schiefertafel ist jetzt leer. Die Tage gehören uns. Die Aufgabe heißt jetzt: Lerne wieder zu leben.

Wir können beschließen, mit Freude zu leben. Oder wir können uns gestatten, in Bitterkeit zurückzuschauen. Wir können angesichts all dessen, was wir eigentlich tun wollten, bitter werden. Wir können bitter werden wegen der unzähligen Stunden, die wir einer Firma gewidmet haben, von der wir einfach verabschiedet wurden. Wir können bitter darüber werden, dass wir auf Sicherheit und Unabhängigkeit bedacht waren statt auf Tiefe und Weggemeinschaft. Wir können beschließen, bitter zu werden, weil am Ende bloß das Ende übrig bleibt. Aber was immer wir schließlich wählen – Bitterkeit oder Freude –, wir müssen uns auf jeden Fall entscheiden. Der Rest unseres Lebens hängt davon ab.

Es kann eine Weile dauern, bis uns aufzugehen beginnt, dass uns der Ruhestand tatsächlich in die Freude versetzt. Falls wir uns entscheiden, diese neue, noch nicht vorgezeichnete Zeit mit Freude zu leben, wird das Leben in uns einströmen, sogar mit einer Fülle, die wir zuweilen gar nicht recht aushalten können. Das ist der Lebensabschnitt, von dem der Psalmist sprach, als er betete: »Kostet und seht, wie gütig der Herr ist …«

Was wir all diese Jahre hindurch getan haben, war ein Teil von Gottes Willen für unser Leben. Es hatte alles seinen bestimmten Sinn. Darin steckte alles, was wir zur damaligen Zeit brauchten, um voll entfaltete Menschen zu werden. Tatsächlich war es, wie wir jetzt wissen, sehr, sehr köstlich. Von der gleichen Qualität ist auch diese jetzige Zeit – und aus dem gleichen Grund. Langes Leben ist ein Bestandteil des Willens Gottes für uns.

Das ist der Lebensabschnitt, in dem wir es uns genehmigen können, uns über das Vergangene zu freuen, das uns bis zu diesem Punkt gebracht hat, und auch die gegenwärtigen Möglichkeiten zu genießen.

Wir können auch etwas aus dem Leben vor diesem Zeitabschnitt lernen. Wir haben jedes Recht darauf, in Dankbarkeit für all die Lebensphasen zu leben, die uns bis hierher gebracht haben, für die Erinnerungen, die uns große Freude machen, für die Menschen, die uns so weit gebracht haben, für die Erfolge, die uns im Laufe des Weges ins Herz eingeschrieben wurden. All diese Erfahrungen wollen gefeiert werden. Sie sind nicht mehr Vergangenheit, als wir selbst Vergangenheit sind. Sie leben für immer in uns.

Sie verdienen ein liebevolles Lächeln, ein glückliches Lachen, ein paar bittersüße Tränen oder auch mehr. Wir können stolz darauf sein, wo wir waren, was wir im Weiterwachsen errungen haben, was aus uns wurde, während wir all das taten.

Wir müssen all diese Erfahrungen noch einmal durch uns hindurchziehen lassen, dieses Mal nicht so sehr im Hinblick auf die Umstände, an die wir uns erinnern, sondern eher auf die Einsichten, die sie uns immer noch schenken, und auf die Wärme, die sie uns bis heute spenden. Das sind die Erfahrungen, die für uns damals von Bedeutung waren, und in ihnen steckt immer noch ein Sinn, den wir erst noch erkennen und verkosten sollen, jetzt natürlich anders, aber immer noch.

Wir können zudem auch voller Freude darüber sein, dass wir jetzt in dieser Zeit größerer Freiheit angekommen sind. Jetzt können wir erhobenen Hauptes und wachen Auges jede Möglichkeit erkunden und vielleicht zum ersten Mal entscheiden, was wir wirklich mit unserem Leben anfangen wollen, statt uns damit herumzuschlagen, was wir tun müssten oder unbedingt sollten. Wir verfügen jetzt über die Freude, von niemandem mehr abhängig zu sein. Wir können nun wie Kinder am Strand entscheiden, ob wir mit Sandalen oder barfuß durchs Leben gehen wollen.

Vor allem aber können wir beschließen, langsam und behutsam durch diese letzte Lebensphase zu gehen, in der sich für uns alles zusammenfügt, Sinn macht und neue Bedeutung erhält.

Wir können uns einfach hinsetzen und einem Sonnenuntergang zusehen, da wir jetzt nicht mehr gegen Abend durch den dichten Verkehr nach Hause hetzen müssen.

Wir können morgens über eine taufeuchte Wiese gehen, das Gras riechen und einen Löwenzahn pflücken, weil dieser genau wie die Rose über eine ganz eigene Schönheit verfügt, wie das alle Dinge tun, sofern wir es nur lernen, einen Blick dafür zu bekommen.

Wir können glücklich darüber sein, dass wir 70 sind, überall dort gewesen zu sein, wo wir waren, zu wissen, was wir wissen, und heute mehr und Wesentlicheres tun zu können. Wir können anfangen, unseren Geist vom kreativen Geist, der in der Schöpfung west, anwehen zu lassen und ihn ab jetzt langsam einzuatmen, so dass er unser Herz nährt und uns in die Lage versetzt, diejenigen Teile der Schöpfung zu sehen, die wir vor diesem Zeitpunkt unseres Lebens noch nicht zu sehen vermochten.

Wir können beschließen, lächelnd und freundlich auf die Menschen zuzugehen, denen wir begegnen, mit Kindern zu spielen, mit Älteren zu reden, Jüngeren Fragen zu stellen – und uns dieses Mal ihre Antworten genau anzuhören.

Wir können den Entschluss fassen, heute etwas Neues zu erkunden, wieder Lernende zu werden und die Erregung zu spüren, die sich einstellt, wenn wir das tun.

Wir können beschließen, uns denjenigen zu widmen, die niemanden außer uns haben, der ihnen zu etwas mehr Lebensqualität verhelfen könnte.

Über all das verfügen wir jetzt: Möglichkeiten, Freiheit und das Gespür dafür, was die Dinge und Umstände von uns verlangen. Wir haben die Chance, das beste Ich zu sein, das wir jemals waren. Und wir haben die Chance, anderen zu helfen, das Gleiche zu tun.

Eine Last dieser Jahre ist es, nicht über die Bitterkeit darüber hinauszukommen, dass wir entlassen wurden, und nicht zu sehen, dass, wer still und leise von allen Bühnen des Lebens genommen wird, damit zugleich frei davon wird, sich noch irgendwie künstlich in Szene setzen zu müssen.

Ein Segen dieser Jahre ist es, eines Morgens aufzuwachen und sich dankbar von dem Gedanken überwältigen zu lassen, ein lebendiger Mensch zu sein. Wohin immer wir gehen, versprühen wir dann die Freude, die wir endlich in uns selbst finden konnten.

Autorität

Cicero schreibt: »Hohes Alter, insbesondere ehrenhaftes hohes Alter hat so große Autorität, dass dies ein größerer Wert ist als alle Freuden der Jugend.«

Diese Vorstellung ist völlig anders als heute. Heute ist uns die Vorstellung, alles müsse immer neu sein, derart in Fleisch und Blut übergegangen, dass mit jedem Jahr das, was wir »veraltet« nennen, immer jünger ist und das, was wir schon wieder ausrangieren, immer neuer ist.

Die Vorstellung, Dinge gezielt veraltern zu lassen, kennen wir schon einige Jahrzehnte. Alvin Toffler brachte in den 1970er Jahren in seinem Buch *Der Zukunftsschock* als Erster den Begriff der »gezielten Veralterung« auf: Autoreifen halten eine bestimmte Kilometerzahl, der Kühlschrankmotor oder Glühbirnen eine bestimmte Stundenzahl. Die Hersteller legten ihren Stolz nicht mehr darein, lang haltende Produkte zu produzieren, sondern gingen von einer beschränkten Lebensdauer aus. Man sah vor, dass die Dinge in einer genau berechenbaren Zeit weggeworfen würden. Nichts sollte mehr allzu lange halten. Es ging jetzt darum, alles immer wieder in neuer Form herauszubringen. Mit ständig Neuem, nicht mit Langlebigkeit und nicht mit Qualität sei die Welt am Laufen zu halten. Davon hinge die Wirtschaft ab.

Dieses Prinzip wandte man bald auch auf Menschen an. In einer solchen Kultur laufen wir alle Gefahr, ziemlich schnell zum alten Eisen zu gehören. Und in dieser Art von technisierter Gesellschaft ist die Marginalisierung der älteren Menschen nur zu offensichtlich.

In den meisten bisherigen Gesellschaften wurden die Älteren geehrt. In vielen Kulturen galten nur die Älteren als fähig zum Regieren. Sie galten als diejenigen Mitglieder der Gemeinschaft, die alle anderen in die Zukunft führen konnten, weil sie mehr als alle anderen über Lebenserfahrung verfügten und die Geschichte und die Erinnerungen der Gruppe kannten. Und was noch wichtiger war: Aufgrund ihrer Jahre zeigten sie den jüngeren Mitgliedern der Gemeinschaft, wie diese nach ihnen richtig und gut leben konnten.

Die heutige Gesellschaft dagegen lässt diejenigen, die sie leiten sollen, oft gleichsam durch eine Drehtür kurz begrenzter Amtszeiten an- und abtreten und zieht weiter. Das ist eine Kultur, die hohes Alter nicht brauchen kann. Wir sind schon lange nicht mehr auf reife Erfahrung aus. Wir unterstellen, je weiter jemand von uns von den letzten Erkenntnissen auf den Gebieten der Technologie und Naturwissenschaft entfernt sei, desto weniger tauge er oder sie als Führungskraft. Jetzt zählt nicht mehr Weisheit, die sich erst einstellt, wenn man jahrelang in etwas hineinwächst, sondern es zählen neue Informationen. Dabei finden wir uns nur allzu rasch von denjenigen überholt, die diese Daten aufgreifen und schleunigst über sie hinausgehen – und über uns.

Genau das ist eines der Hauptprobleme des Älterwerdens in dieser Gesellschaft. Wozu sind wir noch von Nutzen? Was sollen wir noch anderes tun, als uns auf dem Balkon in die Sonne zu setzen oder durch die Straßen zu spazieren oder uns allein in einem Wohnblock zu verkriechen und abzuwarten, bis alles vorbei ist? Wo ist Ciceros Autorität des Alters geblieben und seine Erfahrung, dass

»dies ein größerer Wert ist als alle Freuden der Jugend«? Es ist schwierig, Wertschätzung für die gelebte Erfahrung zu finden. Sie wird kaum noch gepflegt; fast niemand mehr fragt nach ihr und weiß, wie kostbar sie ist.

Aber das hohe Alter ist nichts Unnötiges – sonst gäbe es ein solches gar nicht. Es ist ganz klar, dass das hohe Alter bei der Entwicklung der uns umgebenden Welt seine Rolle zu spielen hat. Wir durchleben all diese späteren Jahre nicht nur zu dem Zweck, um nicht zu sterben. Wir leben dazu, um das Leben besser zu machen.

Der Übergang vom öffentlichen Funktionär zur öffentlichen Gestalt, vom institutionellen Fußsoldaten zum unabhängigen Philosophen im weitesten Sinn ist ganz wichtig, aber nur schwer zu schaffen. Ein Problem dabei ist, dass im Unterschied zu vielen anderen Kulturen wir keinen Namen für eine Weisheitsgestalt haben.

In vielen Eingeborenenkulturen ist sie verkörpert im Schamanen, dem weise gewordenen Medium zwischen der sichtbaren Welt und der Welt der Geister. Die Schamanen sind die Experten für die kulturelle Tradition einer Gruppe; in den meisten schamanischen Kulturen haben sie eine sehr lange Ausbildung durchlaufen. Sie verstehen die Welt, in der sie leben, weil sie sich gründlich in sie vertieft haben.

Im Judentum ist eine solche Gestalt der *zaddik*, der »Rechtschaffene« oder »Gerechte«, der im Laufe vieler Jahre eine außerordentliche Frömmigkeit erreicht hat und allen anderen Juden sichtbar vor Augen führt, wie man leben soll; er ist »ein Führer seiner Generation«.

Im Hinduismus ist derjenige, der sich nach dem Rückzug aus dem Arbeitsleben auf die spirituelle Suche begibt, der *sannyasi*, der in der Gesellschaft als viel gerühmtes Beispiel dafür gilt, wie man sich auf die letzte große Suche macht.

Im Buddhismus wird derjenige, der sein persönliches Eingehen ins Nirvana aufschiebt, um auf die Erleuchtung der ganzen übrigen Welt hinzuwirken, als *bodhisattva* bezeichnet. In diesem Menschen findet sich das Beste verkörpert, was die Kultur zu bieten hat. Er führt zeichenhaft vor Augen, was es heißt, als alternder Mensch ein besserer Mensch zu werden.

In allen diesen Kulturen gibt es die Vorstellung, dass die ältere Generation über eine Einsicht verfügt, die den Jüngeren fehlt. Aber worin besteht diese Einsicht? Woher stammt sie? Und vor allem: Was fangen wir heute mit »Einsicht« an?

In jeder Generation gibt es ein gewisses Maß an angesammelter Erfahrung, die etwas Einmaliges und zugleich Universales über das Leben sagt. Diese ergibt sich aus der einfachen Tatsache, dass man ein gesammeltes, reflektiertes Leben führt. Sie ergibt sich daraus, dass man jede Dimension seines Lebens dazu verwendet hat, sich auf die nächste vorzubereiten. Sie ergibt sich daraus, dass man so lebte, wie Sokrates formulierte: »Das nicht bedachte Leben ist nicht lebenswert.« Der Weise, der Schamane, der *zaddik*, der *sannyasi*, der *bodhisattva*, der »Ältere« sind Menschen, die nach einer ganzen Lebenszeit genauer bedenken, was das Leben bedeutet. Mehr noch: Sie unternehmen es, ihre Einsicht an diejenigen weiterzugeben, die nach ihnen kommen.

Dazu haben sie das Recht. Sie verfügen über die Autorität der Erfahrung, die Autorität, vieles überlebt zu haben, die Autorität, durchgehalten zu haben; und schließlich tragen sie die Verantwortung dafür, ein Beispiel für wahre Autorität zu geben.

Anlässlich der Feier seines 89. Geburtstags kündigte Nelson Mandela die Schaffung von »The Elders« an, einer Gruppe von »weisen Männern und Frauen«. Diese Ratsversammlung früherer Präsidenten, *elder statesmen*, Nobelpreisträger und internationaler Führungsgestalten – darunter Mary Robinson, Kofi Annan, Jimmy Carter und Erzbischof Desmond Tutu – soll sich jährlich zweimal treffen, um globale Themen zu erörtern und heutigen Staatenlenkern und Politikern ihre Fachkenntnis und Begleitung anzubieten. Frei vom Tagesgeschäft ihrer früheren Positionen, können sie mit innerem Abstand, Weisheit und einer von politischen Ambitionen oder nationalem Druck freien Weitsicht heutige Situationen einschätzen. Weshalb er sich für die Schaffung dieser Gruppe eingesetzt hatte, erklärte Mandela so: »Ich versuche, meinen Ruhestand ernst zu nehmen.« Das ist ein Vorbild, das es wert ist, nicht nur in der politischen Arena ernst genommen zu werden.

Es geht darum, die geschichtliche Erfahrung einzubringen: Die historische Erfahrung einer Gruppe sagt: Nein, der Eintritt Amerikas in den Zweiten Weltkrieg und die Invasion in Vietnam war *nicht* das Gleiche. Zwar kann jeder, der will, beides befürworten, aber es für ein und dasselbe zu halten, das geht nicht.

Vieles überlebt zu haben, selbst angesichts gewaltiger Schwierigkeiten, gestattet es dem älteren Menschen zu betonen, dass das Aufgeben auf nichts die richtige Antwort ist. Das Durchhalten mag zwar nicht alles lösen – zumindest nicht zu unseren Lebzeiten –, aber man steht wahrhaftiger zum Sinn des Lebens, wenn man auf ein neues Pflügen, eine weitere Aussaat, eine nächste Ernte wartet, statt das nicht zu tun.

Das ist die spirituelle Stärke der Älteren in jeder Generation. Darin besteht auch unsere Verantwortung.

Wenn die Jungen nach den Sternen ihres Lebens Ausschau halten, um zu entscheiden, in welche Richtung sie ihr Leben lenken wollen, versagen wir in einem ganz besonders wichtigen Augenblick, falls sie sich nicht den Weisheitsgestalten unserer eigenen Generation zuwenden. Wenn wir aber nicht »die Älteren« unserer Zeit werden – worin bestand dann der spirituelle Zweck all unserer früheren Jahre? Wird sich die Welt an den Geldbetrag erinnern, den wir erwirtschaftet oder angespart oder ausgegeben haben? Wird die Welt unsere Medaillen und Plaketten ehrfürchtig hüten? *Oder* werden die Menschen einer jüngeren Generation sich an das erinnern, was unser eigenes Leben ihnen über die Erfahrung, das Überleben und Durchhalten gesagt hat und darüber, wie sie so leben können, dass ihr eigenes sterbliches Leben einen Sinn hat?

Eine Last dieser Jahre ist die Versuchung, uns selbst als überholt anzusehen und diese kostbare Zeit nur für uns selbst zu verwenden. Das ist die Versuchung zu einem endgültigen Narzissmus.

Ein Segen dieser Jahre ist unser Engagement für die wichtigen Fragen der Gegenwart, so dass die künftige Zeit gesegneter sein kann als die unsrige – und das dank der Einsichten, die wir in uns selbst verwahren und zugleich an andere weitergeben, bevor wir gehen.

Verwandlung

Bei der amerikanischen Schriftstellerin Meridel Le Sueur findet sich die Formulierung: »Ich bin vom Licht des Alters durchflutet.« Diese Aussage lässt uns anhalten, macht uns nachdenklich, fordert uns zur Stellungnahme heraus.

Die Wirklichkeit ist so, dass es ältere Menschen mit zwei verschiedenen Grundeinstellungen gibt: die verbitterten und die gelassen Gewordenen. Die verbittert Gewordenen sind auf die Welt wütend, weil diese sie aus dem Rang und Ansehen derjenigen ausgeschieden hat, die sie am Laufen halten und beherrschen und als ihr Eigentum ansehen und nicht alt sind in ihr. Sie fordern, dass der Rest der Welt sie aufsuche, mit ihnen Mitleid habe, ihre Befehle entgegennehme und sich von ihrem mürrischen Gesichtsausdruck erschüttern lasse.

Die Gelassenen leben mit einem sanften Lächeln auf ihren alternden Gesichtern, einem Willkommensgruß an die Welt des würdevollen Altwerdens. Sie sind dankbar dafür, dass ihnen ein hohes Alter geschenkt ist. Sie legen auch uns ans Herz, mit zunehmendem Alter immer mehr wir selbst zu werden. Auf solche Menschen trifft zu, was Meridel Le Sueur, die 96 wurde, schreibt: »Ich bin vom Licht des Alters durchflutet.« Vom Licht durchflutet – nicht übermalt, nicht maskiert. Durchflutet vom Licht! Das sind die Frauen und Männer, die mit klareren Augen sehen, mit aufmerksameren Ohren hören, aus tieferem Wissen heraus sprechen. Das sind die Menschen mit Seele.

Die Mode- und Fitness-Magazine lassen keinen Zweifel darüber, wie heutzutage 70-Jährige auszusehen haben. Die

»70er« sind die Menschen an Übungsgeräten und in Senioren-Tanzkursen. Die Menschen in den 70ern betätigen sich als Walker und Kegelspieler, Schwimmer und Radfahrer. Sie gehen Angeln und Golfspielen, singen in Chören mit und spielen Karten. Es sind durchtrainierte Menschen voller Leben, geistig wach und körperlich gesund. Sie sind ein Ausbund an Spannkraft und Unternehmungslust. Sie besuchen alle angesagten Orte, treffen alle angesagten Menschen, tun alles, was derzeit als wichtig gilt. Sie führen ein Leben voller Stil und Schwung. Sie schlagen ihrem hohen Lebensalter ein Schnippchen und singen und tanzen in den Sonnenuntergang hinein.

Auf viele trifft das – zumindest in gewissem Maße – zu. Noch nie vor uns hat eine Generation so lange und so gut gelebt wie die derzeitige im wohlhabenden Westen. Noch nie hat das Leben ewiger gewirkt als heute.

Zugleich schreitet auf physischem Gebiet etwas anderes unaufhaltsam voran.

Wenn wir im Telefonbuch lesen wollen, müssen wir die Augen fest zusammenkneifen – und schließlich lassen wir uns eine Brille verschreiben. Am Fernseher drehen wir die Lautstärke immer höher. Wir stellen fest, dass uns die Werbung fürs Haarfärben ins Auge fällt. Und obwohl wir täglich eine gewisse Strecke gehen, gehen wir nicht mehr so weit – und eindeutig nicht mehr so schnell – wie noch vor einigen Jahren.

Es ist in unserem Leben zu Veränderungen gekommen, die ungebeten waren, aber sich unerbittlich eingestellt haben. Dahinter gibt es kein Zurück mehr – das wissen wir. Natürlich sagen wir es nicht. Wir behalten es wie ein großes, graues Geheimnis für uns. Aber wir *wissen* darum.

Tief in unserem Inneren wissen wir, dass sich da jetzt etwas anderes abspielt: Wir werden verwandelt.

Aber die wesentliche Verwandlung, die mit dem Alter einsetzt, ist etwas ziemlich anderes als das physische Wohlbefinden, sie ist wesentlich mehr als die Fähigkeit, regelmäßig eine Runde Golf spielen zu können, ist eine ganz andere Lebensart als die, jeden Mittwochabend Bridge zu spielen oder jede Woche einige Clubs aufzusuchen.

Ein wichtiger Teil des Alterungsprozesses besteht darin, sich einfach daran zu gewöhnen, dass man älter wird. Um ein innerlich starker älterer Mensch zu werden, ist es zunächst einmal notwendig, dass wir es lernen, das Altern als das anzunehmen, was es ist: eine neue und wunderbare – aber andere – Lebensphase. Wir müssen es zugeben, vor allem auch uns selbst gegenüber, dass wir älter werden, und das in einer Kultur, die derart auf die Jugend fixiert ist, dass man sein Altsein eher verbergen muss als feiern darf.

»Ich 70?«, sagen wir. »Unmöglich!« Man kann daraus geradezu den verschämten Ton heraushören. Das bohrt sich in unsere innerste Mitte, und in unserem Herzen ertönt ein Alarmsignal. Es kann doch nicht sein, sagen wir uns besorgt, dass mein Leben schon fast vorbei ist, jetzt, wo ich doch erst anfange, es zu verstehen, zu genießen, zu lieben. Wenn wir aber Angst vor dem Alter haben und der Vorstellung nachgeben, dass das Älterwerden eine Art Hindernis für das Leben sei, verpassen wir eine der tiefsten Phasen unseres Lebens.

Das Problem ist, dass in unserer modernen Welt die Vorbereitung auf das Älterwerden fast nur noch darauf konzentriert zu sein scheint, sich rechtzeitig Anti-Falten-Cremes zu kaufen und Mitglied in einem Fitnessclub zu werden. Doch es geht nicht darum, wie wir anderen Menschen erscheinen, sondern darum, wie wir das Leben ansehen. Das Alter ist die Zeit, in der wir mit uns selbst klarkommen sollten. Wir fangen an, in unser Inneres zu schauen. Wir fangen an, mehr Kraft aus dem Geist zu beziehen als aus dem Fleisch.

Die Art, wie wir uns selbst sehen, ändert sich mit jeder Lebensphase, sie ist nichts Feststehendes. Die Definition in unserem mittleren Alter ist besonders folgenreich: Hier fühlen wir uns, wenn auch im beschränkten Rahmen, mächtig. Wir sehen uns irgendwo in die Pflicht genommen: gegenüber unseren Kindern, in einer verantwortlichen beruflichen Stellung, in einer führenden Rolle in der Familie, in einem höheren sozialen Status in der Gruppe. Wir haben es geschafft.

Aber plötzlich scheint alles das, was sich langsam und fast unmerklich eingespielt hat, wieder langsam zu vergehen. Ich kann mich nicht mehr darüber definieren, was ich alles zu sagen habe und was ich im Griff habe. Ich muss jetzt in mir irgendetwas finden, das mir meinen ganz persönlichen Platz in der mich umgebenden Welt gibt: Mir macht es Freude, mit bestimmten Menschen zusammen zu sein; ich kümmere mich um andere Menschen; ich fange an, für tiefere, reichhaltigere, wichtigere Dinge zu leben, als bisher. Jetzt bin ich fürsorglich, äußere mich in der Öffentlichkeit kritisch, setze mich für soziale Gerechtigkeit ein, habe Freunde und Gefährten. Ich fange an, mich anders zu sehen. Ich beginne zu entdecken, dass ich jetzt in vielerlei Hinsicht weit wichtiger bin, als ich das mein ganzes bisheriges Leben war.

Auch die Welt sehe ich jetzt mit anderen Augen. Ich

lerne sie schätzen, möchte sie genauer erkunden, sie genießen. Ein Abend am Strand bei Sonnenuntergang ist so viel wert wie alle Cocktailpartys zusammen, an denen ich schon teilgenommen habe.

Auch andere Menschen sehe ich jetzt mit anderen Augen. Sie haben sich genauso verwandelt wie ich. Ich sehe sie jetzt nicht mehr als Rollenspieler. Es sind jetzt Menschen, Individuen – nicht Probleme, nicht »gute Beziehungen«; sie dienen mir nicht mehr als Maßstab für meinen eigenen Wert. Mein Wert liegt jetzt ganz in mir selbst, in der Art von Mensch, die ich im Umgang mit anderen bin.

Ich stelle zudem fest, dass sich in meinem Leben die Zahl der Dinge, die als absolut gelten, drastisch reduziert. Ich bin jetzt in meinen religiösen Überzeugungen wesentlich weniger dogmatisch als früher. Ich bin mir nicht mehr so sicher wie früher, was absolut verurteilenswert ist und was nicht. Ich bin froh, dass ich diese Entscheidung Gott überlassen kann, der mir jetzt viel barmherziger vorkommt als früher – so wie auch ich mit anderen Menschen viel barmherziger geworden bin.

Und schließlich sehe ich jetzt auch das Leben mit neuen Augen. Früher einmal hielt ich das Leben für ein Meisterschaftsspiel um möglichst viel Geld, Status und Ansehen. Jetzt betrachte ich es als etwas, das seinen Wert in sich selbst hat. Mir geht allmählich auf, dass es nicht darauf ankommt, viel zu haben, sondern dass es reicht, genug zu haben. Ich beginne zu begreifen, dass die Tragödie des Lebens darin besteht, dass so viele Menschen so wenig haben, dass sie sogar weit davon entfernt sind, genug zum Leben zu haben. Ich beginne zu begreifen, dass daran etwas falsch ist. Ich selbst habe in meinem Leben schon mehr als genug

Hilfe erfahren. Was aber ist mit all diesen anderen? Welche Verantwortung trage ich jetzt ihnen gegenüber?

Das ist der Zeitpunkt der endgültigen und vollständigen Verwandlung. Ich bin in die Fülle meiner selbst hineingewachsen, aber erst von dem Zeitpunkt an, als ich fähig war, alles kosmetische Beiwerk abzulegen: all die Titel, Privilegien und Symbole, die aus mir mehr machten, als ich eigentlich war – und zugleich weniger, als ich eigentlich war.

Eine Last dieser Jahre ist die Möglichkeit, dass ich mehr meinen Verlusten nachtrauere, als wahrzunehmen, was ich alles gewinnen kann.

Ein Segen dieser Jahre ist, mich so verwandeln zu können, dass ich das Ich werde, zu dem ich in meinem ganzen Leben unterwegs gewesen bin. So kann ich in einer Welt, die das Alter als Höhepunkt des Lebens gering schätzt, eine Oase heiterer Gelassenheit erreichen.

Neu werden

Der englische Dichter Robert Browning schreibt: »Werde mit mir alt! Das Beste wird erst kommen, die letzte Lebenszeit; die erste gab's um ihretwillen.«

Es scheint eine verwegene Vorstellung zu sein: ausgerechnet dann, wenn man weiß, dass die letzte größere Lebensphase anbricht, soll ein Aufbruch in etwas ganz Neues anstehen. Wir unterstellen da eher, jetzt gelte es nur noch eines zu entdecken: wann und wie alles vorbei sein wird.

Aber das ist bestenfalls eine sehr enge Sicht des Lebens. Dabei verkennt man vollständig die Natur des Lebens. In Wirklichkeit ist es so, dass das Leben weitergeht, selbst wenn wir dies zu vermeiden suchen.

Wir stellen uns vor, dass wir uns nie mehr aus dem Haus bewegen werden, in dem wir wohnen – und dann wird das Dach undicht oder der Keller überschwemmt oder wir können einfach nicht mehr diese lange, hohe Treppenflucht im Haus bewältigen. Und so ziehen wir in etwas Neues um, irgendwohin, wo uns die Vergangenheit nicht mehr niederdrückt.

Wir meinen, wir seien im »Ruhestand« – und dann dauert es nicht lange, und andere Leute entdecken, dass wir jetzt freie Kapazitäten haben, und sie brauchen Hilfe, benötigen jemanden, der ihnen mit Rat und Tat zur Seite steht: einen Ansprechpartner, eine Begleiterin, ein Ausschussmitglied. Folglich dauert es nicht lange, und wir sind beschäftigter denn je.

Wir stellen uns vor, wir würden den Rest unseres Lebens allein sein – und dann begegnen wir zufällig jemandem, haben ein sehr gutes Gespräch, treffen uns immer öfter zum Essen. Und es dauert nicht lange, und das Leben beginnt sich uns wieder von seiner heiteren Seite zu zeigen. Wir haben jemanden, mit dem wir reden, dem oder der wir alles Mögliche erzählen können; bekommen wieder Lust, jemandem zuzuhören, und genießen es, dass uns jemand zuhört, wirklich zuhört.

Das Leben verändert sich. Es liegt im Wesen des Lebens, dass es sich ständig ändert. Das liegt am spirituellen Charakter des Lebens: Es stellt seine Ansprüche, bringt neue Herausforderungen, treibt uns dazu an, dass wir es leben.

Aber dass sich das Leben verändert, ist hier nicht der Punkt: Das liegt auf der Hand. Die Veränderung kommt, ob wir es mögen oder nicht, ob wir es zugeben oder nicht. Auch das liegt auf der Hand. Der eigentliche Punkt ist viel subtiler. Nicht die Veränderung ist das, was uns zerstören wird. Vielmehr kommt alles darauf an, welche Einstellung wir ihr gegenüber haben. Die innere Einstellung gibt dem Ende eines Lebensabschnitts Sinn. Mehr noch: Diese Einstellung ist auch entscheidend dafür, mit welcher spirituellen Tiefe wir diesen neuen Abschnitt beginnen.

Letztlich hängt alles davon ab, ob wir unser Dasein jetzt so sehen können, dass es für andere und auch für uns selbst Sinn und Inhalt hat. Verhängnisvoll wäre es, wenn wir das Gefühl hätten, jetzt werde uns nur noch eine Pause aufgezwungen zwischen dem bereits erfolgten Ende unseres Lebens und dem Ende unseres Körpers.

In Wirklichkeit setzt uns diese neue Lebensphase auf eine Weise frei, wie das vermutlich keine andere Wachstumsphase tun kann. Jetzt haben wir alles Streben hinter uns. Wir müssen uns selbst und anderen nichts mehr beweisen. Wir müssen die Art, wie wir unsere Zeit verbringen, von niemandem mehr gutheißen lassen. Wir müssen nicht mehr arbeiten, produzieren, vorsorgen oder weiterkommen. Das Einzige, was wir noch tun müssen, ist: unser Ich aufblühen lassen. Jetzt kann unser Leben eine ganz neue Farbe annehmen, so wie die bunten, kräftig gefärbten, standhaft im Wind stehenden Herbstblumen, und es kann jene innere Tiefe gewinnen, die die rasch vorwärtseilende Welt dringend brauchen würde.

Falls wir jedoch zu dem Schluss kommen, dass das Leben vorbei sei, wenn die Requisiten des mittleren Lebensalters wegfallen – Beruf, Titel, Kinder, Aufstieg auf der sozialen Leiter –, und dass es dann nichts mehr gebe, das zu tun sich lohnt, dass also die gesamte Definition dessen, was wir sind, in Bausch und Bogen abgetan sei – dann ist natürlich tatsächlich alles aus. Dann haben wir mit uns selbst Schluss gemacht.

Aber falls wir es schaffen, jetzt die vielen bislang vernachlässigten Seiten unserer selbst anpacken, haben wir eine ganze neue Welt vor uns. Wir können jetzt Anlagen unserer selbst entfalten, die wir im Laufe all der Jahre, in denen wir Verantwortung tragen und produktiv sein mussten, völlig brach liegen ließen. Von diesen Seiten hatten uns die anderen nie kennengelernt – und nicht einmal wir selbst. Jetzt können wir sie ans Licht bringen.

Das Entscheidende ist jetzt die Bereitschaft, die Neugier, der dringende Wunsch, solche vernachlässigten Seiten zu erkunden.

Um im hohen Alter reifer zu werden, bedarf es der Neugier eines fünfjährigen Kindes und der Zuversicht eines

Teenagers. Es gibt nichts, was wir nicht tun können, falls wir es tun wollen. Wir können eine neue Fremdsprache lernen, können die Stadt von einem Ende zum andern durchwandern, können die Straße auf und ab gehen, können uns bei unseren Nachbarn vorstellen und ihnen anbieten, ihnen jede Woche einen Kuchen zu backen – falls ihnen das Freude macht. Oder wir können einen Fahrdienst für Kinder anbieten, deren Eltern nach der Arbeit fast ihre ganze Freizeit damit verbringen müssen, sie zum Musikunterricht, zum Basketballspielen, zum Turnen oder zum Zahnarzt zu fahren. Wir können einen monatlichen Literaturkreis gründen und die Diskussionen samt dem damit verbundenen Imbiss reihum veranstalten, so dass jedes Mitglied der Gruppe in Kontakt mit anderen kommt. Wir können eine Wandergruppe leiten, uns in die Heimatkunde vertiefen, aus einer Fülle von Angeboten zur Erwachsenenbildung auswählen. Mit anderen Worten: Wir können sein, was immer wir jetzt sein wollen, ohne alles Drum und Dran, ohne viel Protokoll, ohne großes Getue. Wir können uns selbst neu erschaffen und uns damit schöpferisch in der Welt betätigen, und das auf ganz andere Weise, als uns das die engen Grenzen unseres bisherigen Lebens erlaubt haben.

Und was ist, wenn wir überhaupt nichts tun wollen, das neue Pflichten mit sich bringt? Dann können wir natürlich ganz einfach unser Leben genießen. Gegen Muße, die sinnvoll und bereichernd ist, ist nichts einzuwenden. Sie kann mit Musik, Lektüre, Gehen oder Wandern, guten Gesprächen gefüllt sein. Aber zugleich müssen wir uns fragen, was uns dazu bewegt, uns von der Art Leben zurückzuziehen, das wir bis vor Kurzem noch geführt haben. Untersuchungen[10] haben ergeben, dass die Menschen, je jünger sie zum Zeitpunkt des Eintritts in den Ruhestand sind, sich desto schwerer tun mit dem Übergang in diesen neuen Lebensabschnitt. Sie sehen dann eher alles nur noch grau in grau, finden im Leben kaum mehr einen Anreiz. Das einzige Gegengift gegen eine solche Leblosigkeit ist Leben. Ganz wesentlich ist jetzt, dass wir etwas tun, das in sich selbst wertvoll ist.

Jetzt ist nur eines notwendig: Wir müssen uns entschließen, eine Art von Leben zu beginnen, das in Bezug zum bisherigen steht, aber frei ist von einengenden Bindungen. Wir müssen das, was wir in ihm tun, als etwas Gutes wahrnehmen. Wir müssen das Empfinden haben, dass dies unser Leben nährt und bereichert. Wir müssen zudem für die Welt ein Geschenk sein, auf irgendeine Weise, in irgendeiner Form, für irgendjemanden.

Für Menschen, die in diese Lebensphase ausgelaugt, ausgedörrt, wütend, verletzt, erniedrigt und mit innerem Widerstand eintreten, ist das Neuwerden kein Segen, sondern ein Fluch. Solche Menschen sitzen verdrossen oder lustlos im Sessel, können sich selbst nicht zu neuem Leben aufraffen und auch niemand anderen mit Leben anstecken. Sie bringen keine Freude in die Welt, weil sie keine Freude zu geben haben. Sie werden zu mürrischen alten Männern und weinerlichen alten Frauen – und das nicht deshalb, weil das im Alter nun einmal so ist, sondern weil sie sich entschieden haben, weniger zu sein. Sie haben beschlossen, weniger zu sein als das, was Gott für diese Jahre mit ihnen

10 Gail Sheehy, *New Passages: Mapping Your Life Across Time*, New York 1995, 373.

vorhatte: nämlich ihnen eine andere Art von Lebensfülle und eine andere Art von Nützlichkeit zu schenken.

Beim Älterwerden ändern wir uns nicht völlig, sondern wir werden nur intensiver das, was wir schon immer waren. Jetzt besteht die Versuchung, unsere Selbstkontrolle schleifen zu lassen, so als hätten wir nun das Recht, uns nicht mehr von unserer besten Seite zu zeigen. Wir sind versucht, die unvollendeten Teile unserer selbst hervorzukehren und nichts zu tun, um sie zu vollenden.

Aber wir sind hier, um uns so vollendet von dieser Welt zu verabschieden, wie wir das nur irgendwie hinbekommen können. Ein hohes Alter erreichen heißt nicht, mit dem Reiferwerden aufzuhören, sondern das ist im Gegenteil die Zeit, in der man auf neue Weisen reifer werden soll. Es ist die Lebensphase, in der wir uns daran machen, alles das, was in uns bisher gereift ist, sinnvoll zusammenzufassen. Es ist eine milde Zeit, in der alles in mir als einem einmaligen Ich seine köstlichste, reichste, ganz persönliche Vollendung finden soll.

Es ist die Zeit, in der wir uns zurücklehnen und mit der Frage beschäftigen können, was die verschiedenen – großen und kleinen – Begebenheiten im Gesamtrahmen unseres Lebens bedeuten. Stand das alles in unserem Leben in einem inneren Zusammenhang? Machte es Sinn? Gab es da für alles eine Mitte, eine Richtung und ein Ziel und eine spirituelle Identität? Und wenn ja – oder wenn nein –: Welcher Schluss ergibt sich aus dieser Bilanz, der wir jetzt unsere volle Aufmerksamkeit schenken sollten? Wer sind wir nach all dieser Zeit, nach all dem, was unser Leben ausgemacht hat?

Dieses Neusein kann Angst machen. Wir erkennen unser Ich – unser wahres Ich – kaum mehr wieder. Wir haben so viele Jahre lang damit verbracht, immer all das zu tun, was von uns erwartet wurde, oder haben uns im Gegenteil dagegen gesperrt, all das zu tun, was von uns erwartet wurde. Darum kann das Bemühen um die Entdeckung dieser Person namens Ich zum Ergründen eines uns selbst noch unbekannten Geheimnisses werden, das auch die uns umgebenden Menschen noch gar nicht kennen.

Jetzt müssen wir uns die Frage stellen: Habe ich jemals jemandem gesagt, was ich wirklich denke? Habe ich jemals getan, was ich wirklich tun wollte? Und wie hat sich das – im Guten wie im Bösen – auf mich ausgewirkt? Und vor allem: Was sagt mir das über mein Hier und Jetzt?

Wir müssen wollen, dass unser hohes Alter zu etwas Neuem wird. Nur so kann es zu jener Phase voller neuer Energie werden, als die es angelegt ist. Das ist keine zwecklose Phase. Das ist keine Zeit für hemmungslosen Narzissmus. Wir haben den Zeitpunkt unseres Lebens erreicht, von dem an wir all das, was wir bis zu diesem Punkt gelernt haben, fruchtbar werden lassen können.

In diese Phase sind wir nicht nur um unserer selbst willen gekommen.

Diese Phase ist eine neue Phase der spirituellen Entwicklung, die als mehr gedacht ist als nur die Entwicklung unseres Ichs. Wie sollte man sonst diese gesamte Erfahrung und all diese Einsichten erklären können, die wir in sie einbringen? Das alles dient zu etwas; es soll für uns selbst fruchtbar werden und für die gesamte Menschengemeinschaft. Es kann nicht einfach nichts sein und ins Nichts laufen.

Eine Last dieser Jahre ist das Gefühl der Endgültigkeit, das sich aus dem Wissen ergibt, dass diese Zeit, so lange sie auch noch dauern mag, die Endzeit ist. Jetzt verlangt das Gewicht all dessen, was noch in uns daliegt, um abgeschlossen zu werden, seinen Tribut.

Ein Segen dieser Jahre ist, dass wir, wenn wir nur wollen, aus ihnen etwas Herrliches machen können, eine Art Sternschnuppe am Himmel der Menschheit.

Leistung

Der irische Schriftsteller und Satiriker Jonathan Swift schreibt: »Niemand war je imstande, sein Leben so meisterhaft zu führen, dass er nicht durch Alter und Erfahrung noch etwas hätte dazulernen können.«

Was ist der Unterschied zwischen Amerika und anderen Ländern auf der Welt? Natürlich lassen sich auf diese Frage alle möglichen Arten von Antworten geben. Aussagekräftiger als die üblichen politischen oder wirtschaftlichen Kriterien dafür dürfte ein demografisches sein, nämlich das durchschnittliche Lebensalter der Bevölkerung. In den USA beträgt es derzeit 36 Jahre. In vielen Teilen der Welt beträgt es 25 – oder ist noch niedriger.

Das heißt mit anderen Worten, dass die Amerikaner eine grauer werdendes Volk sind. Aber wir werden nicht nur grauer, sondern auch immer gesünder. Um das Jahr 2030 wird es zum ersten Mal in der Geschichte ungefähr gleich viele Menschen über 65 wie unter 17 geben. Die Kindersterblichkeit sinkt, und die Erwachsenen erreichen ein immer höheres Alter. Im Jahre 1900 waren 40 Prozent der Bevölkerung unter 17 und nur vier Prozent über 65.[11] Jetzt ist das bei uns anders. Über zehn Prozent der Bevölkerung – 33 Millionen Amerikaner – sind jetzt 65 und älter. Bis 2030 ist zu erwarten, dass sich ihre Zahl mehr als verdoppelt, auf fast 70 Millionen.[12]

Das ist natürlich in vielerlei Hinsicht wichtig. Es erklärt

11 Hooyman und Kiyak 19.

12 www.archomaha.com/Pastoral/FamilyLifeOffice/AgingMinistries/agingministries.html (2.2.2007).

den steigenden Bedarf an Krankenhäusern, Altenwohnheimen und Mehrgenerationen-Gemeinschaften. Es zeigt auch die wachsende politische Macht einer Generation an, die bald 25 Prozent der wahlberechtigten Bevölkerung des gesamten Landes ausmachen wird.[13] Es wird sich darauf auswirken, was die Firmen in künftigen Jahren produzieren und welche Bevölkerungsgruppe sie vorwiegend ansprechen werden. In der Fernsehwerbung lässt sich diese Verlagerung bereits deutlich beobachten: Vor 25 Jahren lag der Schwerpunkt auf Sportausstattung, heute liegt er auf gesunden Nahrungsmitteln. Inzwischen wird sogar zunehmend für Sterbeversicherungen geworben, damit wir »nicht unsere Kinder belasten« – von denen die meisten vermutlich gar nicht in unserer Nähe leben werden, wenn wir in die Jahre kommen.

Das Hauptmerkmal des Alterns ist nicht mehr das Abbauen. Im Gegenteil: Wir entwickeln uns, wie man es noch vor kurzer Zeit für jemanden über 40 für unmöglich gehalten hätte. Die Oma lebt nicht mehr wie früher »in der Familie mit«. Höchstwahrscheinlich lebt sie für sich im eigenen Haus oder in der eigenen Wohnung, fährt noch mit über 80 Auto und arbeitet ehrenamtlich in der Stadtbücherei mit.

Wir essen besser, haben eine geringere Wahrscheinlichkeit, körperlich behindert zu werden, verfügen über Seh- und Hörhilfen und sind bis in unsere hohen Jahre hinein auf allen Ebenen der Gesellschaft aktiv. Wir sind nicht nur die gesündeste Altenbevölkerung, die es in der Geschichte je gab, sondern auch die aktivste. Diese Trends gibt es im Übrigen nicht nur in den Industrienationen. Überall, wo

13 Hooyman / Kiyak (wie Anm. 1), 19.

der Lebensstandard steigt, wird auch die Bevölkerung entsprechend älter.

Aber die Langlebigkeit ist nicht der einzige Indikator dafür, dass es bei den Alten zu wesentlichen Veränderungen kommt. Wir wissen jetzt, dass auch das Gehirn – von dem man bislang dachte, es sei mit zunehmenden Jahren zu fortschreitender Senilität verdammt – sich weiterhin entwickelt. Es produziert nicht nur weiterhin neue Zellen, sondern entwickelt auch neue Denkweisen.

Die Wissenschaftler haben entdeckt, dass ältere Menschen zwar nicht so schnell wie jüngere Menschen denken, jedoch genauso gut wie die Jungen, aber anders: mit größerer Tiefe, mit mehr Nachdenklichkeit, mit mehr philosophischer Achtsamkeit. Der Unterschied zwischen dem Denkprozess der Jungen und demjenigen der Älteren lässt sich mit dem Unterschied zwischen der Schnelligkeit eines Computerspiels und der Denkfähigkeit eines Logikers vergleichen. Die Jungen produzieren mit hoher Geschwindigkeit sehr viele Gedanken, diese aber oft ohne Form oder Gestalt. Wenn sich ältere Menschen über die gleichen Daten Gedanken machen, gebrauchen sie sie aber nicht einfach so, wie sie sind, sondern neigen dazu, sie auf Begriffe zu reduzieren.

Diese Erkenntnisse mögen die jüngere Generation verblüffen, der beigebracht worden ist, vor dem Altwerden müsse man sich fürchten. Den älteren Menschen dagegen wird damit eine neue Art von Verantwortung zugewiesen, und zugleich auch eine neue Art des Weltverständnisses. Sie haben keine Entschuldigung mehr dafür, sich einfach aus dem gemeinsamen Leben auszuklinken. Solange wir atmen, stehen wir alle in der Verantwortung, die Welt zum Wohl der gesamten Menschheit mitzugestalten.

Im hohen Alter bekommt man keinen Freifahrschein in die Verantwortungslosigkeit. Stattdessen müssen wir unter den Weisen dieser Welt unseren Platz einnehmen. Genau wie die Älteren jeder Generation vor uns müssen wir unsere Erfahrung konstruktiv einbringen und genau wie sie die gegenwärtigen Verhältnisse und Ereignisse aus unserer Sicht vergleichen, einschätzen, kritisieren oder fördern.

Jetzt tragen wir die Verantwortung dafür, dass wir die Generationen nach uns in die Werte und Ideale einführen, die eine auf Gleichheit, Respekt für andere und Pluralismus gegründete Gesellschaft geschaffen haben. Ja mehr noch: Wir haben die spirituelle Verantwortung, das Leben als ein moralisches Unternehmen zu betrachten und nicht bloß als ein privates. Wir müssen bis ins innerste Mark unserer Seele begreifen lernen, dass das Alter keine Krankheit ist. Das Alter ist eine neue Erfahrung, wie man sein Leben lebt und wie man ihm möglichst viel Güte, Energie, Dankbarkeit, Ruhe und stille Kreativität abgewinnt.

Die Last des Umstands, nicht mehr zur Leistung verpflichtet zu sein, besteht darin, sich zu nichts mehr angeregt zu fühlen und das Älterwerden als Abbau zu begreifen. In Wirklichkeit heißt Altwerden eben einfach Altwerden – nicht mehr und nicht weniger. Es heißt, dass wir reif geworden sind.

Der Segen einer Verpflichtung zu Einsatz und Leistung besteht darin, dass wir bestimmt weiser und auf jeden Fall spirituell stärker und mehr denn je zum Segen für die übrige Gesellschaft werden, wenn wir unsere beträchtlichen Fähigkeiten, Erfahrungen und Einsichten einbringen, um uns an der Bewältigung der derzeitigen Probleme der Menschheit zu beteiligen.

Möglichkeiten

Die amerikanische Dichterin Emily Dickinson schreibt: »Wir werden mit den Jahren nicht älter, sondern Tag für Tag neuer.«

Warum? Weil das Leben jeden Tag neu beginnt – und wir müssen dem entsprechen. Wenn wir uns also nicht von uns aus vom Leben verabschieden, wenn wir uns nicht weigern, jeden Tag voll auszukosten, dann werden auch wir jeden Tag neu.

»Ich hätte nicht gedacht, dass ich jemals so alt werden würde«, sagte die Frau. »Ist das nicht wunderbar?« Sie war schlagfertig und wendig. Ihr jüngstes Problem mit der Hüfte schien sie leicht wegzustecken. Ihre Töchter hatten das Gehwägelchen mitgebracht, nur für den Notfall, aber sie winkte es beim Hereinkommen weg und durchschritt selbständig den Raum. Sie war fast 90. Ihrem Lächeln nach hätte man sie auf 65, ihren flinken Antworten nach vielleicht auf 70 einschätzen können. Nichts an ihr entsprach den Klischeevorstellungen von einer 90-Jährigen.

Als ihr jemand anbot, für sie ans Büffet zu gehen, verwahrte sie sich: »Wieso denn? Das kann ich doch selber!« Und sie fügte mit dem Strahlen einer Unbesiegbaren hinzu: »Sehen Sie … Ich brauche nicht einmal die Hände dazu!« und stand aus dem schweren Polstersessel so leicht auf wie alle anderen im Raum auch.

Das war eine Frau, deren Mann schon lange tot war, deren Töchter selbst schon in den 60ern waren und deren Söhne weit entfernt wohnten. Sie hatte ihr eigenes Haus schon vor Jahren verkauft und danach immer wieder einmal ihre Wohnung gewechselt. Sie war glücklich und lustig und sehr, sehr lebendig.

Ja, sie war typischer für die neuen Alten, als wir bisher wirklich wahrzunehmen bereit sind.

Unsere Vorstellung von einer alternden Bevölkerung ist eher mit Behinderung und Abhängigkeit, unglücklichem Alleinsein und sozialer Nutzlosigkeit verbunden, mit traurigen Seelen, die an die Ränder des Lebens verbannt sind und, sich selbst überlassen, in einer längst vergangenen Welt leben.

Aber mit jedem vergehenden Jahrzehnt leben die Menschen länger. Und sie leben allein. Und wie uns jetzt die gerontologischen Daten sagen, drohen den wenigsten viele Jahre der Hilflosigkeit. In Wirklichkeit ist das Altwerden zumindest in der entwickelten Welt zu einer Phase wohltuender Befreiung und vieler neuer Möglichkeiten geworden.

Allerdings ist es im Allgemeinen auch eine Phase starker Entwurzelungen. Die heutige Welt mag voller Pläne und Projekte für das Rentenalter sein, aber wer kann in Wirklichkeit schon groß vorausplanen? Und sicher sein, dass es so kommt? Wir lernen, dass das Leben nicht geradlinig verläuft. Am ehesten kann man es mit einer Spirale vergleichen.

Ältere Menschen ziehen aus Nachbarschaften fort, in denen sie zahllose Jahre gelebt haben. Sie ziehen in kleinere Wohnungen und sind von Menschen umgeben, die ihnen bislang völlig unbekannt waren. Sie geben soziale Netzwerke und alte Stammplätze auf, geliebte Haustiere sowie ihren Status und ihr Prestige, feste Jobs und Gehaltserhöhungen, und das in den USA, wo das mittlere Einkommen von Frauen und Männern über 65 zwischen 12 000 und 20 000 Dollar pro Jahr liegt.[14]

So darf man mit Fug und Recht die Diskontinuität als einen der maßgeblichen Faktoren des Alters in der heutigen Welt bezeichnen. Aber diese Entwurzelung und Diskontinuität hat auch eine andere Seite: Sie eröffnet, wenn auch spät, die Möglichkeit zur Emanzipation. Wer hat in seinem Leben nicht schon in einer Phase gesteckt, an dem sie oder er sich wünschte, einfach alles stehen und liegen zu lassen und irgendwo anders ganz neu anzufangen? Den meisten von uns ist noch gar nicht aufgegangen, dass sich im hohen Alter diese Möglichkeit zu einem neuen Leben tatsächlich ergibt. Da können wir an ganz neuen Orten Dinge tun, die wir noch nie getan hatten. Und wir können unsere alten Geschichten einer völlig neuen Gruppe von Menschen erzählen.

In all dem steckt die faszinierende Erfahrung, dass uns eine schwindelerregende Vielzahl von Möglichkeiten offensteht. Wir müssen nicht mehr bis an unser Lebensende die alten, ausgeleierten Rollen spielen, über die wir uns so viele Jahre lang definiert haben. Wir können uns unbedenklich lustig und verrückt verändern. Wir können neue Dinge kaufen, ohne jemanden um Erlaubnis dafür fragen zu müssen. Wir können jetzt sogar ganz anders denken. Und wir tun das auch!

Wie aus dem Nichts scheint in uns eine innere Autorität aufzusteigen. Wir stellen Dinge in Frage, die zu hinterfragen, geschweige denn zu bezweifeln uns früher nie und nimmer in den Sinn gekommen wäre. Und da wir uns jetzt nicht mehr in der Pflicht sehen, das Rückgrat der Familie

14 U. S. Department of Labor – Women's Bureau, January 2005.

zu sein, können wir uns auch über die Jüngeren viel unbeschwerter freuen, als wir das früher jemals taten. Wir brauchen nicht mehr über sie zu urteilen, sondern können sie immer mit offenem Herzen aufnehmen.

Wir sitzen da und hören ihnen zu, weil sie Vertrauen haben in unser Vertrauen zu ihnen, in unser Verständnis, in unsere innere Freiheit. Alles ändert sich immer wieder, so wissen wir jetzt. Das ist uns zur Gewissheit geworden, denn auch wir selbst haben uns ja geändert. Zum ersten Mal in unserem Leben fangen wir an, die Menschen so zu nehmen, wie sie sind – hier und jetzt –, denn keiner weiß es besser als wir, dass wir uns alle noch einmal gewaltig ändern werden, bevor wir sterben.

Wir sind von vielen Fesseln befreit, in mancher Hinsicht erstmals in unserem Leben. Und wenn wir wirklich gesund und munter sind, sind wir darauf aus, dieses neue Lebensstadium bis an sein Ende in vollen Zügen zu leben und ihm jede Gnade, jedes Entzücken, jede aufregende neue Idee, jede faszinierende Antwort auf jede bedrängende Frage abzugewinnen.

Dies alles kostet natürlich Energie, und das ausgerechnet zu dem Zeitpunkt unseres Lebens, an dem wir anzunehmen geneigt sind, uns sei nicht mehr viel Energie übrig geblieben. So lange Zeit wirkte alles so ermüdend auf uns; aber wenn wir tatsächlich so müde geworden wären, würden wir uns kaum mehr selbst wiedererkennen. In Wirklichkeit ist es die Müdigkeit, was zur Müdigkeit führt. Der einzige Weg, die Müdigkeit zu überwinden, besteht darin, etwas zu tun. Laden Sie zum Beispiel jemanden ein, mit in eine Aufführung zu gehen. Lernen Sie Golfspielen, treten Sie in einen Freizeitverein ein, gehen Sie schwimmen, planen Sie einen Urlaub in einer Großstadt oder einem Nationalpark. Fangen Sie mit einer ganz neuen Schar von Freunden ganz neue Lebensgewohnheiten an – und bauen Sie sich gemeinsam mit ihnen ein ganz neues Leben auf.

Eine Last dieser Jahre ist es, zu glauben, die große Umstellung, die damit einhergeht, dass man nicht mehr durch seine Vergangenheit definiert und beschränkt wird – so gut diese auch gewesen sein mag –, bringe es mit sich, dass damit auch das Leben vorbei sei.

Ein Segen dieser Jahre ist es, früh wahrzunehmen, dass dieses Lebensstadium voller Möglichkeiten ist und dem Wunsch Raum gibt, weiterzuleben, unabhängiger zu werden, neue Aktivitäten zu beginnen und mit interessanten neuen Menschen ein neues Netzwerk zu knüpfen.

Umstellung

Der Schweizer Philosoph Henri Frédéric Amiel schreibt: »Zu wissen, wie man altert, ist das Meisterwerk an Weisheit und eines der schwierigsten Kapitel aus der großen Kunst des Lebens.«

Die Veränderungen im Leben, die sich mit den späteren Lebensjahren üblicherweise alle einstellen, verlangen von einem, sich auf bislang noch unversuchte Möglichkeiten der eigenen Lebensgestaltung einzulassen, ob es einem lieb ist oder nicht. Wenn lebenslange Beziehungen verschwinden oder wir in eine andere Umgebung geraten und uns unter neuen, spät gefundenen Freunden vorfinden, auf die wir uns ganz anders einlassen müssen, leben wir unversehens unter ganz neuen Umständen. Dann kommt es nicht mehr annähernd so sehr darauf an, was uns passiert, sondern darauf, wie wir mit dem umgehen, was uns passiert. Das ist keine leichte Zeit.

Tatsächlich ist das für uns die letzte große Reifungsphase als Mensch. Wir ersteigen jetzt die letzten Berge der Umstellung, des Neuwerdens, der Veränderung, der spirituellen Entwicklung. Das erfordert unseren ganzen Kraftaufwand und unser letztes Quantum Glauben an die Heiligkeit des Universums, das wir noch aufbringen können.

Für diejenigen, denen der Luxus vergönnt ist, daheim alt zu werden – in dem Haus, in dem sie ihr gesamtes Erwachsenenleben verbracht haben, in der Stadt, in der sie aufgewachsen sind, in der Nachbarschaft, die ihnen lieb und teuer ist – ist das Altwerden fast nur die einfache Fortsetzung des Lebens, wie es schon immer war. Das Altern ist dann einfach eine neue Phase des Gleichen. Schließlich habe ich hier ja schon viele Jahre gelebt. Ich kenne die Menschen und die Geschäfte, die Busse und die ganze Stadt. Ich bin immer noch ein Teil von ihr. Das alles ist einfach eine Ausweitung von mir. Alles ist mir vertraut. Alles ist sicher. Unter solchen Umständen ist es geradezu unwichtig, wie viele Jahre ich schon hinter mir habe. Ich habe das Gefühl, dass ich der Mensch bin, der ich immer schon war. Mein Berufsleben mag weggefallen sein, aber mein übriges Leben ist mir geblieben.

Auch hier gibt es natürlich Veränderungen, aber bloß kleine. Ich gehe nicht mehr jeden Morgen zur Arbeit. Ich fahre nicht mehr gern bei Nacht. Ich werde nicht mehr so oft zum Essen eingeladen wie früher. Aber abgesehen davon gibt es zwischen 64 und 67 oder zwischen 69 und 74 nur wenige klar erkennbare Unterschiede. Das Leben, das ich führe, bleibt im Wesentlichen das gleiche, mögen auch noch so viele Jahreszeiten kommen und gehen.

Die erste große Konfrontation mit dem Alter kommt ganz klar erst mit der Trennung vom Vertrauten. Wenn zwischen der Welt, die war, und der Welt, die jetzt ist, ein großer Graben liegt, wenn die Gegenwart gar nicht mehr so ist, wie sie früher war, wenn die Lebenslinie einen Schnitt aufweist – dann ist die eigentliche Veränderung eingetreten. Dann bricht das Alter mit einer völlig neuen Klangfarbe ins Bewusstsein ein. Dann verschärft sich schlagartig mein Empfinden, dass ich altere und wirklich »alt« werde. Meine Seele beginnt eine andere Tönung anzunehmen. Ich beobachte an mir, dass ich mich gewaltig anstrenge, psychisch lebendig zu bleiben, ganz gleich, wie stark mein Körper noch sein mag.

Erst fällt die Arbeit weg, dann fällt das eigene Haus weg, dann beginnen sich die kostbaren Dinge zu verabschieden: Ein wertvolles Stück ums andere gebe ich den Kindern, ein Stück Hausrat ums andere wandert auf den Flohmarkt. Dann ist es aus mit der Selbständigkeit, dann mit Hund und Katze, mit Schreibtisch und Papieren, dann mit Reisen und schließlich auch mit dem Auto. Und ganz zum Schluss geht mir auch noch zum ersten Mal mein eigenes Ich verloren.

Der Mensch, von dem ich bislang wusste, dass ich das bin: freundlich, glücklich, unbeschwert, zufrieden – auch er läuft Gefahr, zu vergehen. Meine alte Neigung zu bestimmten Gefühlsausbrüchen bekomme ich jetzt schwerer in den Griff. Ich verliere das Interesse an anderen Menschen und sitze lieber in der Dämmerung bei ausgeschaltetem Licht da und hänge allem nach, was ich verloren habe. Mein Stirnrunzeln geht gar nicht mehr weg; das Lächeln gelingt mir immer seltener.

Da sind dann alle Gefahrensignale deutlich zu sehen. Ein junger Mensch – ich – stirbt dann Jahre vor seiner Zeit. Aber der einzige Mensch, der mich vor mir selbst retten kann, bin ich selbst. Dann beginne ich mehr denn je zu begreifen, dass Heiligkeit sich in der Alltäglichkeit abspielt, nämlich darin, dass ich mein Leben so lebe, wie es zu mir kommt, und nicht so, wie es nach meinem Willen unbedingt sein soll.

Jetzt ist es an der Zeit, in die Mitte meiner Seele einzutauchen und zu bedenken, was mit mir geschieht. Nicht die Veränderungen an sich sind das eigentlich Schwierige. Natürlich sind sie schwierig. Aber so schwierig sie auch sein mögen, ich darf es um meiner selbst willen nicht zulassen, dass sie das Letzte sind. Das Leben geht weiter – und auch ich muss weitergehen. Aber wie?

Wie können wir uns gegen eine Situation wie diese wappnen? Wie können wir mit Dingen umgehen, mit denen wir uns gar nicht abgeben möchten, so gut sie in sich selbst sein mögen? Wie bewältigen wir etwas, von dem wir das Gefühl haben, dass wir es nicht auszuhalten vermögen? Zumal die einfache, aber verwirrende Antwort ist, dass es etwas anderes als das Bewältigen gar nicht gibt? Bewältigen werden wir es, und wenn aus keinem anderen Grund als dem, dass uns gar nichts anderes übrig bleibt. Die Frage ist nur die, ob wir uns entschließen, sie gut zu bewältigen – oder armselig.

Mit den Tücken des Lebens fertigwerden zu lernen, ist ein Langzeitprojekt. Schon früh in unserem Leben fangen wir an, damit zu experimentieren: So geben wir zum Beispiel anderen die Schuld an egal welcher Situation, in die wir geraten, oder wir schmollen, damit die Welt merkt, dass uns das nicht passt. Allmählich merken wir, dass es nichts hilft, anderen Vorwürfe zu machen und wir den eigenen Schmerz nur verstärken.

Es gibt fast nichts Wichtigeres im Leben, als zu lernen, mit den Veränderungen richtig umzugehen. Diese Kunst wird uns bis ans Ende helfen. Das Glück unserer letzten Lebensjahre hängt von ihr ab.

Aber es gibt ganz unterschiedliche Fertigkeiten, mit etwas umzugehen. Die Psychologie erklärt uns die Unterschiede zwischen ihnen genauer.[15] Auf der niedrigsten Stufe gibt es Bewältigungsmechanismen, die uns in die

15 George E. Vaillant, *Aging Well*, New York 2002, 334–336.

Lage versetzen, ganz aus der betreffenden Situation auszusteigen. Manche Menschen steigern sich zum Beispiel unter dem Stress der Veränderung einfach in Wahnvorstellungen hinein und brechen völlig mit der Wirklichkeit. Sie verfallen in das, was man klinisch als die »vorzeitige Senilität« bezeichnet. Sie geraten ins Rutschen, und ihnen entgleitet das Leben. Die Folge ist, dass sie sich in sich selbst verkapseln oder sogar verwirrt werden. Wir merken, dass sie den Kontakt zum Leben verloren haben. Sie sind wie jemand auf dem Meer, der das Seil loslässt, das ihn mit dem Schiff in Verbindung hält.

Aber das sind die seltenen Fälle. Die Wahrscheinlichkeit ist größer, dass wir weiterhin durchaus lebhaft wahrnehmen, was vor sich geht. Wir lassen uns darauf ein und reden darüber. Vielleicht sind wir sogar vorwiegend damit beschäftigt. Schließlich haben wir zwei Möglichkeiten: Wir können aus dem neuen Leben etwas mit Energie Erfülltes und Aufregendes machen – oder wir leisten der Veränderung bis zu dem Punkt Widerstand, dass wir uns ganz und gar im Widerstand versteifen.

Dieser Widerstand ist die nächste Stufe der Bewältigung. Solche Menschen funktionieren noch ganz gut, sie sind aber in ihren emotionalen Reaktionen schmerzlich unreif. Sie bewältigen zwar weiterhin alle Routinen des Lebens: Sie spülen jeden Tag ihr Geschirr ab, nehmen gewissenhaft ihre Medizin ein oder pflegen weiterhin einigermaßen ihr Erscheinungsbild. Aber gleichzeitig sind sie nicht mehr die Menschen, die wir kannten. Ihre Seele geht in ihrem Schneckenhaus zugrunde. Nach und nach beginnen sie in kleinen, aber deutlich erkennbaren Schritten die sie umgebende Welt für die Situation zu bestrafen, in der sie sind.

Wenn es an der Zeit für einen Umzug ist, weigern sie sich vielleicht, ihre Sachen zu packen, oder sie werden krank, oder sie lassen sich nicht mehr anziehen. Die darin steckende Botschaft ist klar: Wenn ihr unbedingt wollt, dass ich hier ausziehe, dann besorgt das bitte schön selbst. Oder sie fangen mit dem Spiel an, immer anderen die Schuld zu geben: Das haben andere zu verantworten, nicht ich; nicht meine Verfassung ist daran schuld, nicht an meinen Finanzen liegt es. Dass alles jetzt so ist, liegt nicht an mir. »Hätte mich mein Arzt früher dagegen behandelt, so müsste ich jetzt nicht hier ausziehen«, sagen sie. Oder: »Meine Tochter ist daran schuld, dass ich nicht mehr allein leben kann. Wenn sie nur wollte, könnte sie für mich kochen.«

Diese Art von passiver Aggression und das Projizieren der Schuld an meiner Situation auf andere zersetzt alle bislang guten Beziehungen zu den mich umgebenden Menschen, und das gerade jetzt, wo ich sie am dringendsten brauchen würde. Ich, der dereinst liebenswürdige, ausgeglichene Mensch bin jetzt nicht mehr wiederzuerkennen, werde mürrisch, starrsinnig und misstrauisch. Ich klammere mich an alles, klage ständig, steigere mich in wilde Träume hinein, die völlig unangemessen für jemanden in meinem Alter und meiner Situation sind. »Was ist bloß mit ihr passiert?«, sagen die Leute. »Sie war immer ein so angenehmer, umgänglicher Mensch.« Und sie fangen an, mich zu meiden.

Auf der dritten Stufe der Bewältigungsstrategien ist es so, dass jemand vielleicht einen Ort, an dem er viele Jahre gelebt hat, mit einem ganz geringen Maß an Aufbegehren verlässt, sich jedoch ganz schlecht auf seine neue Umgebung einlässt. Solche Menschen reden nicht viel über ihren

Umzug. Stattdessen unterdrücken sie ihre Gefühle so sehr, dass sie kalt werden und auf nichts mehr reagieren. Sie wenden ihre Wut darüber, dass sie aus ihrer alten Umgebung verpflanzt worden sind, zum Beispiel gegen die Leitung und das Personal der neuen Einrichtung, in der sie sind. Sie sind mit nichts zufrieden. Alles ist unter einem zumutbaren Niveau: das Essen, der Lärm, die Pflege, die Reinigung. Sie behaupten, man kümmere sich nicht um sie, stehle ihnen alles oder intrigiere gegen sie. Sie kommen nicht aus ihrem Zimmer heraus und sperren sich gegen jede Anpassung. Sie lehnen es rundweg ab, die neue Situation zu akzeptieren, und fordern unermüdlich, man solle sie wieder so leben lassen wie früher. Sie sitzen fest. Sie stagnieren. Sie murren. Sie weigern sich, weiterzugehen. Damit sind sie für ihre Familien verloren, schon lange bevor sie sterben. Für alle Beteiligten ist das ein langer, trauriger Weg. Was angenehm, lebenswert, befreiend sein könnte, wird zum Gefängnis für die Seele, zum goldenen Käfig für den Geist. Der Geist zerfällt in Staub und Asche.

Es gibt aber auch eine andere Art und Weise, mit diesen Jahren umzugehen. Wessen Bewältigungsmechanismen reif sind, wer sein Leben lang darauf aus war, mit unerschütterlicher Ruhe und zuversichtlichem Mut die Schwierigkeiten des Lebens anzupacken, schützt sich gegen den Stress dieser gewaltigen Umstellung dadurch, dass er daraus etwas Gutes macht. Ein solcher Mensch spürt zwar durchaus, wie weh das tut, aber er macht aus diesem Schmerz eine Art von neuem Geschenk.

»Sehen Sie sich mcin neues Reich an«, sagte die alte Dame an der Tür des zweckmäßig eingerichteten, kleinen Ein-Zimmer-Apartments, in das sie gezogen war, nachdem sie ihr Haus verkauft hatte. »Ich hätte schon damals mit den vielen Kindern alles auf einem Stock haben sollen.« Und sie fügte lachend hinzu: »Dieses hübsche Heim kommt Jahre zu spät!« Eine andere Frau war endlich wortlos in das Altenheim in der Nähe ihres Hauses gezogen. Sie ging nie mehr zu ihrem Haus zurück, obwohl es etliche gab, die sie jederzeit dorthin gebracht hätten. »Nein, meine Liebe«, gab sie einer jüngeren Freundin zur Antwort, »dorthin brauche ich nicht mehr zu gehen. Ich bin jetzt hier daheim.« Und sie wies mit der Hand auf den großen Besucher-Salon vor dem Gebäude. »Hier sind so viele Menschen, die Hilfe brauchen. Ich habe hier alle Hände voll zu tun.«

Solche Menschen haben ganz offenbar das spirituelle Erwachsensein erreicht. Sie gehen mit dem Schmerz so um, dass sie ihn durch neue Freuden ersetzen. Sie beginnen, sich der Sorgen anderer anzunehmen, um dadurch über ihre eigenen Sorgen hinauszukommen. Sie sind ständig offen für die elementaren Freuden des Lebens: für die frischen Blumen auf dem Tisch, für den kleinen Balkon mit Blick auf den großen gemeinsamen Garten, für die Möglichkeit, im Heim neue Freundschaften zu schließen, für die Möglichkeit, sich ihres Daseins zu erfreuen, ohne sich Sorgen ums Dach oder den Rasen oder die Reinigung des Hauses machen zu müssen. Sie gestatten es sich einfach nicht, nur noch in der Vergangenheit zu leben und ihren Erinnerungen nachzuhängen. Sie sagen: »Die Zeit geht weiter«, und mit einem Lächeln für jeden Menschen, dem sie begegnen, gehen sie mit ihr.

Sie signalisieren einer jüngeren Generation: Ja, es gibt ein Leben nach 70. Eine Fülle von Leben. Wir müssen nur offen dafür sein.

Eine Last dieser Jahre ist, dass wir bewusst entscheiden müssen, wie wir leben wollen, welche Art von Mensch wir jetzt werden wollen, welche Art von Charakter und Spiritualität wir in jede Gruppe mitbringen wollen und wie lebendig wir zu sein vorhaben.

Ein Segen dieser Jahre ist es, fähig zu sein, mit derart offenem Herzen zu leben und sich derart gut umzustellen, dass andere auf uns blicken und sehen können, was das Altwerden an Leben, Heiligkeit und Güte mit sich bringen kann, um noch einmal eine neue Welt zu eröffnen.

Erfüllung

Der griechische Philosoph Platon hatte beobachtet: »Im hohen Alter kehrt ein starkes Empfinden der Ruhe und Freiheit ein: Die Leidenschaften haben ihren Griff gelockert, und wir sind nicht nur einem Gebieter, sondern vielen entkommen.«

Die Jugend ist ein Kessel voller heißer Themen: Beruf und Freizeit, Verlieben und Heiraten, Erfolg und Scheitern. Und im mittleren Alter erreichen alle diese Dinge ihren Gipfelpunkt. Da sind wir voll damit beschäftigt, all die Entscheidungen aus jüngeren Tagen zu einer Art von stimmigem Gesamtbild zusammenzubringen. Wir möchten für unsere Arbeit Anerkennung finden. Wir sind in der Pflicht, unsere eigenen Kinder aufzuziehen. Wir sind voll damit beschäftigt, uns zu »etablieren«: in der bürgerlichen Gemeinde, im Berufsleben, in der Familie, im Sozialleben der Stadt. Wir sind über beide Ohren auf allen Gebieten beschäftigt, sind am Laufen und Arbeiten, am Arbeiten und Laufen.

Das Leben wirkt wie ein einziges Wechselbad der Gefühle. Es trägt uns von einem Hoch zum andern, durch ein Tief zum nächsten. Im mittleren Alter kostet man das Leben oft bis zum Rand aus.

Aber dann, irgendwann mitten in all diesen emotionalen Turbulenzen, kriegen wir die Kurve, ruhiger zu werden. Wir lernen, dass die meisten Krisen überhaupt keine richtigen Krisen sind. Sie sind einfach Bestandteil des Lebens, sind das Leben. Irgendwann auf dem Weg hören wir dann auf, uns davon derart stark beeindrucken zu lassen. Wir fangen an, unser Gleichgewicht zu finden.

Zu der Zeit, wenn sich dann das Empfinden im Herzen regt, dass wir alt werden, sind wir darauf gefasst, dem Alter gelassen, entschlossen, zuversichtlich zu begegnen. Dann sind wir endlich so weit, dem Leben ins Auge blicken und diesen Blick aushalten zu können.

Die Menschen, von denen Platon spricht: die gelassen und zufrieden sind, mit sich selbst im Reinen und glücklich über das, was sie haben, stolz auf das, was sie geleistet haben, und vollkommen im Frieden angesichts des Umstands, dass sie nichts mehr leisten; diese Menschen gibt es überall. Wir alle haben schon solche Menschen gesehen und waren tief beeindruckt von der Leichtigkeit, mit der sie durchs Leben gehen. Allerdings reden wir nicht viel über sie. Denn was würde schließlich aus unserer hochtourigen, bis aufs Blut gepeitschten Wirtschaft werden, wenn dem Rest der Gesellschaft aufgehen würde, wie viele davon es tatsächlich gibt? Ihnen allen geht es gut. Sie alle führen ein Leben jenseits des langen Weges zur Arbeit und des allabendlichen Verkehrsstaus. Und sie alle haben kein Interesse daran, nach wesentlich mehr zu gieren.

Doris war viele Jahre Professorin an einer Hochschule. Die Tatsache, dass sie als Frau in einer Zeit, in der man noch um die Frauenrechte kämpfen musste, eine akademische Karriere machen konnte, brachte in ihr Leben ein Hochgefühl, wie sie es sich nie hätte vorstellen können. Sie hatte im Laufe der Jahre verschiedene Ämter inne und erlebte manche Ehrungen. Einmal sollte sie sogar an eine besonders angesehene Universität berufen werden, die sich dadurch auszeichnen wollte, dass sie proportional gleich viele Frauen wie Männer im Kollegium hatte. Aber das hatte sie abgelehnt. Sie fühlte sich in ihrer Kleinstadt zu wohl und hing auch an ihrem Ehrenamt im dortigen Kindertheater. So blieb sie nach ihrer Pensionierung in ihrem alten kleinen Haus im Stadtzentrum und machte bei einem Puppentheater für Straßenkinder mit.

Bill war Therapeut und hatte täglich zwölf Stunden gearbeitet. Pausenlos waren zu ihm Menschen gekommen, die das hektische Leben, das sie führen mussten, krank gemacht hatte und die bei ihm Hilfe suchten, wie sie eine gewisse Ausgeglichenheit finden, etwas ruhiger werden und den Mut finden konnten, den man braucht, um noch einmal neu anzufangen. Und er hatte niemanden abgewiesen. Aber schließlich hatte die Anspannung, allen diesen Menschen endlose Stunden lang zuzuhören, sein eigenes Wohlbefinden angeknackst. Er hatte seine Praxis geschlossen und war weggezogen, um ihnen allen das Beispiel einer ganz anderen Lebensweise zu geben. Heute verwaltet er einige Liegenschaften und bedenkt Wohlfahrtseinrichtungen mit Spenden, um denen zu helfen, die gar kein Geld haben.

So sehen die spirituellen Flüchtlinge aus diesem Land aus, das globale Wirtschaft heißt, *big business*, organisierte Habgier, Unersättlichkeit. Welchen Stellenwert räumen wir ihnen in einer Gesellschaft ein, die die Menschen eher dazu antreibt, sich mit Macht und sozialem Status zu identifizieren, als sie dazu anzuleiten, wirklich zu leben? Wie kommt es, dass manche von uns sich frühzeitig um den Ausstieg bemühen, gegen den andere sich auch noch im Alter verzweifelt sperren?

Nur das Alter lässt uns das Phänomen erkennen, dass man es schaffen kann, alle seine hochgesteckten Ziele zu erreichen, aber dabei seine Lebensqualität zu mindern. Ein scheinbar erfolgreiches Leben zerbricht oft genau wegen dieser Erfolge.

Das Alter ist das Gegengift gegen die Selbstzerstörung. Es ist der Aufruf, spirituell zu reifen, denn das Alter bringt uns schließlich an den Punkt, ab dem man nirgends anderswo mehr hingehen kann als nach innen, wenn man reich werden und alles das erreichen will, was wirklich zählt.

Das Alter ist die Lebenszeit, in der es um das Zurückschalten auf eine langsamere Gangart geht. Unsere Leidenschaften und Schwächen: Wut, Eifersucht, Neid und Stolz sinken auf ein solches Maß zurück, dass wir anfangen können, für eine ganz andere Lebensstufe Sinn zu bekommen. Das innere Leben, die Suche nach dem Heiligen werden so wichtig, dass wir allmählich einzuschätzen vermögen, wie viel kostbare Energie unsere Leidenschaften und Schwächen aus unserem Leben abgezogen haben.

Der Stolz hat uns dazu angestachelt, auf Dinge aus zu sein, die für uns viel zu hoch waren, weshalb wir ganz vergessen hatten, wer wir wirklich sind. Alte Grollgefühle haben so viele Jahre in uns geschmort, dass sie uns unmerklich an sich recht gute Zeiten vergällt haben. Der Neid hat uns allzu oft in die Irre geleitet. Wenn wir endlich das bekommen, was wir immer unbedingt haben wollten, merken wir erst, dass es gar nicht viel ändert. Wir bleiben die Gleichen, die wir schon immer waren, bleiben ruhelos und ziellos. Die Lust hat uns die Energie ausgesaugt, die man für dauerhafte Beziehungen braucht. Wir haben uns auf das Aufregende an der Jagd konzentriert statt auf den Sinn der Beziehung. Und uns wurde ziemlich oft ein schmerzlicher Stich versetzt. Die Gefräßigkeit ließ uns immer hungrig nach mehr von allem bleiben. Wir verlernten die Fähigkeit, zufrieden zu sein, und vergeudeten einen Teil unseres Lebens mit dem Gieren nach dem, was nicht lange anhält. Die Trägheit vergrub uns in uns selbst. Wir warteten darauf, dass das Leben zu uns käme, und bemühten uns folglich zu wenig um die Disziplin, das zu tun, was uns selbst gut getan hätte. Die Habsucht verleitete uns dazu, uns auf die Dinge um uns herum zu konzentrieren und darüber die in uns steckenden Fähigkeiten ganz zu übersehen. Wir wollten in einem derartigen Maß das haben, was andere Menschen hatten, dass wir es verpasst haben, das wertzuschätzen, was uns in unserem Leben geschenkt war.

Aber wenn wir älter werden, blättert der falsche Goldlack ab. Es kommt der Punkt, ab dem das Geld für uns absolut nichts anderes mehr tun kann, als uns zu helfen, noch mehr und noch teurere Spielsachen zu kaufen, mit denen wir dann versuchen, unsere spirituelle Leere auszufüllen. Wenn wir uns mit dem Feuer des Ehrgeizes selbst verzehrt und uns mit dem Wunsch nach Macht selbst zerstört haben, bleibt uns in der Kälte, die dann folgt, nichts anderes mehr übrig, als unsere Zuflucht zu den paar warmen Kohlen in unserer Seele zu nehmen, die uns noch geblieben sind.

Jetzt beruhigen sich die Leidenschaften, und diese alten Kohlen des Staunens und der Einsicht und der Konzentration auf die Seele beginnen wieder zu glimmen. Überraschenderweise begreifen wir dann allmählich, dass das, was wir haben, genügt. Damit wird unser Leben wieder reich. Nichts zehrt jetzt mehr an uns. Nichts treibt uns mehr an, nach etwas zu greifen, was außerhalb unserer Reichweite liegt. Nichts ist uns geblieben als wir selbst. Uns geht allmählich auf, dass das genügt.

Wir sind nicht länger auf Gedeih und Verderb unserem Ich ausgeliefert. Jetzt ist es an der Zeit, das Wesen des Lebens auszukosten, statt uns mit seinem Beiwerk zu beschäftigen. Es hat fast ein ganzes Leben gedauert, bis wir es lernten, einen Sonnenuntergang richtig zu genießen und das Miteinander mit bestimmten Menschen richtig zu schätzen und jetzt alles das loszulassen, was schon immer zu viel war, und das zu genießen, was ausreicht – aber das Warten darauf hat sich gelohnt.

Eine Last dieser Jahre ist das Bewusstsein, was wir alles verpasst haben, als wir unsere Seelen allzu lange an die Götzen der Zeit verkauft hatten.

Ein Segen dieser Jahre ist der Gleichmut, der sich aus dem Wissen ergibt, dass keiner der Umwege unseres Lebens wirklich umsonst war. Auf jedem von ihnen haben wir etwas Wertvolles gelernt: Wir haben gelernt, dass man, um zur Fülle des Lebens zu gelangen, absolut nichts anderes braucht, als das Beste in sich selbst zu entwickeln.

Geheimnis

Der amerikanische Dichter Henry Wadsworth Longfellow bemerkt: »Nicht weniger Möglichkeiten als die Jugend bietet das Alter, nur in anderem Gewand. Und wenn das Abendlicht vollends verblasst, erscheinen Sterne am Himmel, die man am Tag nicht sieht.«

Longfellow spricht ganz klar vom Geheimnis der späteren Lebensjahre und davon, wie erfüllend sie sein können. Dennoch steht der Möglichkeit, in unseren späteren Jahren ein spannendes Leben zu führen, ein Umstand im Weg: Wir sehen so deutlich, dass wir etwas verlieren, und wir sind uns zu wenig dessen bewusst, was wir gewinnen.

Ungemein vieles im Leben richtet sich entweder an die Jugend oder an das mittlere Alter. Nur ganz selten ist von den Tagen die Rede, an denen unser Führer und Gefährte und unser Ziel nur noch die Zeit sein wird. Uns wird wenig oder nichts Herrliches für den Zustand in Aussicht gestellt, in dem wir weniger beschäftigt, weniger gestresst, weniger von allem in Anspruch genommen sein werden. Aber die späteren Lebensjahre sind uns dafür geschenkt, dass wir die Ernte all dieser Anstrengungen einfahren können.

Um in das Geheimnis dieser Lebensstufe hineinzufinden, ist es aber ganz wichtig, dass wir es uns selbst zugestehen, aus den Grenzen der alten Stufe mit all ihren sozialen Zwängen und persönlichen Bedürfnissen und den öffentlichen Rollen und Protokollen auszubrechen. Wir haben es bestens gelernt, wie man mit den Regeln des Lebens gut zurechtkommt. Viel weniger haben wir es gelernt, wie man mit seinen Freiheiten zurechtkommt.

Das Traurige an der heutigen Lebensart ist, dass wir uns so leicht und schnell in unsere persönlichen kleinen Welten einmauern. Jahrelang gehen wir die gleichen Straßen entlang, halten uns an die gleichen Abläufe, essen die gleichen Nahrungsmittel, unterhalten uns mit den gleichen Menschen, lesen die gleichen Zeitungen und reden immer und immer wieder über die gleichen Themen.

Wir haben offenbar schlicht keine Zeit dafür, fremde Straßen entlangzugehen oder kleine Geschäfte zu durchstöbern. Wenn wir nicht spätestens um sieben Uhr abends daheim sind, schaffen wir es mit der Wäsche nicht mehr. Mit einer Einkaufsliste geht es schneller, als wenn man über staubige alte Marktplätze schlendert oder sich gründlich in Feinschmeckerläden umsieht, wo es allein sieben Arten von einfachem Joghurt und 70 Käsesorten gibt.

Und es bietet sich überhaupt nicht die Möglichkeit, neue Menschen kennenzulernen, wenn die Betriebsfeiern und Geschäftstreffen immer und immer wieder in ein und demselben Restaurant stattfinden.

Und während der langen Bahnfahrt zur Arbeit immer zur gleichen Zeit können wir kaum mehr neue Gesprächspartner finden – abgesehen davon, dass es nicht mehr viele interessante Themen gibt, wenn Politik, Wirtschaft und Religion aus der Liste der diskutierbaren Themen gestrichen sind.

Schließlich macht sich dann überall Routine breit.

Und natürlich ist sie auch ein Stück weit erleichternd. Die Routine lässt uns wissen, was zu tun ist, und auch, wann und wie wir es tun sollen. Aber ein gutes Stück weit wirkt sie auch verdummend. Sie macht uns zu einer Art von anspruchslosen Robotern, die nicht mehr genügend nachdenken, um wahrzunehmen, dass wir uns überhaupt nicht mehr über vieles Gedanken machen.

Davon befreit uns das hohe Alter. Die Routine kann endlich dem Geheimnis Platz machen, der Möglichkeit, der bewusst gestalteten Lebenszeit.

Das Problem ist nur, dass es sehr, sehr lange dauern kann, bis sich das wie eine Befreiung anfühlt. Wir leisten gewaltigen Widerstand dagegen. Wir bauen uns selbst unsere Gefängnisse und leben so lange in ihnen, bis wir so abgestumpft sind, dass wir gar nicht mehr versuchen, daraus zu entkommen.

Nur das Älterwerden befreit uns gegen unseren Willen von uns selbst. Wenn wir älter sind, schenkt uns das die Möglichkeit, Zeit zu verbummeln, wie wir sie noch nie in unserem Leben hatten. Wir könnten zum Beispiel am Mittwoch aufs Land hinausfahren. Warum eigentlich nicht? Oder wir könnten in die Stadtbücherei gehen, uns in den Lesesaal setzen und dort den ganzen Tag schmökern. Warum eigentlich nicht? Oder wir könnten heute mit einer kranken Nachbarin Karten spielen. Warum eigentlich nicht? Oder wir könnten am Rand eines Sees im Auto sitzen bleiben und ein Buch lesen. Warum eigentlich nicht? Ja: Warum sollten wir eigentlich nicht ins Geheimnis des Lebens eintauchen, bis wir diesem Geheimnis derart stark zu vertrauen gelernt haben, dass wir auch darauf vertrauen können, dass es zu einem guten Ende führen wird?

Natürlich haben Tagesrhythmen und Termine im Leben ihren sinnvollen Platz. Mit ihnen ordnen wir uns in die Gesellschaft ein. Zum Problem werden sie, wenn sie unser Leben beherrschen und behindern und zu unserem Leben selbst werden.

Das Geheimnis erscheint, wenn wir dem Leben seinen Lauf lassen statt es ständig selbst zu gestalten. Es bringt das unerwartete Klingeln an der Haustür, den plötzlichen Anblick einer unaufdringlich blühenden Blume, den Nachmittag im Park, den Ausflug mit dem Bus in eine andere Stadt: Nur um sie sich anzusehen. Nur um sie wahrzunehmen. Nur um dort zu sein.

Es hat etwas Religiöses an sich, wenn wir schlicht und einfach unterstellen, alles, was uns an einem beliebigen Tag begegnet, werde uns geschickt, um unsere Seele für etwas Neues aufwachen zu lassen: für einen anderen Duft, einen neuen Geschmack, einen Augenblick, in dem sich unser Blick mit demjenigen eines Fremden trifft und wir ihm zulächeln oder ihn mit einem Kopfnicken grüßen. Wer weiß? Vielleicht wird uns irgendetwas davon dafür öffnen, dass wir unsere Erinnerung an einen Schmerz auffrischen, uns etwas Herrliches wieder lebhaft einfällt, ein Augenblick atemberaubender Herrlichkeit wiederkommt, uns das Gefühl anrührt, unser Leben in der Gegenwart Gottes zu verbringen.

Das Sonnenlicht bringt in neuen Farbschattierungen den Sinn eines längst vergangenen Augenblicks zurück. Das Staunen rüttelt uns auf, Dinge bewusst wahrzunehmen, die wir vor langer Zeit wohl schon einmal, aber jetzt schon lange nicht mehr gesehen haben. Diese Dinge gehören zum Wesen des Geheimnisses.

In einer kühl durchkalkulierten Welt kommt dem Geheimnis eine wichtige Rolle zu. Wir führen heute ein ungemein präzise durchgeplantes Leben. Bevor es Uhren gab, reichten die Morgen- und die Abenddämmerung als Zeitrahmen aus. »Ich komme morgen« hieß: Ich werde morgen da sein, wenn es eben so weit ist. Jetzt heißt »Ich komme morgen«: auf die Minute genau zu der und der Uhrzeit. Da gibt es kein Geheimnis mehr, nur noch den Terminkalender.

So führt uns das Geheimnis – die Vorstellung, dass jederzeit etwas Wunderbares passieren kann, wenn wir ihm nur Raum lassen – in ein ganz neues Bewusstsein dafür, dass Gott mitten in unserer Welt da ist. Wir lernen jetzt: Gott kann in Augenblicken kommen, in denen wir das am wenigsten erwarten würden. Ja, vielleicht kommt er da sogar am ehesten.

Wir haben es uns weithin angewöhnt, dem Unerwarteten, dem Geheimnisvollen das Recht abzusprechen, überhaupt in unser straff durchorganisiertes Leben einzudringen. Das wäre in unserer Welt viel zu riskant, in dieser Welt, die angesichts überall drohender Termine ständig mit engen Kalkulationen und Fahrplänen mühsam im Gleichgewicht gehalten wird.

Aber im Alter, da meldet sich das Geheimnis zurück. Jetzt ist nichts mehr sehr sicher. Alles spricht in Wendungen von vielleicht und womöglich, könnte und wäre. Ich könnte noch hier sein. Oder wäre schon fort. Wir lernen es wie Kinder wieder, uns zu wundern und zu staunen. Wir lernen, dass das Aufstehenkönnen am Morgen etwas Schönes, ja Wunderbares sein kann. Irgendetwas wird bestimmt heute geschehen. Aber was wohl?

Im Laufe der Jahre lernen wir dann, der Güte der Zeit zu vertrauen, dem herrlichen Füllhorn des Lebens namens Gott. Und wer weiß? Das Geheimnis des Lebens, das uns am Ende unseres Lebens erwartet und dann endlich im Lichtglanz der Zeit sichtbar werden wird – vielleicht wird das großartiger sein, als es unsere Seele zu fassen vermag.

Eine Last dieser Jahre ist die Angst vor dem immer näher Rückenden Mystischen vor uns – als könne das Göttliche, das wir im Leben erfahren haben, uns im Tod verlassen.

Ein Segen dieser Jahre ist es, sehen zu lernen, dass in allem sperrig, fest und allbekannt vor uns Liegenden etwas Geheimnisvolles und Sinnvolles steckt, das sich auf Weisen erfahren lässt, die wir bislang überhaupt nicht für möglich gehalten hatten. Wenn wir vom Prosaischen und Geplanten und Pragmatischen frei werden, bricht für uns die Welt auf eine Weise auf, wie wir uns das nie auch nur erträumt hätten. In dieser neuen Welt sind ein Berg, eine Bank, ein Pfad durchs Gras weit mehr als nur das, was wir mit den Augen sehen. Sie sind Symbole für noch nie da gewesene Möglichkeiten, für die Heiligkeit der Zeit.

Beziehungen

Der ecuadorianische Essayist Juan Montalvo schreibt: »Das Alter ist eine vom Tod umgebene Insel.«

Im innersten Kern unseres Lebens geht es nicht um Dinge, sondern um Beziehungen. Die Beziehungen, die uns bis zum Ende von Herzen teuer sind, machen das von uns geführte Lebens aus. Unsere Beziehungen bestimmen das Leben. Sie zeigen uns das Angesicht Gottes auf Erden. Sie prägen entscheidend unser Lebensgefühl.

Wenn die Beziehungen, die wir geknüpft haben, sich aufzulösen beginnen, verändert sich unser Leben spürbar. Wir wissen dann, was es heißt, verlassen zu werden und stärker als gedacht für Gefühle anfällig zu sein. Jetzt sind es nicht mehr Dinge, was wir brauchen, sondern wir hungern danach, verstanden zu werden. Der Umstand, dass uns jemand versteht, zieht uns aus uns selbst heraus ins irdene Gefäß des neuen Lebens.

Wir müssen zusehen, wie diejenigen, die uns lieben, uns verlassen, und wir spüren, dass wir im Begriff sind, eine weitere Schwelle unseres Lebens zu überschreiten. Was sollen wir jetzt tun? Allein weitergehen? Stehen bleiben und uns in uns selbst zurückziehen? Noch einmal das Risiko einer herzlichen Freundschaft eingehen? Das ist eine Frage, die unser Leben stark verändern kann. Und die Antwort darauf verändert unsere Seele. Und angesichts der Angst, wir könnten diese Lektion verpassen, ist der Schmerz allgegenwärtig.

An diesem Sonntag war der Verkehr mäßig, und der Hafen lag still da. Nichts schien den Verkehrsfluss um den

Hafen herum zu blockieren – aber man sah auch kaum jemanden herumgehen. Mitten im Hafenbecken lag eine tote Ente; ihre weichen Federn hingen schlaff herunter. Es war ein erschütterndes Bild des Verlusts. Und das deshalb, weil rund um die tote Ente in respektvollem Abstand viele andere Enten waren, still, mit gesenktem Kopf, die Hälse schweigend über das Wasser geneigt. Manche schaukelten schweigend auf den leichten Wellen der Bucht. Andere waren auf der Beckenkante selbst gelandet, umringten die Tote und beugten sich wie Trauernde in einer griechischen Tragödie über sie. Und dort in der Mitte umkreiste sie wild, mit heftigem Flügelschlagen und mit vor Schmerz zurückgeworfenem Kopf schreiend und krächzend ein einsamer Erpel, untröstlich und wie um Hilfe rufend. »Enten leben monogam«, sagte ein Mann beim Weggehen vor sich hin. »Sie bleiben ihr Leben lang ein Paar.«

Für jeden, der jemals miterlebt hat, wie eine Freundin oder ein Freund das Gleiche durchgemacht haben, ist der Sinn klar: Wenn unser Lebenspartner geht, gehen in gewisser Hinsicht auch wir.

Wenn das geschieht, nagen zwei Versuchungen an der Substanz des alten Menschen. Die eine ist die Versuchung, in einer längst vergangenen Welt weiterzuleben und sich dazu zu verurteilen, fast nur noch zwischen einer vergilbenden Sammlung von Fotos zu leben. Die andere ist die Versuchung, sich vom Leben zu isolieren, indem man jedem Risiko aus dem Weg geht, noch einmal so tief verwundet zu werden. Dann lässt man sich vom Gefühlstod schon lange vor der Zeit holen, zu der einen der physische Tod holt.

Lange Zeit lachte man über alte Menschen, die sich noch einmal verliebten und spottete über sie. Heiraten war kein

Thema mehr. Sexualität oder gar irgendwelche Ausdrucksformen davon waren verpönt. Eine ganz auf den jugendlichen Sex, auf den Zeugungsaspekt in der ehelichen Beziehung fixierte Welt fand die Vorstellung von intensiver sexueller Liebesbeziehung zwischen älteren Menschen ziemlich obszön. Sehr lange Zeit hindurch war ja derart einseitig als Hauptzweck der Ehe die Aufzucht von Kindern definiert worden, dass man ihren Aspekt, dass sie auch eine Beziehung zwischen Erwachsenen darstellt, ganz vernachlässigt hatte, erst recht was das spätere Leben anging.

Jahrhundertelang hatte die Fortpflanzung als Hauptzweck der Ehe gegolten, nicht die Weggemeinschaft, nicht die Freundschaft, nicht die Liebe. Frauen wurden gekauft und verkauft, wurden Männern zur Ehe »gegeben«, wobei es in erster Linie darauf ankam, welchen politischen oder wirtschaftlichen Vorteil diese Verbindung für die betreffenden Familien brachte. Wie es dem Paar dabei ging, war kein Thema. Das Wichtigste war, dass Erben kamen, Herrschernachwuchs, Arbeitskräfte, Garanten der Altersversorgung. So kam das Bedürfnis nach Intimität, nach Beistand, nach gegenseitiger Fürsorge aus dem Blick; bei den Alten sah man das gar nicht. Liebe galt als etwas Physisches, das mit dem Abnehmen der physischen Funktionen aufhörte. Von den alten Menschen erwartete man offensichtlich, dass sie unnahbar und emotional allein weiter durchs Leben gingen.

Anders als Jüngere sehen sich die Älteren gezwungen, sich mit der Herausforderung durch zwei sehr unterschiedliche Arten von Beziehungen auseinanderzusetzen.

Zunächst einmal müssen sie sich dem belastenden Umstand stellen, dass ihnen immer mehr Beziehungen durch den Tod oder durch Auseinanderleben verloren gehen. Die

Sterbenden nehmen ein Stück von uns selbst mit ins Grab. Das ist, wie wenn Gespräche nicht zu Ende geführt, Träume nie mehr erfüllt werden können. Aber den Älteren nimmt der Tod von Ehepartnern, von Geliebten, von Freunden noch viel mehr weg: ihre Erinnerungen, ihr Gefühl dafür, wer sie sind, ihr Gemeinschaftsgefühl. Würde man genauer hinsehen, so würde sich wohl nur allzu oft zeigen, dass die Toten den Lebenden auch ihre Energie nehmen.

Wenn das Begräbnis eines lieben Freundes vorbei ist, wissen wir mit einer neuen Art von Schmerz, dass sich für uns ein weiterer Weg geschlossen hat. Es gibt wieder einen Weggefährten weniger. Die Liste dieser Gefährten wird immer kürzer. Wenn ein Ehepartner stirbt, wird die unstillbare Leere noch schlimmer. Wer kümmert sich jetzt um mich? Wer möchte noch wirklich, dass es mich gibt? Zweifellos hat sich das Leben der oder des Zurückgelassenen unwiderruflich verändert – es scheint geradezu zu Ende zu sein.

Und dann haben ältere Menschen große Mühe damit, in ihrer eigenen Welt neue Freunde, neue Gefährten zu finden, denn diese Welt entfernt sich immer weiter von der sie umgebenden, immer schnelllebigeren Welt. An allen Ecken und Enden werden jetzt »Seniorenresidenzen« gebaut, mit viel Komfort ausgestattet, aber nur selten im Verbund mehrerer Generationen. Hotelketten bauen betreute Wohnanlagen, wo eine ältere Generation in kleinen, unabhängigen Apartments wohnt, zumindest bis über das Alter von 85 Jahren hinaus.[16]

Gewiss, die meisten Senioren sind gesund, wach und vollständig beweglich. Aber jetzt bedarf es ziemlicher An-

16 Daniel Okrent, »Twilight of the Boomers«, *Time* vom 12.6.2000.

strengung und Energie, noch neue Freundschaften zu schließen. Und lohnt sich das überhaupt noch? Schließlich braucht eine Freundschaft und erst recht eine Liebe viel Zeit, man muss ständig im Gespräch bleiben und muss mehr Zeit dafür aufbringen, einander gut kennenzulernen, als man womöglich noch übrig hat. Warum sich dafür also noch einmal anstrengen?

Die Versuchung, sich auf nichts mehr einzulassen, ist riesig. Und dennoch ist unser Bedürfnis nach Verstandenwerden, nach Trost, nach dem Gefühl, dass jemand für einen da ist, nach einer Stimme am Telefon, stärker denn je.

Wie lässt sich diese Schale des Lebens noch einmal füllen? Und falls sie nicht gefüllt wird: Kann man dann überhaupt noch ein wirkliches Leben haben?

Beziehungen sind die Alchemie des Lebens. Sie machen aus der Schlacke des Alltäglichen Gold. Sie lassen die Zusammengehörigkeit der Menschen wirklich werden. Sie liefern, was wir brauchen, und stellen umgekehrt an uns den Anspruch, anderen etwas zu geben. Sie sind ein Zeichen der Gegenwart eines liebenden Gottes im Leben. Auf keiner anderen Stufe der Entwicklung des Menschen gibt es das: dass man in seinem Leben keinerlei Beziehungen hat. Folglich kommt auf dieser späten Stufe alles darauf an, ob wir in unserer Unsicherheit die richtige Entscheidung treffen: Wollen wir uns in uns selbst zurückziehen und nur noch mit unseren vergangenen Beziehungen leben – oder wollen wir darauf vertrauen, dass unser Leben, das früher durch andere bereichert wurde, sich noch einmal von anderen bereichern lassen kann, und uns deshalb auf neue Begegnungen, neue Situationen, einen neuen Geist einlassen?

Damit Letzteres geschieht, müssen wir als Erste aus uns herausgehen. Wir müssen uns selbst wieder interessant machen. Wir müssen es wieder neu lernen, wie man andere Menschen in sein Leben einlädt: damit sie kommen, um gemeinsam ein Fernsehspiel anzusehen oder miteinander Karten zu spielen, zu essen oder Bücher zu lesen und darüber zu diskutieren. Sodann müssen wir uns bewusst aufmachen und an Orte gehen, wo Menschen unseres Alters zusammenkommen. Wir müssen uns an Veranstaltungen beteiligen, wo sich die Generationen mischen und es Freude macht, neue Menschen zu treffen und über alle möglichen Dinge miteinander zu sprechen.

Eine Last dieser Jahre ist, dass das Alleinsein, so schlimm es sich auch anfühlt, leichter fällt als das, was man dafür tun muss, um mit jemand anderem zusammen zu sein. Es wäre jetzt so viel leichter, einfach die Jalousien unserer Seele herunterzulassen und aufzugeben. Es wäre viel leichter, einfach auf den Tod zu warten, damit er vollends holt, was in uns sowieso schon tot ist: die Liebe zum Leben und das Vertrauen, dass es seinem Wesen nach gut ist. So schneiden wir uns aber von unserem eigenen Leben ab und sehen zu, wie es vollends verdorrt.

Ein Segen dieser Jahre ist es, dass sie uns die Möglichkeit bieten, uns von neuen Charakteren, neuer Wärme, neuen Aktivitäten, neuen Menschen begeistern zu lassen. Ist es dazu notwendig, dass wir uns verlieben? Nein. Aber es ist notwendig, dass wir jemand anderen stark genug lieben, um für sie oder ihn genauso viel Interesse aufzubringen, wie wir es für uns selbst haben. Notwendig ist, dass wir uns aufmachen, um den morgigen Tag glücklich werden zu lassen.

Erzählen

In den Überlieferungen der jüdischen Chassidim findet sich der Spruch: »Für die Unwissenden ist das Alter der Winter, für die Wissenden ist es die herbstliche Jahreszeit der Ernte.«

Von den Älteren unter uns sollten wir eigentlich erwarten, dass sie den Ertrag dieser Ernte der Gemeinschaft aller anderen Menschen zukommen lassen. Denn die Alten sind ein Schatzhaus der Geschichte: der persönlichen Geschichte, der Familiengeschichte, der Geschichte des eigenen Landes, der Weltgeschichte. Aber in unserer Kultur erwarten wir von dieser Generation keine Antworten mehr. Was tun wir also mit all dem, was die ältere Generation weiß? Jeder ältere Mensch ist für seine Gemeinschaft ein Stück lebendiger Geschichte. Er hätte den Menschen, denen er bald die Erde überlässt, einiges zu sagen, damit sie mit ihr so gut oder möglichst noch besser umgehen, als seine Generation mit ihr umgegangen ist.

Die älteren Menschen jeder Gesellschaft sind deren Pfahlwurzel; sie reichen tiefer als alle anderen in die Vergangenheit zurück. Die Alten wissen, woher eine Idee gekommen ist und warum. Sie wissen, was es bedeutet – und wirklich bedeutet –, Familie zu sein, Bürger zu sein, frei zu sein, in Knechtschaft zu leben. Sie kennen den Unterschied zwischen Evolution und Revolution. Und vor allem wissen sie, dass bei der Entwicklung der Welt, in der wir leben, für beides Raum ist.

Aber noch wichtiger als ihr Wissen sind ihre Fähigkeit und ihre Berufung, diese Geschichten an die späteren Generationen weiterzugeben. Werden diese Geschichten nicht weitergegeben, so bleiben die Jüngeren eine Gruppe ohne Charakter, ohne Tradition, ohne Erinnerung.

Familienerzählungen waren immer die Gleichnisse, die eine Generation an die nächste weitergab, um uns zu überliefern, wer wir sind und woher wir gekommen sind. Begräbnisrituale, die Formen der Beisetzung der Vorfahren, wurden zur Kunstform, um damit auf ganz eigene Weise die Werte und Ideale der Vergangenheit zu bewahren. Beerdigungen waren ein Stammesereignis und dienten dazu, den Clan daran zu erinnern, dass er im Leben wie im Tod eng zusammengehörte. Indem man einander die Geschichten der Dahingegangenen erzählte, wurde die Familie zur Brücke in die Vergangenheit und auch in die Zukunft.

Sogar noch zu unserer Zeit, in nicht allzu ferner Vergangenheit, wurden die Verstorbenen im Haus ihrer Familie aufgebahrt. Und während das Sterbezimmer zum Ort des Gebets für den Toten wurde, war im übrigen Haus Geschichten-Erzählzeit für die Lebenden.

Familien erzählten, wer sie waren und wer sie hatten sein wollen. Bei diesen Gelegenheiten erfuhren die Kinder, wie die Kindheit ihrer Eltern ausgesehen hatte. Vor allem aber kam den Jungen zu Bewusstsein, was mit dem letzten Atemzug für immer verloren zu gehen drohte, falls die nächste Generation nicht die Verantwortung wahrnahm, es zu bewahren.

So begannen die Familiengeschichten zu sprudeln: über Krieg und Arbeit, über Ehen und Krankheiten, über peinliche und glorreiche Begebenheiten, über Durchhaltevermögen und Schwachwerden in Gefahren. Gutes wie Schlechtes kam zur Sprache. Die Lektionen, die all dies barg, hatten zeitlosen Wert: Gott sei gut, oder Gott sei der Richter. Der Krieg könne entsetzlich oder auch glorreich sein. Die Familie zu verlassen sei, je nachdem, gefährlich oder notwendig. Aufs Geld allein könne man sich für ein schönes Leben nicht verlassen, und letzten Endes könnten einzig wir selbst uns vor uns selbst retten.

Die Geschichten, die die Älteren erzählten, stellten eine Art Katechismus der Familie dar. Sie enthielten Lektionen aus dem Leben, die uns alle stärker, weiser und wahrer machen sollten. Es sind diese Geschichten, die beim Feuer, am Rand der Totenwache in der Küche, bei Festen und Gedenkfeiern und an Feiertagen erzählt werden, die den Zusammenhalt einer Familie, einer Gruppe, eines Volkes gewährleisten und alle in ein einziges großes Gewebe einbeziehen. Diese Geschichten werden zur lebendigen Historie, die uns zusammenhält.

Aber nur die Alten können diese Geschichten mit Überzeugung und zugleich Sinn erzählen. Nur die Alten tragen in ihrem eigenen Leib die Wahrheit, die in jeder Geschichte steckt. Nur sie können unser Recht ausweisen, diese Geschichte auch in unserer eigenen Zeit fortzuführen – um unserer eigenen Kinder und Geschichte und unseres Volks und unserer Nation willen.

Ein Geschichtenerzähler zu sein, gehört zum Wesen des Älterseins. Die Geschichtenerzähler sind der lebendige Beweis für die Echtheit der Vergangenheit. Ihre Erzählungen tragen uns alle in die kommenden Tage hinein. Wenn Großväter von grandiosen Kriegserlebnissen und Heldentaten erzählen und unterschlagen, dass es auch Entsetzlichkeiten und Orgien des Schreckens gab, pflanzen sie in die Köpfe der Jüngeren schon wieder die Setzlinge der nächsten glorreichen Lügen ein. Wenn Großmütter von den Schmerzen des Kindergebärens erzählen und nicht von seinen Ekstasen, machen sie es den Jüngeren schwerer, mit Freude an die Möglichkeit zu denken, ein Kind in die Welt zu setzen. Wenn viele von uns es versäumen, sich die uns überlieferten Geschichten anzuhören, geht uns die Möglichkeit verloren, aus ihnen etliches über das Leben zu erfahren. Dann müssen wir alles mühsam ganz von Anfang an wieder neu lernen.

Eine Last dieser Jahre ist es, wenn wir meinen, wir könnten für immer jung bleiben, indem wir unsere Verantwortung, die darin gründet, dass wir Teil der lebendigen Geschichte sind, nicht wahrnehmen, und uns der Mühe des Geschichtenerzählens entziehen. Wenn wir den uns Nachfolgenden nichts davon erzählen, was uns bis hierher gebracht hat, dann bringen wir uns selbst um die Ernte unseres Lebens und sie um die Kenntnis der Tage, in denen die Pflugspuren für ihr Leben gezogen wurden.

Ein Segen dieser Jahre ist es, wenn das Geschichtenerzählen das Bewusstsein mit sich bringt, unsere Lebenspflicht erfüllt zu haben. Wir haben dann unsere Erfahrungen so weit destilliert, dass sie Jüngeren nützlich werden können.

Loslassen

Platon sagte: »Wenn das körperliche Augenlicht nachlässt, wird das geistige Augenlicht besser.«

Von da an muss uns dieses geistige Augenlicht führen, also die Fähigkeit, den inneren Sinn von allem zu sehen, den spirituellen Wert, den Wesenskern von allem. Und das, was sich im Laufe der mit dem Alter einsetzenden natürlichen Entäußerung herausschält, ist das spirituelle Wesen des Menschen. Das Leben scheint nach einem schonungslosen Zyklus zu verlaufen: In unseren frühen Jahren sammeln wir an, aber in unseren späteren Jahren wird uns immer mehr genommen. Beides hat im Leben seinen Platz. Beides ist ein Kampf. Beides ist befreiend.

In den frühen Jahren gibt es eine lange Reihe von Meilensteinen des Lebens: Die ersten Wörter, die ersten Schritte, das erste Buch, das erste Fahrrad und die erste Versetzung in der Schule. Dann beginnt das Zupacken: Wir brauchen eine Ausbildung, einen Beruf, einen Lebensunterhalt. In dieser Lebensphase heißt wachsen: etwas bekommen. Man braucht die richtigen Zeugnisse: den Schul- oder Hochschulabschluss, die Berufsausbildung, die Qualifikationsbescheinigungen, die Beförderungen. Und die ganze Zeit machen sich Eltern und Freunde, Verwandte und Ausbilder Sorgen um einen. Sie machen sich Sorgen, wenn wir beruflich zu spät einsteigen oder wenn wir zu schnell aufsteigen oder zu langsam, zu ehrgeizig oder mit zu wenig Ehrgeiz. Aber ganz gleich, wie schnell oder langsam es geht, alles ist auf den Aufstieg konzentriert.

Und wir erkennen, ob wir alles gut hinbekommen, denn

es gibt längs des Weges Markierungszeichen, die angeben, wie es um den Erfolg steht: den Beruf, das Bankkonto, unser Auto; und es gibt die Reisen, die unsere Übergangsriten markieren. Wir Amerikaner machen dann eine Rucksacktour durch Europa oder gehen in den Grand Canyon campen oder kaufen uns ein Motorrad und kurven damit durch die Rocky Mountains, oder wir fahren mit unseren Kumpels in die Großstadt, um dort unsere Geburtstage zu feiern. Dann, so sagt man, lassen wir uns häuslich nieder.

Aber der Weg ist alles andere als zu Ende. Im Gegenteil. Wir merken: Mit dem Sich-Niederlassen kommen wir noch längst nicht zur Ruhe. Es hat seine eigenen Kriterien, seine eigenen Kämpfe. Da gilt es ganz eigene Trophäen zu erringen. Es fängt eine lange Übung des Ansammelns an. Da geht es jetzt um die Karriere und die Wohnungseinrichtung, Besitzrechte und Hypotheken, die Kinder und ihre Schul- und Studienabschlüsse, das Sozialleben und die Hochzeiten. Und schließlich, nach etlicher Zeit, um das Fest zum Antritt des Ruhestands.

Dann sind wir mit unserer Lebenszeit am großen Übergangspunkt angekommen. Die Zeit zum Anhäufen ist vorbei. Wir wissen, dass das, was uns alles zu erreichen und zu erwerben gelungen ist, jetzt, am Ende der Leiter, ungefähr alles ist, was wir je bekommen werden. Waren wir erfolgreich oder nicht?

Die Note, die wir jetzt für das »Leben« bekommen, gibt uns jetzt niemand anderer mehr. Ab jetzt müssen uns selbst bewerten. Die Frage ist nur: Wie und nach welchen Kriterien entscheiden wir, ob unser Leben erfolgreich war?

Merkwürdigerweise kommen wir jetzt erst darauf, dass eine der ganz wichtigen Aufgaben im Leben darin besteht, zu entscheiden, was wir mit all dem anfangen sollen, was wir bis jetzt alles zusammengetragen haben. Sollen wir es an Familienangehörige und Freunde weggeben? Oder an Antiquitätenhändler verkaufen? Es beim Gebrauchtwarenhändler abliefern? Ein Tagebuch mit den Erinnerungen schreiben, die jeder Gegenstand in uns weckt?

Plötzlich macht keine der alten Meilenstein-Markierungen mehr für uns viel Sinn. Aber was macht noch Sinn? Wenn wir an diesen Punkt gelangen, ist es eindeutig, dass unser nächster Lebensabschnitt endgültig begonnen hat.

Alle großen spirituellen Traditionen kennen als eine ihrer Kernerfahrungen eine Phase größerer Entäußerung, ja totalen Verzichts auf alles, was den betreffenden Menschen ausgemacht hat, *bevor* er oder sie die große spirituelle Entdeckungsreise antritt. In dieser Phase geht es darum, den Sinn von Leben und Tod zu erwägen, den Sinn des Spirituellen und des Materiellen, der Erde und ihres Jenseits, der Seele in Kontakt mit der großen Seele im Inneren.

Das ist die Phase, in der wir alles auswerten, was wir über das Leben gelernt haben, und nach einer Dimension über den Dingen dieser Welt Ausschau halten, und zwar um dessentwillen, was noch kommen wird. Dieses Suchen bedeutet also, dass wir alles von uns abstreifen, was wir bis zu diesem Zeitpunkt angesammelt haben, um uns voll und ganz auf die Geburt des inneren Menschen einzulassen. In diesen Lebensabschnitt reisen wir mit leichtem Gepäck.

Wenn ich mich im vollgestellten Zimmer umsehe und mir die Frage kommt, wozu ich eigentlich immer noch diesen riesigen Schreibtisch brauche, wo es doch ein viel kleinerer genauso täte, dann beginnt sich in meinem Inneren etwas zu verändern. Wenn mir drei Geschirrgarnituren zwei Garnituren zu viel sind, fange ich an, mehr zu brauchen als bloß Gegenstände. Wenn mir das Haus zu vollgestopft wirkt und das Auto zu groß und der perfekt getrimmte Rasen zu aufwendig, bin ich im Begriff, mich auf ein neues Lebensabenteuer einzulassen.

Was uns ab jetzt beschäftigt, ist die Gestaltung unserer Seele. Jetzt fangen wir bewusst oder höchstwahrscheinlich gar nicht so bewusst an, danach zu fragen, wer wir eigentlich wirklich sind, was wir wissen, was uns wichtig ist und wie wir in der Welt ganz einfach wir selbst sein können. Stück für Stück tragen wir eine Schicht um die andere ab. Wir hetzen nicht mehr in der Geschäfts- und Berufswelt mit. Dafür entdecken wir unseren Nachbarn. Schließlich verlassen wir unser bisheriges großes Haus und die alte Nachbarschaft und beziehen kleinere Räumlichkeiten, die leichter zu unterhalten und leichter wieder herzugeben sind.

Uns geht auf, was mit dem Sprichwort aus Kenia gemeint ist: »Wer viel Vieh hat, hat viele Sorgen.« Und nach und nach kümmert uns weniger unser äußeres Bild und mehr unser inneres Selbst.

»Nackt und allein kommen wir in die Welt, und genauso verlassen wir sie wieder: nackt und allein«, sagt ein Sprichwort. Aber das stimmt nicht ganz. Denn inzwischen haben wir gelernt, dass all die Dinge, die wir angesammelt hatten, um uns zu beweisen, wie wertvoll, wichtig und erfolgreich wir seien, das überhaupt nicht bewiesen haben. Sie haben damit wenig zu tun. Nicht das, was außerhalb von uns ist, zählt, sondern das, was in uns ist. Das, was wir unterwegs gelernt haben, was wir unterwegs anderen Menschen bedeutet haben, was wir innerlich geworden sind – davon hängt es ab, wer wir wirklich sind.

Problematisch wird es für diejenigen, die nicht loslassen können. »Den Griff zu lockern« haben sie in ihrem Leben nie gelernt. Irgendwann haben sie sich in die Überzeugung versponnen, dass wir das sind, was wir haben. So kommt es, dass sie leer und todtraurig werden, wenn sie aus ihrer Wohnung ausziehen müssen. Sie fühlen sich ihrer selbst beraubt, wenn sie all die Dinge weggeben müssen, die die einzelnen Stationen ihres Weges bezeichnen. Sie haben so lange Zeit nie auf ihr Inneres geachtet, und so können sie es nicht schätzen, dass sie jetzt endlich die Zeit – und die Freiheit – dafür hätten, ihre Seele mit Poesie und Schönheit, mit Freundschaften und schönen Erlebnissen zu nähren, mit Kindern zu spielen, statt sie aufzuziehen, und mit Gleichaltrigen über ernsthafte Themen zu diskutieren und nicht nur über Oberflächlichkeiten.

Die Zeit dafür haben wir jetzt. Wir haben die Chance, das zu werden, wozu uns alles, was wir durchlebt haben, machen kann. Jetzt können wir allem seinen Sinn geben. Aber das geht nur, wenn wir die Vergangenheit loslassen können. Es geht nur, wenn wir unsere alten Erfolgsvorstellungen loslassen können, alle alten Statusmerkmale, um uns endlich zu gestatten, schlicht und einfach Mensch zu sein.

Eine Last dieser Jahre ist die Versuchung, sich an die Zeiten und Dinge der vergangenen Jahre zu klammern, statt sich nach vorn zu bewegen, in die Freiheit hinein.

Ein Segen dieser Jahre ist die Einladung, leichtfüßig ins Hier und Jetzt zu schreiten – denn wir verbringen viel zu viel Lebenszeit damit, für unsere Zukunft vorzusorgen, statt einfach die Gegenwart zu genießen.

Lernen

Agatha Christie schreibt: »Ich habe sehr die zweite Blüte genossen, die sich einstellt, wenn man das Leben, das voller Emotionen und persönlicher Beziehungen war, abschließt und plötzlich – ungefähr mit 50 – feststellt, dass sich einem ein ganz neues Leben eröffnet, eines voller Themen, über die man nachdenken, die man studieren oder über die man etwas lesen kann ... Das ist, als steige in einem ein neuer Lebenssaft voller Ideen und Gedanken auf.«

Agatha Christie schrieb noch mit über 80 Bestseller und strafte damit diejenigen Lügen, die meinen, im hohen Alter werde man unvermeidlich verkalken. Sie jedenfalls ist ein überzeugendes Vorbild für die Verbindung von Bildung und Erfahrung und für die Vorstellung, dass das Lernen nicht nur eine lebenslange Aufgabe ist, sondern auch ein lebenslanger Aufruf, seine Seele zu erneuern.

In unseren früheren Jahren laufen wir Gefahr, der Vorstellung zu verfallen, wenn wir die Schule oder die Hochschule abgeschlossen hätten, sei damit unsere Vorbereitung auf das Leben erledigt. Das Problem mit Diplomen ist, dass ihr Wert rasch verfällt und sie uns selbst im besten Fall nur für einen winzigen Lebensbereich ertüchtigen. Wir sind immer noch jung, wenn die Urkunden an der Wand vergilben und das Wissen, das sie bescheinigen, überholt ist.

Die Gefahr in den späteren Jahren ist die törichte Überzeugung, ältere Menschen täten sich mit dem Lernen viel schwerer als jüngere. Die Angst vor dem Alter richtet sich darauf, man könnte geistig völlig abbauen. Die Sorge, die alle, die sich dem Rentenalter nähern, fast am häufigsten äußern, ist: »Ich fürchte, ich werde immer vergesslicher ...« Sie sagen das mit einem Lachen – zumindest anfangs –, aber schon bald wird es zum Mantra und zu einer wenn auch vielleicht unausgesprochenen Angst. »Ich finde schon wieder meine Schlüssel nicht«, sagen sie. Und sie fragen sich besorgt: »Wie kommt es bloß, dass ich seinen Namen vergessen habe? Wir waren doch jahrelang Kollegen!« Oder sie klagen: »Ich wusste doch diese Daten so lange auswendig. Jetzt sind sie weg, einfach weg!« Was das auslöst, liegt irgendwo zwischen Panik und Verzweiflung. Ist es endgültig so weit? Ist das also die die Altersdemenz? Die schlechte Nachricht lautet: Vielleicht. Und die gute: Wahrscheinlich nicht. Ziemlich unwahrscheinlich. Normalerweise ist es nicht so.

Eine der positivsten Begleiterscheinungen der Zunahme der Alzheimer-Krankheit in der immer größeren Gruppe der alten Menschen ist die Tatsache, dass viel mehr über das menschliche Gehirn geforscht wird. Bis vor Kurzem war man noch ziemlich selbstverständlich der Ansicht, dass Gehirne genauso altern wie Körper und das Gehirn genauso verfalle wie der Körper. Es galt allgemein die Vorstellung, das Gehirn beginne ab dem 20. Lebensjahr abzubauen und um das 70. Lebensjahr habe es mindestens zehn Prozent seiner Kapazität verloren; und im Alter von 80 müsse man damit rechnen, dass es überhaupt nicht mehr richtig funktioniere.[17] Das Bild vom schrumpfenden, atrophischen Gehirn steckte uns allen in den Köpfen: Altwerden bedeute mentalen Abbau, der genauso sicher komme wie nach dem Tag die Nacht. Aber stimmt diese Annahme? Nein, sie ist falsch.

17 Vaillant (wie Anm. 15), 213.

Die neurologische Forschung bestätigt jetzt, dass alte Gehirne tatsächlich physisch kleiner sind, jedoch intellektuell nicht weniger kompetent als jüngere. In mancher Hinsicht sind sie, was Reflexion und Kreativität angeht, sogar besser als die jüngeren, allein schon aus dem Grund, dass sie zusätzlich zur intellektuellen Schärfe auch noch über eine Menge Erfahrung verfügen.

Wir wissen jetzt, dass die Unfähigkeit, sich an Namen zu erinnern, über 30 allgemein zunimmt. Das Gleiche passiert einem mit Witzen, räumlichen Vorstellungen und Telefonnummern. Es scheint, dass das Gehirn mit zunehmendem Alter »emotional neutrale« Informationen auszusortieren und abzulegen beginnt. Was keine persönliche Bedeutung für einen hat, wird im Laufe der Jahre immer weniger wichtig und immer weniger zugänglich, während auf der anderen Seite emotional bedeutsame Dinge sogar noch frischer präsent werden. Auch andere mentale Fähigkeiten beginnen sich weiter zu schärfen. Wir werden nachdenklicher, analytischer. Wir werden fähiger, uns Daten anzueignen und sie zu bewerten. Wir beginnen über das bloße Wissen hinaus andere Dimensionen der Welt, der Menschen, der Ereignisse und Ideen wahrzunehmen und von ihnen her unsere Antworten zu formulieren. Wir bringen Wissen und Erfahrung zusammen und fügen dem, was wir gefunden haben, Weisheit hinzu.[18]

Aber das ist nur dann der Fall, wenn wir unsere Geistesschärfe weiterhin entwickeln, weiterlernen und unser Denken kultivieren. Es ist, wie Agatha Christie sagte: Es gibt beim Reiferwerden eine »zweite Blüte«. Neue Fähig-

18 Hooyman and Kiyak (wie Anm. 1), 153.

keiten stellen sich ein, neue Einsichten. Ein neues Sehen wird möglich.

Die Gefahr besteht nun darin, dieses Wachstum nicht zu fördern. Der untätige Geist, der dem Schrumpfen, der Atrophie überlassene Geist ist gefährdet. Wenn es nichts gibt, worüber man nachdenkt, wenn man sich von nichts herausfordern lässt, wenn man keine Probleme zu lösen hat, stellt sich die Frage: Was bleibt von mir übrig? Warum soll mich noch etwas kümmern? Warum trete ich nicht ab?

Die Art von Depression, die sich einstellt, wenn das Selbst sich vollkommen leer vorkommt, ist ziemlich traurig. Sie ist die Folge davon, dass man sich dem Unnötigen ausliefert. Unnötig ist es, sich selbst als nutzlos zu betrachten – es sei denn, man entschließe sich dazu, nutzlos zu sein. Unnötig ist es, von sich selbst zu denken, man werde immer weniger – es sei denn, man entschließe sich, an Herz und Geist immer weniger zu werden.

Der springende Punkt dabei ist, dass es zwei unterschiedliche Zugänge zum Alter gibt: Man kann passiv altern, oder man kann aktiv altern. Beim passiven Altern kapituliert man vor der schleichenden Lähmung der Seele, die mit den natürlichen Veränderungen des Körpers einhergeht. Bei dieser Art des Alterns betrachtet man diese letzte Lebensphase als eine Zeit, in der man in einem langsamen Todeskampf liegt, statt sie als eine Zeit aufzufassen, in der man auf andere Weise leben sollte – und unerschrocken.

Beim aktiven Altern lässt man sich auf die körperlichen Auswirkungen des Alterns ein, indem man sein Schritttempo darauf einstellt. Der aktiv alternde Mensch macht sein sich verschlechterndes Gehör damit wett, dass er mehr liest. Wenn seine Augen schwächer werden, hört er sich mehr CDs an. Und er bleibt körperlich aktiv, auch wenn diese Aktivität ihre Grenzen haben mag, statt einfach zuzulassen, dass die Muskeln seines Körpers ungenutzt bleiben und folglich nutzlos werden.

Zum aktiven Altern ist es erforderlich, dass man weiterhin in Fülle lebt, ganz gleich, welche anderen Formen das annimmt.

Eine Langzeitstudie der Harvard-Universität über die Entwicklung im Alter[19] hat ergeben, dass es angesichts einer immer längeren Lebensdauer besonders wichtig sei, aktiv am Lernen zu bleiben. Lebenslanges Lernen mache den wichtigsten Unterschied zwischen einem gesunden und einem ungesunden Altern aus. Es wirke sich deutlich auf das Maß an Zufriedenheit im Leben aus sowie auch darauf, in welchem Maß man an anderen interessiert und für sie wertvoll und lebensfördernd bleibe.

Das andauernde Lernen bewahrt den alternden Menschen davor, zu verknöchern. Das Problematische am Altern ist nicht das Alter, sondern die Versteinerung, die Seelenstarre, die Unbeweglichkeit. Nur Ideen halten die Ideen am Fließen. Wenn wir unseren Kopf für alles Neue nur deshalb verschließen, weil wir beschlossen haben, uns damit nicht mehr abzugeben, verabschieden wir aus unserem Kopf die Verantwortung dafür, dass wir selbst – und andere – weiterwachsen.

Diese Fähigkeit zum ständigen Weiterlernen und für den neuen Lebenssinn, den es uns bringt, ist sicher keine überflüssige Gabe. Sie entwickelt sich mit unserem Weiter-

19 Vaillant (wie Anm. 15), 246.

wachsen weiter und allein dies ist ein deutliches Zeichen dafür, dass sie für etwas Wichtiges gedacht ist. Und gerade, wenn das Leben in allen seinen körperlichen Dimensionen immer weniger zugänglich, weniger machbar, weniger erfüllbar wird, ist dies wichtig. Warum sollte nicht diese Fähigkeit zum Lernen genau das sein, was eine Generation braucht, die die Verantwortung dafür hat, dass von der Weisheit der Jahre her ein erhellendes Licht auf die großen Zeitfragen fällt?

Die Frage ist also nicht, ob die ältere Generation fähig sei, noch etwas zu lernen. Es liegt auf der Hand, dass die Frage vielmehr lautet, *was* wir jetzt lernen sollen. Sollen wir auf dem Gebiet immer noch besser werden, auf dem wir schon immer tätig waren? Sollen wir also Experte, Berater, Autorität bleiben? Oder sollen wir noch einmal in eine ganz andere See stechen: Eine Fremdsprache lernen, um jungen Einwandererfamilien in der Stadt zu helfen? Uns in der Kunst der Holzbearbeitung üben und in unserer Garage eine kleine Möbelrestaurationswerkstatt einrichten? Uns gründliche Computerkenntnisse erwerben und uns als Lehrer für solche anbieten, die den Computer brauchen, um den Job zu bekommen, mit dem sie sich ernähren können? Oder sollen wir jetzt die Worte eines Psalms um den andern auswendig lernen, eines Zen-Koans um den andern, eines Koranverses um den andern, so dass die darin enthaltenen Gedanken in unserer Seele widerhallen und uns den Weg zum einen Gott hin führen?

Eine Last dieser Jahre ist die Angst, dass sie unser bislang kompetentes Selbst immer inkompetenter werden lassen.

Ein Segen dieser Jahre besteht darin, dass wir uns in einer Lebenszeit vorfinden, in der wir uns endlich auf all die Dinge konzentrieren können, die wir schon immer lernen und wissen wollten, und dass wir dadurch zu noch ernsthafteren, konzentrierteren, spirituelleren Menschen werden, als wir je zuvor waren.

Religion

Der tibetische Meister Sakya Pandita sagt: »Die Tugendhaften steigern selbst beim Wenigerwerden die Anmut ihres Verhaltens. Eine brennende Fackel hält auch dann noch ihre Flamme nach aufwärts gerichtet, wenn man sie nach unten hält.«

In den Ältesten jeder Gesellschaft brennen diese Flammen am hellsten. Es gehört zum Wesen des hohen Alters, die Fragen zu stellen und die Antworten richtig zu verstehen, die wir so lange hatten links liegen lassen. Dann können andere sehen, wie der Lebensweg, den wir alle gehen, seine Vollendung finden kann.

Religion ist natürlich nicht bloß ein Thema oder eine Richtung oder eine Reihe von Glaubensüberzeugungen. Sie ist ein Werdeprozess. Was die Religion angeht, liegt der Hauptirrtum darin zu meinen, wenn man eine Dimension von ihr habe – Thema, Richtung und eine Reihe von Glaubensüberzeugungen –, habe man sie ganz, und wenn jemand diese Dimension nicht mit allen anderen teile, habe er überhaupt keine Religion. Solche Urteile können fatal sein – sowohl für uns selbst als auch wegen der Auswirkungen, die solche Vorstellungen auf andere haben können.

Religion ist nicht nur eine einzige Sache. Sie ist ein vielschichtiges Phänomen, das, wenn es erfolgreich ist, die Menschen auf die Höhen jedes beliebigen spirituellen Berges bringen kann, den sie ersteigen. Sie verlangt Engagement, Bildung, Praxis und Nachdenken. Keiner dieser Aspekte für sich allein reicht aus. Die Religion in ihrer

Bestform umfasst alle diese Aspekte. Aber das setzt einen langen Prozess voraus, eine Menge Bildung, ein großes Maß an Nachdenken. Letzten Endes, so wissen alle Religionen, werden die eigentlichen Themen der Religion hautnah aktuell: die Beziehung zwischen dem Menschen und seinem Schöpfer, die Beurteilung der eigenen Lebensziele und des eigenen Verhaltens und das daraus folgende Sich-Hineingeben in den spirituellen Sinn des Lebens, statt nur an dessen materiellen Dingen haften zu bleiben.

Die Religion hat auf den verschiedenen Lebensstufen ganz unterschiedliche Funktionen. Sie ist eine Richtung, eine Wanderkarte. Aber sie ist für nichts eine Garantie. Religion hat schon so viel verdorben, wie sie gerettet hat. Ganz eindeutig muss unser Ziel etwas sein, das mehr ist als Religion als solche.

Zu Beginn des Lebens, in der Jugend, hat die Religion die Funktion, das Gewissen zu formen. Die Religion setzt die Leitlinien, die den Weg markieren.

Laut der »Erklärung zum Weltethos« des »Parlaments der Weltreligionen« von 1999 im südafrikanischen Kapstadt gibt es vier nicht verhandelbare ethische Grundsätze: nicht zu stehlen, nicht zu lügen, keinen Mord zu begehen und andere nicht sexuell auszubeuten. Dies seien die Richtlinien des guten Lebens. Und es gebe ein Gesetz über dem Gesetz, und dieses Gesetz sei das Ziel, zu dem wir hinstrebten.

Im mittleren Alter wird die Religion zum sozialen Kompass. Sie ist ein Maßstab für unsere Beziehung zu anderen. Sie stellt die Grundsätze auf, nach denen die Qualität der Seele wie auch das Verhalten eines Menschen gemessen werden. Manche Dinge sind heilig, andere nicht. Das sind die Ideale, zu denen wir stehen, selbst wenn wir von den Ankerplätzen unseres früheren Lebens manchmal ein wenig abdriften. Wir fangen an, alle absoluten Behauptungen zu überprüfen. Und wir beginnen zu begreifen, dass es in der Religion nicht bloß um bestimmte äußere Handlungsweisen geht, sondern um ein inneres Ringen um das richtige Glauben und Tun. Auf dem Papier wirkt sie steril, im Fleisch merkt man, dass sie viele Dornen hat.

Wenn wir schließlich älter werden und ins letzte Lebensstadium eintreten, wird uns klar, dass Verhaltensweisen und Fehlverhalten nicht mehr der Stoff sind, um den es in unserer Religion geht. Nun eröffnen sich als letzte Offenbarungen der Religion die Ekstase des Lebens und die Auslieferung an das Geheimnis. Jetzt beginnt alles Sinn zu machen, was wir vor langer Zeit gelernt, schon lange ein Stück weit aufgegeben und dennoch nie ganz hinter uns gelassen hatten. Es fängt an, ich selbst zu sein. Es steht am Anfang meines Anfangs als menschliche Person.

Die älteren Mitglieder der Gesellschaft lehren uns nicht nur, wie wir leben sollen. Sie lehren uns auch, wie wir sterben können, wie wir dem Einssein von Leben und Tod seinen Sinn abgewinnen können, wie wir leben können, ohne vor dem Tod Angst zu haben – weil wir wissen, dass wir selbst immer auf dem Weg waren, sogar wenn wir nicht wussten, wohin zu gehen wir im Begriff waren.

Das Eindrucksvollste an der Religion ist, dass sie überall ist, selbst auf Plätzen, wo sie die Welt nie vermutet hätte. Zum Beispiel auf dem Roten Platz in Moskau: Was alle überraschte, die während der Sowjetära die dortige Kathedrale besuchten, war nicht die Zahl der goldgerahmten Ikonen oder die Größe der Wandmalereien, so schön das auch alles war; das Überraschende an dieser Kirche war, dass sie voller psalmodierender, singender, betender Gläubiger war. Alle waren ältere Menschen. Und das in einem Land, zu dessen offizieller Doktrin es gehörte, dass man nicht an die Religion glauben dürfe, sondern nur an den Staat.

Im Westen wurde die Religion nicht unterdrückt, aber für viele ist sie zu einer Art Mittel geworden, um den Eintritt in die einzelnen Lebensphasen festlich zu begehen. Die Menschen lassen sich in Kirchen taufen und trauen und schließlich mit kirchlichem Segen beerdigen, aber die regelmäßige Teilnahme am Gottesdienst ist immer weniger üblich, es sei denn – genau wie im Russland vor der Glasnost – bei der älteren Generation.

Es ist bezeichnend, dass eher die ältere Generation zur Religion eine Beziehung hat. Umfragen in den USA zeigen, dass in unserer heutigen Zeit die überwältigende Mehrheit der Amerikaner aller Denominationen, insgesamt 80 Prozent, der Ansicht sind, dass der Allgemeinzustand der Moral in den USA schlecht sei und sich weiter verschlechtere.[20] Viele stellen die Glaubwürdigkeit und Aufrichtigkeit ihrer Geistlichen in Zweifel. Und dennoch standen unter den zehn Ländern, in denen die Umfrage durchgeführt wurde, die Amerikaner mit ihrem Bekenntnis zu einem selbstverständlichen Glauben an Gott prozentual an der Spitze, wobei die größte Gruppe dieser Gläubigen diejenige der Älteren war.[21] Überall scheint die ältere Generation etwas zu wissen, was die Jüngeren noch

20 Gallup-Umfrage 2006, www.pollingreport.com (23.1.2007).
21 Associated Press Poll 2005, www.usatoday.com (26.1.2007).

nicht wissen. Die Älteren wissen, dass letztlich nicht die Konfessionszugehörigkeit zählt, sondern dass es auf das spirituelle Leben, den Glauben, die Seele ankommt.

Religion und Konfessionszugehörigkeit sind nicht das Gleiche. Die Religion sagt, dass es eine göttliche Mitte gebe, von der wir alle herkommen und zu der wir eines Tages heimkehren werden. Der Konfessionalismus sagt, dass mein Weg der richtige Weg zu dieser Mitte sei.

Aber der Konfessionalismus, also die Bereitschaft, zu behaupten, nur meine religiösen Überzeugungen seien ganz wahr, verblasst mit dem Alter. Je weiter wir vorankommen, desto weniger klar wird uns die Wahrheit. Darauf kommt es sogar in vielerlei Hinsicht weniger an, als es früher den Anschein hatte. Jetzt geht es uns nicht mehr so sehr um Fakten, Dogmen oder Lehren, sondern vielmehr um die Natur des Lebens, sowohl des Lebens hier und jetzt als auch des künftigen. Dann drehen sich unsere Fragen weniger um die Orthodoxie und mehr um die spirituellen Dimensionen des Lebens: Sind wir umsonst in dieser Welt, oder sind wir zu einem bestimmten Zweck hierher gesetzt? Gibt es da nur einen persönlichen Zweck, geht es nur um mich, oder gibt es da einen umfassenderen Sinn? Wer bin ich in der Welt? Wie sollte meine Rolle darin aussehen? Sind wir wie Fliegen, die zufällig und sinnlos auftauchen und wieder verschwinden, oder sind wir hier auf einem Planeten, den wir verbessern sollen, ehe wir wieder abtreten?

Im hohen Alter kommt es nicht so sehr darauf an, wie wir Gott verehren, und auch nicht auf die Häufigkeit unserer Besuche in Kirche, Synagoge, Moschee oder Tempel. Wichtiger ist die Wahrnehmung, dass wir alle auf einem spirituellen Weg sind und dass ganz unabhängig davon, wie wir uns auf diesem Weg anstellen, das zählt, was dabei am Ende aus uns wird.

Dann beginnt sich die Art von Konfessionalismus, die die Religion zu einem Kriegsschauplatz macht, wie ein Nebel zu verziehen, und die Religion – das Eintauchen ins Geheimnis des Lebens – zieht lichtvoll herauf.

Dann beginnen die Streitereien darüber, wer Recht hat und wer falsch liegt, was wahr ist und was nicht, den Fragen zu weichen, was gut ist und was nicht, was Leben ist und was nicht, was wichtig ist und was nicht.

Dann, in den späteren Jahren, hört die Religion auf, einfach nur eine Reihe von Riten und Ritualen zu sein, von Regeln und richtigen Antworten, für die ich sozusagen in der Ewigkeit Punkte bekomme. Religion wird zu dem, als was sie schon immer gedacht war: zur Suche nach dem Geist, der uns an sich zieht, und zur Beziehung mit ihm. Er zieht uns an, immer weiter, sogar bis zu dem Punkt, wo das, zu dem er uns zieht, unklar wird.

Religion ist dann nicht mehr ein Mühlstein um den Hals. Sie ist die warme, weiche, starke, feste Wahrnehmung, dass – ja, dass sich alles gelohnt hat.

Eine Last dieser Jahre ist die Angst, dass ich meine Religion nicht gewissenhaft genug praktiziert habe, um des Lebens wert zu sein, das sie uns verspricht.

Ein Segen dieser Jahre ist die Wahrnehmung, dass es wahr sein muss: dass es einen Gott gibt, der mich erschaffen hat und mich aufwärts ruft, über mich selbst hinaus – heim.

Freiheit

Die österreichische Schriftstellerin Marie von Ebner-Eschenbach schreibt: »Das Alter verklärt oder versteinert.«

Es ist ein sehr tröstliches Gefühl, zu wissen, dass das Alter uns nicht ändert. Im Gegenteil: In mancher Hinsicht werden wir einfach mehr diejenigen, die wir sind und schon immer waren. Das heißt natürlich, dass wir schon jetzt entscheiden können, wie wir mit 80 sein möchten: zugänglich und liebenswürdig oder herrisch und verdrießlich. Wir versauern nicht von Natur aus. Vermutlich waren wir schon immer sauer, aber jetzt nehmen wir uns die Freiheit, es zu zeigen. Wir werden mit dem Älterwerden nicht weicher. Wir werden lediglich mit jedem Tag unseres liebenswürdigen alten Lebens unerschrockener liebenswürdig, werden mehr das, was wir schon immer sein wollten. Jetzt haben wir ganz die freie Wahl, auf welche Weise wir in der Welt leben und wie wir auf die uns umgebende Welt zugehen wollen, welche Einstellung zum Leben wir haben, welchen Sinn wir ihm abgewinnen, was wir darin von uns aus herschenken wollen. Und das alles kann sich ändern.

Als Sara in den 1970er Jahren Mitte 30 war, gehörte sie zu den ersten verheirateten amerikanischen Frauen, die bei der Bewegung »Noch einmal an die Uni gehen« mitmachten. Sie hatte zwei kleine Kinder, einen Mann, der voll berufstätig war, und ein Farmhaus am Rand einer der großen Universitätsstädte, die sich damals mit einer ungeheuren Energie entfalteten. Sie züchtete Ziegen und baute alles Gemüse für die Familie selbst an, war Vegetarierin und legte ihre Gurken selbst ein. Das war damals allgemein so üblich, aber sie wollte mehr.

Sie wollte ein Universitätsdiplom und vielleicht auch den Doktortitel, und im Laufe der Zeit brachte sie beides tatsächlich zustande. Aber sie hatte gar nicht den Ehrgeiz, eine akademische Karriere zu machen. Vielmehr war sie voll damit zufrieden, für Studenten in den ersten Semestern ein paar Kurse zu geben, und schließlich ging sie wieder ganz von der Universität in das zurück, was sie als »die wirkliche Welt« bezeichnete. Und nach einiger Zeit fing sie an, für die Zeitung einer Kleinstadt Artikel zu schreiben.

Schließlich zog Sara in eine andere Kleinstadt um, wo es dann ganz so aussah, als finge sie zum zweiten Mal wieder mit dem gleichen Leben an. Ihre Töchter zogen aus der Gegend weg, ihr Mann starb, sie arbeitete weiterhin für eine Zeitung auf dem Lande, schrieb Artikel und veröffentlichte Kochbücher.

Das würde bis jetzt alles ganz sauber in die Kategorie »Frauen-Standard« passen – aber jetzt kommt die Ausnahme: Mit 65 Jahren hörte sie bei der Zeitung auf und ging nach Thailand. In Bangkok gab sie im Rahmen eines ehrenamtlichen Programms für Entwicklungsländer jungen einheimischen Frauen Unterricht in Englisch. So hatte sich Sara, als sie zum ersten Mal in ihrem Leben ganz »frei« geworden war, wiederum gebunden.

Für manche war ihre Arbeit bestenfalls merkwürdig, wenn nicht regelrecht anstößig. Warum tat jemand so etwas? In diesem Land? In ihrem Alter?

Vielleicht muss man sich das erst etwas genauer überlegen; aber eigentlich ist das gar nicht so schwer zu verstehen. Sara wollte gar nicht »frei« sein. Sie wollte das, was sie schon immer gewollt hatte: Sara sein. Der Rest der Welt – all die Typen, die das Alter als eine Art Spielwiese für Erwachsene bejubeln – hatten schlicht nicht begriffen, was »Freisein« heißt.

Die Neigung, alten Menschen nichts mehr zuzutrauen, beruht auf den weit verbreiteten Klischeevorstellungen, sie kämen nirgends mehr richtig mit, sobald sie aus dem Arbeitsleben ausgeschieden seien.

Statt die Weisheit und Erfahrung der Generationen vor uns in Ehren zu halten, wie das zum Beispiel die Griechen und Römer und die Indianer getan haben, werden wir in der heutigen industriell-technologischen Gesellschaft wie Kinder behandelt, die die Fertigkeiten und die Sprache dieser Welt nicht mehr voll beherrschen. Sobald man nicht mehr über Werbestrategien, aktuelle betriebliche Vorgänge oder seinen Job mitreden kann, gilt in der Gesellschaft, die man selbst mit aufgebaut hat, die ganze dabei gewonnene Erfahrung überhaupt nichts mehr. Man ist nicht mehr im System drin und kann deshalb nicht mehr mitreden. Man kennt die Leute nicht mehr. Man kennt nicht einmal mehr den Chef, denn der eigene ist genauso ausgemustert worden wie man selbst. Alle Bande sind zerschnitten, alle Beziehungen haben sich aufgelöst. Alle Erfahrung ist zu Staub zerfallen.

So sind die Alten jetzt dazu »frei«, nutzlos zu sein, sind als diejenigen, die das System nicht mehr braucht, bloße Anhängsel.

Sara wollte diese Art falscher Freiheit nicht. Sie wollte Sara sein, wollte weiterhin das sein, was sie immer gewesen war: produktiv, kreativ, engagiert, notwendig. So war sie nach Thailand gegangen, wo niemand nach ihrem Alter fragte; das war dort kein Thema. Die Menschen wussten einfach, dass sie für sie wichtig war.

Sie hatte das Geheimnis erfasst, wie man richtig alt wird. Sie hatte für sich die Freiheit so definiert, dass alle es sehen konnten.

In der Kindheit mag Freiheit das Recht bedeuten, völlig auf sein Ich zentriert zu sein. Beim Heranwachsen übe ich mich in der hohen Kunst, mich auf mein Ich zu konzentrieren, bis ich weiß, wer ich bin und wozu ich fähig bin. In der Lebensmitte habe ich die Freiheit, mich auszukennen, mich auszubilden, auf bestimmten Gebieten Fachkenntnisse zu haben, unabhängig zu sein. Im Alter dagegen stellt Freiheit die Fähigkeit dar, aus dem Ich, das ich im Laufe der Jahre geworden bin, das Beste zu machen. Das ist die Freiheit, alles, was ich bis zu diesem Zeitpunkt gelernt habe, zusammenzufassen und daraus etwas noch Schöneres und Aufregenderes zu machen. Es ist die Freiheit, mich an all die zu verschenken, die mich wirklich brauchen, und zwar so, wie es mir bislang noch nicht möglich war. Ich habe die Freiheit, für Menschen mit echten Bedürfnissen wichtig zu werden. Und mit dieser neuen Lebensrolle werde ich einer der seltenen Menschen, die wissen, was es heißt, durchs Leben zu gehen, all seine Umbrüche zu überstehen, seinen Erwartungen zu entsprechen und all seine Untiefen zu umschiffen. Jetzt habe ich die Freiheit, etwas nicht nur um meiner selbst willen zu tun, sondern für die Welt im Ganzen.

Die Freiheit der späteren Jahre besteht darin, nicht mehr nach den allgemein üblichen Normen leben zu müssen. Ich muss nicht mehr allen allgemein üblichen Weisheiten entsprechen, den Strategien und politischen Positionen. Ich kann jede Position einnehmen, die mir passt. Ich kann in einem Haufen Konservativer Grüne sein. Ich kann im Kirchengemeinderat Feministin sein. Ich kann bei der Aktionärsversammlung der Erdölgesellschaft Umweltschützerin sein. Ich kann alle Einzelteile meines Lebens hernehmen, sie sorgfältig abwägen und dann die Worte sprechen, die meine Welt unbedingt hören muss – bevor es zu spät ist.

Wenn mir aufgeht, dass Freiheit in Wirklichkeit das Recht ist, ich selbst zu sein und nicht eine andere – und das vielleicht erstmals in meinem Leben –, dann beginnt meine Seele frei zu werden. Damit aber wirft auch mein Denken seine Fesseln ab. Genauso gut, wie ich immer mehr die Bisherige werden kann, kann ich jetzt auch etwas Neues werden. Denn ganz gleich, welcher Weg mich bis hierher gebracht hat – das war nie nur der einzige Weg, den ich in Erwägung gezogen, ja der mich fasziniert hatte und den ich eigentlich hatte ausprobieren wollen. Warum also soll ich nicht jetzt noch neue Wege einschlagen, jetzt, wo mich mein gesunder Menschenverstand und eine lebenslange Erfahrung dafür ausgerüstet haben?

Ich habe jetzt das Recht, neue Ideen zu erkunden und neue Gedanken zu denken – Gedanken, die ich daheim nie kennengelernt habe, Gedanken, die ich in der Öffentlichkeit nie auszusprechen gewagt hatte. So kann ich mir jetzt zum Beispiel meine eigenen Gedanken über Gott machen. Die Antworten, auf die ich dabei kommen werde, sind sicher so richtig wie diejenigen anderer auch – und zugleich meinem eigenen Herzen viel näher.

Schließlich habe ich jetzt die Freiheit, mich auf das Leben so einzulassen, wie ich das noch nie getan habe, denn früher waren mir alle Richtungen vorgegeben, banden mich tausend Erwartungen und unzählige Pflichten.

Jetzt ist die Zeit, das alles noch einmal kritisch zu überdenken. Alles: Gott, das Leben, die Arbeit, meine Beziehungen, meine Verhaltensweisen, meine Ziele. Ich habe jetzt die Freiheit, dies alles von meiner eigenen Erfahrung her einzuschätzen, ihm auf der Basis meines eigenen Wissens noch einmal neu Gestalt zu geben, in jeder Richtung, in die mich meine spirituelle Energie führt, Neues zu versuchen, und den alten Vorstellungen, die mein Leben so lange beherrscht haben, noch einmal ganz neue Vorstellungen hinzuzufügen.

Eine Last dieser Jahre besteht darin, mich von allen Klischeevorstellungen über das Alter ausbremsen und niederhalten zu lassen und damit den Fluss des Lebens in mir zum Stillstand zu bringen.

Ein Segen dieser Jahre besteht darin, dass sie mir die Chance geben, die Fesseln meines bisherigen Lebens zu sprengen und mir ein Leben zu gestalten, das besser dem entspricht, was ich jetzt sein möchte.

Erfolg

Die amerikanische Schriftstellerin Ellen Glasgow sagt: »Es mag merkwürdig klingen, aber es stimmt, wenn ich sage: Mit 60 habe ich mich jünger gefühlt als mit 20.«

Wenn wir versucht sind, darüber zu trauern, dass unsere mittlere Lebenszeit so gut wie vorbei ist und erst recht schon längst unsere Jugend, neigen wir dazu, zu vergessen, dass das recht unbequeme Zeiten waren. Als junge Menschen machten wir uns Sorgen darüber, ob wir beliebt oder akzeptiert genug seien. In unseren mittleren Jahren machten wir uns Sorgen darüber, ob wir alles schaffen, alles haben, alles genießen könnten.

Über eines aber besteht kein Zweifel: Was immer aus uns mit 60 geworden ist, das sind wir wirklich. Die Spieluhr ist abgelaufen. Jetzt können wir schlicht und einfach das unbeschreibliche Gefühl genießen, dass mit der Kraxelei endgültig Schluss ist, dass wir vom ewigen Konkurrenzkampf befreit sind und die ständigen Appelle, das Letzte zu geben, aufhören. Jetzt ist das Leben einfach Leben und nicht mehr.

Aber die bisherige Konditionierung steckt uns tief in den Knochen. Es muss sicher auch hier und jetzt noch etwas geben, nach dem wir streben sollten. Es muss etwas geben, das wir gewinnen sollten. Es muss etwas geben, das mehr zählt als unser eigenes Glücklich- und Zufriedensein. Falls es das nicht gibt, was gibt es dann? Und falls es das nicht gibt, warum habe ich dann zunächst dieses Gefühl? Tatsache ist, dass wir schon von klein an darauf getrimmt werden, Erfolg zu haben, und das macht es uns, wenn wir in die Jahre gekommen sind, gewaltig schwer, unser Leben zu genießen.

Wie behaupten, unseren Kindern beibringen zu wollen, im Leben erfolgreich zu sein. In Wirklichkeit bringen wir ihnen den Konkurrenzkampf bei. Ja, in Wirklichkeit führen wir unser Leben lang einen Konkurrenzkampf und nennen das »Erfolg«.

Wir konkurrieren um Jobs und Positionen und Beförderungen und Lohnerhöhungen. Wir konkurrieren mit unseren Nachbarn um das größere Haus. Wie konkurrieren mit unseren Eltern, indem wir unsere Kinder zu noch intensiverem Einsatz im Konkurrenzkampf anstacheln. Wir konkurrieren mit der übrigen Familie darum, wer die weiteren und exotischeren Reisen unternimmt. Wir machen im Leben bei allen Wettrennen und Hürdenläufen mit und hängen jede Auszeichnung, Trophäe und Plakette, die die Welt uns verleiht, deutlich sichtbar auf. Und am Schluss sind wir nur noch erschöpft.

Das Ergebnis ist, dass Krebs und Herzbeschwerden früh kommen. Unser Beruf verliert seinen Reiz, und schließlich holen die hinter uns Laufenden auf und überholen uns, und das Spiel ist aus.

Aber das eigentliche Problem ist nicht diese dauernde Anstrengung, sondern vielmehr der Umstand, dass wir alle anderen Dimensionen unseres Lebens opfern, um unser Ziel zu erreichen. Wir opfern die eigenen Meinungen, die eigenen Wünsche, die eigenen Interessen, die eigenen persönlichen Ziele, nur um den Ansprüchen der uns umgebenden Menschen zu entsprechen, und zum Schluss opfern wir das Aufblühen unseres Ichs dem billigen Glanz der sozialen Anerkennung: dem besseren Job, dem Familienstolz, dem Beifall der Welt.

Waren wir erfolgreich? Worin? Wer will das beurteilen?

Das hängt ganz davon ab, was wir uns selbst unter Erfolg vorgestellt haben.

Das einzig Gute an diesem ganzen System ist, dass, falls wir Glück haben, diese Rolle endet, bevor wir selbst enden. Und das tut sie vielleicht früher, als wir meinen. Dann machen wir uns an die Aufgabe, noch einmal unsere ganzen Vorstellungen darüber, was »Erfolg« eigentlich sei, zu überdenken.

Der Ruhestand ist die Gegenkultur zur vorherrschenden Kultur. Er besagt, dass es schon für sich allein für den Rest der Welt Zeichen genug ist, was das Gutsein des Lebens eigentlich ausmacht, wenn man einfach ein lebendiger Mensch ist und richtig zu leben lernt. Der Zweck eines Jobs ist es, seinen Lebensunterhalt zu verdienen, und nicht, ein Leben auszufüllen. Ein erfülltes Leben zu führen bedeutet, weit über seine Rolle im Arbeitsleben hinauszugehen. Das Alter ist der Lebensabschnitt, in dem wir daran arbeiten, in allen anderen Dimensionen, die ein wirkliches Leben ausmachen, Erfolg zu haben.

Die Fragen, vor die wir uns mit dem Eintreten in unseren Ruhestand gestellt sehen, sind *nicht* die Fragen, die zu beantworten uns die Gesellschaft auffordert, wenn wir sozialen »Erfolg« suchen.

Waren wir erfolgreich darin, aus unserer Familie eine echte »Familie« zu machen? Falls nicht, bleiben uns immer noch etliche Jahre, das zu tun. Wir können die Kinder selbst anrufen, statt immer bloß darauf zu warten, bis sie es tun. Wir können ihnen Grüße schicken oder ihnen unser Auto ausleihen oder mit unseren Enkelkindern in den Zoo gehen.

Waren wir erfolgreich darin, eine gute Nachbarin, ein

guter Nachbar zu sein? Falls nicht, dann gibt es immer noch Leute in der Nachbarschaft, die dankbar dafür wären, wenn wir für sie einkaufen oder sie mit dem Auto irgendwohin mitnehmen würden; oder jemand ist dankbar, einen Partner zum Kartenspielen zu finden. Andere freuen sich, mit jemandem eine Ausstellung besuchen zu können oder über ein gemeinsames Essen und ein ausführliches Gespräch.

Waren wir erfolgreich darin, ein echtes spirituelles Leben zu entwickeln: die Art, bei der die Gegenwart Gottes unser ganzes Dasein begleitet, weit über den bloßen Gottesdienstbesuch an Sonn- und Feiertagen hinaus? Falls nicht, können wir uns einer Gebetsgruppe oder einem Lesekreis oder einer sozial aktiven Gruppe anschließen und etwas dafür tun, dass wir die Erde einmal etwas besser zurücklassen, als wir sie angetroffen hatten.

Waren wir erfolgreich darin, mit der Erde sorgfältig und aufmerksam umzugehen, und darin, in unserem Leben für ein Gleichgewicht zwischen den Zeiten mit der Natur, mit den Menschen und mit Gott zu sorgen? Haben wir uns Zeit zum Nachdenken und für persönliche Entwicklung genommen? Falls nicht, ist jetzt die Zeit, unsere Tage bewusst zu planen, statt sie achtlos vorübergehen zu lassen.

Waren wir erfolgreich darin, uns selbst damit glücklich zu machen, dass wir mit dem Hund spazieren gegangen sind, Schmuck gebastelt, Angeln gelernt, Möbel restauriert haben? Haben wir etwas nur deshalb getan, weil es uns Freude machte?

Waren wir erfolgreich darin, die Art von innerem Leben zu entwickeln, die man braucht, um allen äußeren Anforderungen des Lebens gewachsen zu sein?

Waren wir erfolgreich darin, ein Mensch zu werden, ein richtiger, wirklicher Mensch?

Am Ende geht uns deutlich auf: Erfolg ist etwas viel Einfacheres, als man uns immer gesagt hat. Beim Erfolg geht es darum, die ganz grundlegenden Dinge zu entdecken. Erfolg hat, wer es lernt, glücklich zu sein, mit seinem eigenen spirituellen Selbst in Kontakt zu kommen, ein ausgeglichenes Leben zu führen, keinen Schaden anzurichten, einfach Gutes zu tun. Das einzige Kriterium des guten Lebens ist, ob es einen glücklich macht.

Die Last des falschen Erfolgs besteht darin, dass er einen künstlichen Anspruch schafft, der uns unser Leben lang verfolgt, uns in Angst und in einem ständigen Zustand der Unzufriedenheit hält. Wir sind dann zu angespannt, um den Ruhestand genießen zu können, und sind zu sehr auf die Elemente des Lebens aus, die nicht bleiben.

Der Segen des echten Erfolgs besteht darin, irgendwann im Leben an den Punkt zu kommen, an dem wir keine seiner Seiten mehr überbetonen. Dann schaffen wir es, alle Aspekte des Lebens in Leichtigkeit und in Fülle zu leben.

Zeit

Der Maler Pablo Picasso schrieb: »Man braucht lange dazu, jung zu werden.«

Mit anderen Worten: Die Schönheit der späteren Jahre besteht darin, dass wir uns am Ende eines sehr langen Lebens mit einer sehr jungen Seele vorfinden – vorausgesetzt, wir haben es im Laufe des Lebens gelernt, unseren eigenen Einsichten mindestens ebenso stark zu vertrauen wie den Einsichten, die man uns beigebracht hat.

Die Zeit hat alles Nötige für uns getan. Wir sind als Menschen tiefer geworden. Wir sind als Persönlichkeiten weiter geworden. Wir sind im Denken behutsamer geworden. Wir haben die Überheblichkeit und alles Autoritäre abgelegt und uns stattdessen darauf eingestellt, für neue Gedanken offen zu sein und andere Menschen zu achten. Wir sehen jetzt vieles neu und klarer, was wir früher gar nicht richtig gesehen hatten. Falls wir ältere Menschen genauer ansehen – die freieren von ihnen, diejenigen, die das Leben auf sich zukommen lassen, statt es krampfhaft festzuhalten –, können wir wahrnehmen, dass dies immer wieder geschieht.

Thomas war ein stattlicher Mann. Sein sorgfältig gestutzter weißer Bart, seine dunklen, tiefsitzenden Philosophenaugen und sein rätselhaftes Lächeln ließen ein Leben als Grandseigneur vermuten. Aber er war kein Grandseigneur, sondern ein hart arbeitender Künstler. »Just work« (»Arbeite einfach«) stand auf dem Schild an der Wand seiner Werkstatt. Tatsächlich war er über 25 Jahre lang jeden Morgen um sechs Uhr in seine Werkstatt gegangen, um sich den schweren, einsiedlerischen Verrichtungen eines Meistertöpfers zu widmen, einer altüberlieferten Kunst, der er im Laufe der Jahre etliches Neue hinzugefügt hatte. Seine riesigen und klassischen, modernen und glänzenden Stücke hatten ihren Weg in Galerien und Museen überall auf der Welt gefunden, vom Vatikan in Rom über das Victoria and Albert Museum in England bis zum Smithsonian Museum in den USA. Und jedes Jahr fügte er dieser Sammlung weitere staunenswert einmalige Stücke hinzu.

Er verbrachte sein Leben bedeckt mit Tonstaub und verschmiert mit Glasur. Überall in seiner Werkstatt lag weißer Staub, und in den Regalen lagerten die vielfältigsten Materialien, von Erzmischungen aus Neuschottland und getrockneten Blättern aus China bis zu Säcken mit Tonerde und Regalen voller Rohware, die auf den Brennofen wartete. Ein enger Pfad führte von der Tür zu seinem Arbeitstisch und ein weiterer vom Tisch zur Töpferscheibe. Das war alles, was er brauchte, alles, was er wollte.

Seine Kunst war sein Leben – seine Vergangenheit und seine Zukunft –, und für die Zukunft wünschte er sich nur eines: den vollkommenen Krug. Darauf arbeitete er wie besessen hin. »Das ist der Segen, der Fluch dessen, dass man sich ewig als Anfänger fühlt«, erklärte er. »Man hat nie das Gefühl, es ganz geschafft zu haben. Man lernt immer weiter, macht immer neue Versuche, in der Hoffnung, dass eines Tages das gelingt, was immer gelingen sollte.«

Die Zeit lag ihm schwer auf den Schultern. Er hatte Angst vor ihr. Es gebe noch so viel zu tun, sagte er. Er war schon 78, machte sich ein wenig Sorgen, wie schwer die großen Stücke für seine Arme wurden, und hatte vor, in zwei Jahren, zu seinem 80., eine größere Retrospektive seines Werks zusammenzustellen. Aber er sei »alles andere als fertig«, erklärte er. Und jedes Jahr schuf er eine neue und andere Reihe von Formen und immer noch blendendere und ungewöhnlichere Glasuren.

Dann stürzte er eines Nachts im Flur vor seinem Zimmer und blutete stark. Die Diagnose war niederschmetternd. »Inoperabel«, hieß es. »Noch ein paar Wochen«, wurde ihm angekündigt. »Wie fühlst du dich?«, fragte man ihn. »Enttäuscht«, gab er zur Antwort.

Die Zeit hatte ihn eingeholt. Trotzdem hatte er lange genug gelebt, lange genug gearbeitet, um den Anfänger in sich selbst immer und immer wieder freizusetzen. Thomas hatte sich auf einen Wettlauf mit der Zeit eingelassen – und ihn verloren. Trotzdem hatte er gelernt, mit dem Leben zu spielen. Mehr zu sein als ein Töpfer. Den überkommenen Vorstellungen das Recht zu bestreiten, die neuen Einsichten in ihm zu unterdrücken.

Die Zeit, das ist klar, besiegt uns alle letztlich immer. Es geht nur darum, das zuzulassen.

Nichts bedrückt im Alter mehr als die Zeit. Nichts hat mehr Sinn als die Zeit. Die Zeit ist jetzt alles – das Einzige –, was im Leben noch übrig bleibt. Plötzlich hat man keine Zeit mehr zum Vergeuden. Jetzt zeigt die Zeit mit gnadenloser Ehrlichkeit, was sie schon immer war: der kostbarste Rohstoff des Lebens. Der einzige Unterschied besteht jetzt darin, dass wir das jetzt wissen.

Aber die Zeit ist nicht eindimensional. Zeit macht sehr viel mehr, als bloß zu verstreichen. Sie hat eine ganz besondere Funktion im Leben.

Wenn wir jung sind, vergeht die Zeit sehr langsam. Das tut sie nicht deshalb, weil sie da anders als sonst verliefe, sondern weil wir ungestüm nach vorwärts drängen. Das Leben im Augenblick ist nicht die Stärke der Jugend. Die Jugend ist vielmehr ständig unterwegs nach anderswohin. Für das Jetzt hat sie keine Geduld, denn die Jugendlichen verbringen ihr Leben damit, über die Grenzen des Jetzt hinauszudrängen in die Möglichkeiten des Bald. Sie möchten älter werden, unabhängig, wichtig, reich, jemand. Sie sind voller Wollen.

Die Alten dagegen haben längst sowohl das Wollen und Gehen als auch das Streben ausgereizt. Sie sind voll mit dem Sein beschäftigt: mit dem Am-Leben-Sein, Gesundsein, Gegenwärtigsein im jeweiligen Augenblick, dem Zufriedensein, dem Wieder-jung-Sein im Genießen und in Wunschträumen.

Wenn man über die Jahre hinaus ist, in denen es vor allem darum geht, seinen Platz im Leben zu finden und eine sichere Existenz zu gründen, bleibt einem die schwierige und zugleich kostbare Möglichkeit, zu leben, einfach zu leben. Dann zählen nicht mehr Kontakte und Zertifikate, sondern es zählt die Zeit. Die Zeit, um den Rest seines Lebens in frischer Gegenwärtigkeit und unverbrauchter Offenheit zu leben.

Die Zeit lässt alles älter werden, nicht nur uns selbst. Sie lässt auch unsere Erinnerungen altern und gestattet uns die Freude, sie in Ruhe zu sortieren. Sie lässt unsere Reizbarkeiten älter werden und schenkt uns die Erleichterung, sie nicht mehr so wichtig zu nehmen. Sie lässt unsere Beziehungen älter werden und schenkt uns den Trost, uns auf sie verlassen zu können.

Die Zeit vertieft zudem alles. Sie schenkt uns den Luxus, jetzt vieles für selbstverständlich halten zu dürfen. Heute ist es vielleicht kalt, aber nur Geduld, es wird nicht zu lange dauern, bis die Sonne wieder scheint. Das Enkelkind mag jetzt weinen, aber schon bald wird es wieder lachen. Die Nachbarn mögen wieder laut miteinander streiten, aber sie werden sich bald wieder beruhigen, wie schon so oft. So viele Tode der Tag auch bringen mag, bald gibt es für alles wieder eine Auferstehung. Wir wissen, dass das so ist, weil es schon immer so war und auch jetzt so sein wird.

Die Zeit lässt alles reifer werden. Sie bringt alles zur Erfüllung. Wir selbst werden reifer, können mehr annehmen, werden gelassener. Jetzt haben wir schon so viel erlebt und überstanden – was sollte uns da noch aus dem Häuschen bringen? Was haben wir nicht schon alles überlebt: Krieg, Verlust, Schmerzen, den Niedergang von Systemen, Wirtschaftskrisen, Geldknappheit, schlimme Schulden. Aber siehe da: Es gibt uns immer noch. Wir sind immer noch da. Da sind wir. Und das genügt uns. Damit haben wir alles.

Jetzt leben wir in der intensiven Phase der Zeit und haben ein neues Gespür für Ewigkeit. Das erfüllt uns mit einem Gefühl der Dringlichkeit. Es überkommt unsere Gefühlswelt wie mit starken Wellen: So grün wie jetzt war das Gras noch nie. So schön wie jetzt haben die Rosen noch nie geblüht. Noch nie habe ich die Abendstille derart tief empfunden wie vor dem Einbruch dieser Nacht, noch nie den Duft der Morgenluft so tief eingesogen. Und falls es das alles auch schon früher gab: Wo war ich?

Die Zeit ist etwas Erstaunliches, sofern ich sie nur richtig fülle. Ich sollte es nicht zulassen, dass mit dem Vergehen der Zeit auch mein Geist sich vermindert, sondern sollte dieses Vergehen als Aufruf nehmen, mein Leben bis zur Neige auszukosten. Ich sollte wie Thomas sein: bis zum

Ende mein bestes, sich immer noch weiter entwickelndes, das Leben liebende Selbst sein. Dann ist die Zeit nicht mein Feind, sondern mein Freund. Sie schenkt mir ein tieferes Gespür für das Leben. Sie drängt mich, noch immer mehr von ihm zu entdecken. Sie bezeichnet die Fülle des Lebens, sein Milderwerden, und sie setzt in mir das Selbst frei, das von allem Anfang an ins Dasein getreten war. Sie ist eine neue Art von Leben.

Jetzt habe ich auch die stille Zeit, die Zeit ganz allein für mich, um alles noch einmal zu überdenken: alles, wo ich je gewesen bin, alle, die ich je gekannt habe, alles, was ich in meinem Leben getan habe, mit allen Höhepunkten und allem persönlichen Versagen – und für alles dankbar, über alles froh zu sein. Es war nichts darunter, was mir nichts über das Leben beigebracht hätte. Es war nichts darunter, was mich nicht stärker gemacht hätte. Und alles gehört mir. Alles das bringe ich in diese jetzige Zeit ein, in der mir nur noch die eine einzige Frage zu beantworten bleibt: Was ist aus mir geworden?

Eine Last dieser Jahre zeigt sich, wenn ich zulasse, dass die Zeit schwer auf mir lastet und ich einfach dasitze und darauf warte, bis das Leben vorbei ist – dass ich also, wie es im Irischen heißt, »einer weiteren Tag aus ihr heraushaue, bis der große Tag kommt«.

Ein Segen dieser Jahre besteht darin, wahrzunehmen, was für eine wichtige und von Leben erfüllte Zeit diese letzte Phase ist. Sofern ich will, kann ich alles zum Letzten und Besten in mir zusammenführen.

Weisheit

Im Alter von 75 Jahren schrieb die Schriftstellerin Marie von Ebner-Eschenbach: »In der Jugend lernt man, im Alter versteht man.«

Diese Frau hat offensichtlich die Funktion des Alters und die Rolle der Älteren verstanden.

Das Verstehen ist der Grundpfeiler einer Gesellschaft. Es befähigt uns dazu, einzusehen, warum wir tun, was wir tun, und zu erkennen, warum wir nicht in jedem Fall alles tun können, was wir tun wollen. Wenn es darum geht, das Verstehen der nächsten Generation zu formen – und damit die Welt mitzuerschaffen –, kommt der älteren Generation eine ganz wichtige Rolle zu.

Die Welt braucht von den Älteren nicht den Dienst, Dokumente zu erstellen und Maschinen zu reparieren. Dies alles können viele andere Menschen tun.

Nein, der Dienst der Älteren besteht nicht in einer bestimmten Arbeit. Sie können mit etwas anderem dienen: mit Erleuchtung, Weisheit und Unterscheidung der Geister. Dies alles können uns nur die Vertreter vergangener Generationen schenken, denn Weisheit ist das, was bleibt, wenn eine Erfahrung endet. Daher können wir nicht von den Jungen erwarten, dass sie Weisheit zu bieten haben, denn sie haben einfach noch nicht lange genug gelebt oder genug durchgemacht, um schon viel davon angesammelt zu haben.

Eigenartigerweise geht uns erst dann, wenn wir das Gefühl haben, unser Leben sei fast vorbei, manches darüber auf, wie man richtig und gut leben sollte. Zu der Zeit, in der die Menschen mehr wissen, als sie je gewusst haben, kommen sie sich gleichzeitig unnütz vor. Wenn wir aus dem Hauptstrom des Lebens herausgeraten sind, also nicht mehr täglich ins Büro oder den Laden oder an die Bushaltestelle gehen, nicht mehr für irgendwelche Versammlungen oder Komitees oder für die Kinder oder die Familie oder das Geschäft zuständig sind, fangen wir mit dem Zweifeln an, ob für uns in diesem Leben überhaupt noch eine Rolle übrig geblieben sei. Schließlich ist ja alles, was uns Status oder Einfluss verliehen hat, dahin, verschwunden oder auf andere übergegangen.

Die Kinder stehen jetzt auf eigenen Füßen. Sie rufen uns an, kommen gelegentlich zu Besuch, aber bitten uns nie mehr um Hilfe. Sie kommen jetzt mit ihren Familien und ihrem Geld selbst klar. Unseren Rat brauchen sie nicht mehr.

Die Firma schickt uns noch Rundbriefe, aber unsere Namen kommen in ihren Berichten nicht mehr vor. Wir verstehen kaum noch die neue Sprache, in der sie abgefasst sind, wir fühlen uns nicht mehr zugehörig. Wir bekommen gar nicht mehr richtig mit, wovon in diesen Mitteilungen die Rede ist. Das sagen wir natürlich nicht, aber tief im Innern wissen wir, dass wir den Anschluss verloren haben.

Wir hören den Verkehrslärm der Straße, hören das Trippeln von Schritten auf den Treppen oder im Flur draußen, aber niemand hält an, um uns zu sagen, wohin er geht oder woher sie kommt.

Unsere Rolle hat sich eindeutig geändert. Aber wie sieht sie jetzt aus? Welchen Zweck erfüllen wir jetzt? Und falls wir gar keine Rolle mehr spielen: Was sollen wir noch in dieser Welt? Was bedeuten wir noch für irgendjemanden, wo wir jetzt nichts mehr von alledem haben, was wir früher für so wichtig hielten?

Wir werden jedoch für die uns umgebende Welt genau dann am wichtigsten, wenn wir in ihr augenscheinlich nichts mehr zu tun haben. Wir sind jetzt über die Stufe hinaus, wo wir einfach nur ein austauschbares Rädchen waren. Wir und alles, woran wir glauben oder was wir wissen oder verstehen, sind unersetzlich. Unsere Einsichten sind einmalig die unsrigen. Die Ideen, die zu entwickeln wir eine ganze Lebenszeit gebraucht haben, lassen sich nicht durch irgendeine einfache technischen Routine ersetzen. Das sind jetzt Angelegenheiten der Seele.

Unsere Rolle besteht jetzt darin, das zu sein, was wir über das Leben entdeckt haben. Unserer Verantwortung ist jetzt die Weisheit anvertraut. Nur wer lange genug in dieser Gesellschaft gelebt hat, kann über genug Einsicht verfügen, um sagen zu können, was sie braucht und was sie lieber bleiben lassen sollte.

Zum Beispiel können diejenigen, die dem Druck des täglichen Arbeitenmüssens enthoben sind, am ehesten verstehen, wie dieser sich auf den Geist des Menschen auswirkt. Somit wäre am ehesten die ältere Generation in der Lage, uns allen eine andere, bessere Lebensart aufzuzeigen.

Forscher haben herausgefunden, dass die Amerikaner viel weniger Zeit zum Nachdenken haben als die Menschen fast jeder anderen Kultur auf der Welt. Die USA sind in der westlichen Welt das Land, in dem die Menschen am meisten nach Urlaub und Ferien hungern. So ist zum Beispiel in einem Großteil Europas ein Minimum von mehreren Wochen Ruhe und Urlaub pro Jahr Standard, während viele Amerikaner jährlich kaum zwei Wochen bezahlte Urlaubszeit haben.

Laut Joe Robinson, dem Verfasser des Buchs *Work to Live* und Gründer der »Work to Live Campaign« in den USA, würden zum Beispiel die jährlichen Arbeitsstunden der Amerikaner, wenn man sie auf die Arbeitszeiten in Deutschland aufteilen würde, zwei volle Arbeitsmonate mehr pro Jahr ergeben.

Indem die Älteren eine entspanntere Gangart einschlagen, sich wieder Zeit zum Lesen nehmen, neuen Fragen nachgehen und sich aktiv an den Tagesdiskussionen beteiligen, haben sie die Möglichkeit, uns eine aus der Erfahrung stammende Weisheit zu bringen.

Ältere Menschen haben das, was diese Welt am meisten braucht: die Art von Erfahrung, die die nächste Generation vor den Irrtümern der Generation vor ihnen bewahren kann. Sie gehören zur Generation derjenigen, die zum Beispiel die abgrundtiefen Entsetzlichkeiten von Völkermord und Holocaust kennengelernt haben. Diese Generation weiß, dass ein Krieg nur die Saat für den nächsten Krieg ausstreut. Diese Generation weiß, dass kein hemmungsloser Individualismus mehr möglich ist, denn in dieser sich verändernden Welt müssen wir zusammenhalten. Die ältere Generation weiß, dass langfristig für uns nur das gut ist, was schon hier und jetzt für alle gut ist. Das ist Weisheit. Die Weisheit besteht nicht darauf, alles so zu machen, wie man es schon immer gemacht hat. Sie ist die Fähigkeit, alte Wahrheiten heute lebendig in Erinnerung zu rufen.

Nur die Älteren haben die guten wie die schlechten Entscheidungen der Vergangenheit durchlebt. Folglich verfügen sie über die Weisheit, uns auf Alternativen aufmerksam zu machen und – mit dem Blick auf die Geschichte – die derzeitigen Optionen richtig einschätzen zu können.

Die Rolle der Älteren besteht darin, ihre Weisheit in die Entscheidungsrunden der heutigen Welt einzubringen, in denen allzu oft nur Pragmatismus herrscht. Die Welt braucht Männer und Frauen, die die Frage aufwerfen, was getan werden kann und muss. Es ist die Erfahrung der Älteren, die der Welt sagen kann, dass Gewalt nicht der einzige Weg zur Lösung eines Problems ist. Nachdem sie Deutschland und Japan unter ihrem jeweils eigenen Militarismus haben leiden sehen, wissen sie, dass Gewalt nicht der beste Weg ist, um Sicherheit zu gewährleisten. Sie wissen auch, dass Geld wahrscheinlich nicht die Antwort auf ein Problem ist. Sie wissen, dass es einem Land ans Mark geht, wenn Korruption die Integrität zersetzt, und dass der Machtdurst in Paranoia umschlagen kann, wie es in den USA in der Ära McCarthy der Fall war.

Wer die ältere Generation aus der Öffentlichkeit entfernen würde, der würde die Erinnerung der Welt und die Sensibilität von Generationen auslöschen. Die Atombombe zu erfinden war einfach. Aber ihren Einsatz zu verhindern, das gehört zu den wichtigsten Aufgaben dieser Zeit. Und dazu bedarf es großer Weisheit.

Die Weisheit besteht nicht darin, mit der Vergangenheit verheiratet zu sein. Weisheit ist die Fähigkeit, deren Ideale hochzuhalten. Oder wie der japanische Dichter Basho schrieb: »Ich versuche nicht, den Fußstapfen der Früheren zu folgen. Ich suche lediglich, was sie suchten.«

Und warum müssen die Älteren in einer Gesellschaft sich in die Fragen ihrer Zeit einmischen? Schon allein deshalb, weil sie die Einzigen sind, die in aller Freiheit die

Wahrheit sagen können. Sie haben nichts mehr zu verlieren: nicht Status, nicht Kämpfe, nicht Geld, nicht Macht. Sie sollten die Propheten einer Gesellschaft sein, ihr Kompass, ihre Wahrheits-Sager.

Nein, die älteren Menschen sind in einer Gesellschaft nicht überflüssig – es sei denn, sie machen sich selber dazu. Aber in einer Gesellschaft voller Techniker und Bürokraten die Stelle der Seher und Weisen unbesetzt zu lassen, hieße, die Welt aufzugeben, die wir eingerichtet haben. Jetzt sind wir aufgefordert, all das auszuwerten, was wir getan haben, verloren haben, im Begriff sind, zu verlieren – und keine Mühe zu scheuen, das allgemein bekannt zu machen. Die Aufgabe der älteren Generation ist es, das Licht des Scheinwerfers zurück auf unsere besten Ideale zu richten, während die Lichter unserer Seele schwächer werden. Wir müssen es tun, bevor es zu spät ist.

Eine Last dieser Jahre laden wir uns auf, wenn wir die Vorstellung übernehmen, zur Rettung eines Volkes könnten wir nichts mehr tun, wenn eine jüngere Generation am Ruder ist.

Ein Segen dieser Jahre besteht darin, die Möglichkeit zu erkennen, in einer Welt, die ins Nirgendwo rast und kein menschliches Ziel und keine gelebte Weisheit mehr vor Augen hat, die Rolle von Denkern, Philosophen, Diskussionspartnern, Fragenden und spirituellen Führern zu übernehmen.

Traurigkeit

Der englische Philosoph Francis Bacon sagt: »Am besten ist es, altes Holz zu verbrennen, alten Wein zu trinken, alten Freunden zu vertrauen und alte Autoren zu lesen.«

Damit hatte er sicher Recht, zumindest aus einer bestimmten Sicht. Im Älterwerden steckt der Zug, uns etwas gehen zu lassen. Wir neigen dazu, immer den gleichen Spurrillen zu folgen, nicht weil wir keine anderen Wege, Orte oder Menschen mehr ansteuern könnten, sondern einfach, weil wir uns nicht mehr die Mühe machen wollen. Es kostet nicht nur besondere Anstrengung, neue Menschen kennenzulernen, neue Ideen zu entwickeln, über neue Themen zu reden und sich neue Verhaltensmuster zuzulegen, sondern es bedarf auch einer neuen Aufmerksamkeit. Das Denken und Gehen in vertrauten Bahnen dagegen hat etwas Tröstliches an sich. Es versichert uns, dass es das Leben, wie wir es gekannt haben, immer noch gibt und dass es immer noch trägt und sicher ist.

So neigen wir dazu, uns mit vertrauten Freunden, Speisen, Orten, Vorhaben und Ideen zu begnügen. Das ist leichter. Zudem ist es nicht nur leichter, sondern auch befriedigender. All dies macht unsere Identität aus und macht uns zudem Freude. Es sagt uns, wer wir sind, wer wir immer gewesen sind, wohin wir gehören und warum.

Aber wenn man sich ganz und gar und ausschließlich darin einrichtet, wo und wie man schon immer gewesen ist, kostet das seinen Preis. Der Preis der Vertrautheit ist die Angst vor dem Verlust, diese Angst, die sich mit dem Gefühl einschleicht, dass die alten Selbstverständlichkeiten des Lebens eine nach der anderen verschwinden: Die Scheune nebenan gibt es nicht mehr, der Sportverein wurde aufgelöst, das Bekleidungsgeschäft, wo man unsere Konfektionsgrößen kannte, wurde geschlossen. Während ein Element ums andere verschwindet, nimmt unser Empfinden zu, dass wir allmählich eine Welt für uns selber werden, die niemand mehr kennt.

Kein Wunder, dass da im Laufe der Jahre ganz natürlich eine gewisse Melancholie einsetzt. Die uns umgebende Welt beginnt sich zu verändern, und Stück für Stück verschwindet die Welt, die uns geformt hat, ohne dass wir es recht merken und ohne dass sie recht Abschied von uns nähme. Aber dann kommt uns plötzlich eines Tages in einem emotionalen Wirbelwind alles Schöne dieser Jahre wieder in den Kopf. Das Problem ist nur, dass sich außer uns kein Mensch darum schert. Diese Jahre haben ein Stück von uns selbst mitgenommen. Soll man ihr Verschwinden betrauern – oder feiern?

Das Leben, das vergangen ist, hat uns geformt. Und was uns traurig macht, ist nicht so sehr, dass es dieses Leben nicht mehr gibt, sondern es ist die Frage, ob es das, was dieses Leben in uns geformt hat, noch gibt. Die Erinnerung an die Zeit, als wir lernten hinzuknien und unser Gutenachtgebet zu sprechen und uns aufrecht hinzustellen, um unsere Kirchenlieder zu singen, hat heute natürlich als solche nichts von absolutem Wert mehr an sich. Aber was es wert ist, genauer überlegt zu werden, ist vielleicht, ob etwas von dieser frühen Frömmigkeit in uns noch lebendig ist. Der Schmerz, der mit der Erinnerung an die eigene verloren gegangene Frömmigkeit aufkommt, ist eine gute Art Schmerz. Er bedeutet, dass etwas in uns immer noch an der

Unschuld der Kindheit festhält. Wir sind nicht annähernd so abgestumpft, nicht annähernd so ungläubig geworden, wie wir gedacht hatten. Wir haben uns jetzt von der schwer errungenen Wahrheit zur schwer errungenen Tugend fortbewegt, zu der Art Tugend, die der Mensch auf dem schweren Weg erlernt. Erst wenn wir die Regeln gebrochen haben – wenn wir aufhören, uns Sorgen darüber zu machen, dass die Leidenschaften unserer Jugend unser ewiges Heil gefährden könnten –, haben wir unsere Lektionen wirklich gelernt. Jetzt wissen wir: Falls wir die Gegenwart Gottes in unserem Leben vergessen, fühlen wir uns schrecklich allein. Und es ist nicht zu bezweifeln: Es gibt Augenblicke aus unserer Vergangenheit, die, wenn sie wieder aufblitzen, uns auf schmerzliche Weise ganz neu auf etwas aufmerksam machen.

Die uns zuweilen ankommende Traurigkeit will uns zudem auch sagen, dass das Alter, einschließlich unseres eigenen, seinen Wert hat. Wir wissen von Weinen und Käsen, die, wenn sie gut reifen, ihre beste Qualität, ihren besten Geschmack erreichen und ihren Wert im Laufe der Zeit voll behalten, ja steigern. Das Altwerden an sich genügt nicht. Es geht darum, *gut* alt zu werden: Das ist das Ziel des Lebens. Wenn wir ohne Vitalität, ohne Energie, ohne Zweck es über uns ergehen lassen, dass wir altern, heißt das einfach zu altern, und nicht, *gut* alt zu werden.

Das Altern ist der Prozess, mit dem wir uns jeweils den Aufgaben einer Lebensphase stellen. Die Aufgaben, denen wir uns nicht stellen oder die wir aufschieben, bleiben immer etwas Unerledigtes, das uns in späteren Jahren einholt, um noch bewältigt zu werden.

Das Leben will uns in der Fähigkeit zur wechselseitigen

Abhängigkeit ausbilden und uns in ein Erwachsensein hineingeleiten, das mit einer Lehrzeit beginnt und mit dem Meisterbrief endet und uns schließlich auf den Gipfel der Integrität, der Weisheit, des Alt- und Reifseins in einer weltweiten Gemeinschaft führt. Es ist ein Reifungsprozess auf dem Weg, und wir werden dabei stärker, fürsorglicher, fruchtbarer und teilen mit zunehmendem Reiferwerden unsere Weisheit mit anderen, so dass die hinter uns Gehenden den Weg deutlicher erkennen können.

Die Traurigkeit darüber, Freunde verloren zu haben, ist dann die Traurigkeit, die sich einstellt, wenn die Gefährtenschaft aufhört, die uns durch alle früheren Stadien unseres Lebens getragen hat, und damit alles gemeinsame Lachen und Lernen. Wir verlieren den Kontakt mit ihnen, sie ziehen weg, sie verschwinden. Sie lassen uns zurück, und wir sind auf unsere eigenen Fähigkeiten angewiesen. Oder vielleicht waren wir es, die sie verlassen haben, weil uns etwas Glänzenderes anzog, und wir entdeckten erst viel zu spät, dass nichts anderes im Leben es an Qualität mit dieser Gemeinsamkeit aufnehmen konnte. Dann geht uns auf, dass wir jeden Berg besteigen können, solange wir mit jemandem angeseilt sind, der mindestens so gut ist wie wir. Die Bilder kommen und gehen mit den Jahren, und mit ihnen die Erinnerungen an unverdiente Liebe.

Schließlich erinnern wir uns an die berühmten Helden und Heldinnen, die hehren Ideen, die großartigen Taten, die uns aus der Vergangenheit überliefert sind. Als wir jung waren, richteten sie unsere Herzen auf höhere Ziele aus. Sie erfüllten uns mit dem Gefühl, dass im Menschen etwas Großartiges stecke. Sie wirkten auf unsere Seele wie ein Magnet. Was ist aus ihnen geworden? Was ist aus uns geworden? Haben wir das Niveau eines oder einer von ihnen erreicht? Die Traurigkeit überkommt uns, weil wir wissen, dass wir in unserem eigenen Leben so werden wollten wie sie, so rein, so furchtlos, so wahrhaftig. Aber irgendwo unterwegs nahm uns das Leben derart in Beschlag, wurde uns zu anstrengend und zu kompliziert, als dass wir das geschafft hätten. Und so ist jetzt unser Leben noch nicht zu Ende. Es gibt noch so viel Unerledigtes zu erledigen; so vieles muss eigentlich noch ausgesprochen und gesagt und an andere weitergegeben werden. So können wir – wie diese Helden und Heldinnen früherer Generationen – wirksam unseren Beitrag dazu leisten, die Welt ein klein wenig besser zu machen.

Eine Last dieser Jahre ist der Wunsch, der natürlichen Traurigkeit nachzugeben, die sich einstellt, wenn das Ende unseres Lebensweges abzusehen ist, und uns auf eine Weise ans Leben zu hängen, die das gegenwärtige Leben unattraktiv und deprimierend erscheinen lässt.

Ein Segen dieser Jahre ist die Wahrnehmung: Es gibt für uns immer noch so viel zu tun, dass wir gar keine Zeit und kein Recht zum Traurigsein haben.

Träume

Die amerikanische Dichterin Anne Sexton schreibt: »Im Traum ist man nie 80.«

Ganz gleich, was mit dem Körper passieren oder welchen Tribut das Alter dem Leib abverlangen mag, der Geist wird nicht alt. In unseren Träumen und in der Art, wie wir uns selbst sehen, bleiben wir immer am Werden. In unseren Träumen sind wir immer ein jüngeres Selbst, ein selbstbeherrschter, energiegeladener, selbstbestimmter Mensch mit einem eisernen Willen.

Unsere Träume offenbaren uns die Grundwahrheit über das Leben: Die Jahre sind biologisch, der Geist ist ewig. Die Zahl unserer Jahre definiert uns nicht. Im Menschen gibt es eine Lebenskraft, die niemals stirbt. Diese Lebenskraft beweist, dass uns das Alter nicht versteinert. Tief in unserem Inneren, dort, wo unsere Seele lebt, bleiben wir für immer jung. Diese aufquellende, vorwärtstreibende Kraft führt uns jeden Tag an die Theke des Lebens, um das Leben wieder neu in vollen Zügen zu kosten – ganz gleich, wie alt wir sind oder wie viel wir schon durchgemacht haben. Es ist nur das kalte, klare Licht der Dämmerung, das den Blick trübt; es ist die Angst in uns, dass die Jahre uns über das Recht zum Aktivsein hinausgeführt hätten. Es ist unsere eigene Schuld, wenn wir uns weigern, weiterhin allen unseren großen Vorstellungen vom Leben und von unserer eigenen Rolle darin nachzugehen.

Der Mensch im Menschen, die Persönlichkeit und die Seele in einem alternden Körper bleiben immer wach, ja dynamisch. Selbst wenn wir merken, dass wir physisch vielleicht weniger aktiv sind als früher, ringt unser Geist mit den Idealen der Seele, und unser Herz achtet immer wieder genau auf jede Gemütsregung gegenüber dem Leben, auf jede größere Kurve des Weges. Wir sind für immer, solange wir leben, irgendwie in Bewegung.

Um lebendig zu bleiben, voll und ganz lebendig, müssen wir uns für die ewigen Träume des Lebens offenhalten. Wir müssen davon träumen, morgen bessere Menschen zu sein als heute. Wir haben nicht das Recht, mit dem Weiterwachsen aufzuhören, bloß weil man vom Alter annimmt, dass sich diese Möglichkeit erschöpft. Aber das heißt, willens zu sein, alle bisherigen Vorstellungen gründlich zu überdenken. Sind sie noch glaubhaft? Sind wir immer noch von ihnen überzeugt? Und falls nicht – was sollen wir dann den jungen Menschen sagen, die wir im Sinne dieser Vorstellungen beeinflusst haben?

Eines der Probleme der heutigen Zeit ist der Umstand, dass uns die Welt der Technologie mehr fasziniert als die Welt der Spiritualität. Wir wissen recht gut über all die wissenschaftlichen und technischen Wunder Bescheid, die die Welt hervorgebracht hat. Andere Elemente des Lebens, die viel wichtiger und viel folgenreicher für unsere menschliche Gesellschaft sind, neigen wir hingegen zu übersehen, bloß weil sie nicht so augenfällig sind. Eines von ihnen ist für die älter Werdenden besonders wichtig. Es ist die Tatsache, dass die Träume, die letztlich die Qualität unseres Lebens bestimmen, nie sterben und dass es nie zu spät ist, sich nach ihnen auszustrecken. Bei uns Menschen hört die Fähigkeit nie auf, unser Denken zu ändern, neu anzufangen, neu anzusetzen und anders zu werden als bisher.

Robert McNamara, der ehemalige Verteidigungsminister unter John F. Kennedy und Lyndon B. Johnson, erklärte im Alter von 81 Jahren öffentlich, nach reiflicher Überlegung könne er den Einsatz der USA in Vietnam nicht mehr gutheißen. Zudem könne er sich die Rolle, die er dabei gespielt habe, nicht verzeihen.

Mehr noch: Nach vielen Jahren in maßgeblichen öffentlichen Ämtern schrieb McNamara ein Buch darüber und wirkte bei der Verfilmung von Errol Morris' preisgekrönter Dokumentation *The Fog of War* mit. Schon dieser Dokumentarbericht war ungewöhnlich, und erst recht der Umstand, dass der Mann, der ihn verfasst hatte, einer der Hauptverantwortlichen für die Kriegsführung der USA in Vietnam gewesen war. Robert McNamara, der vor seiner Berufung zum US-Verteidigungsminister Chef von Ford gewesen war, hatte noch einmal gründlich über alles nachgedacht, was er in der Vergangenheit getan hatte: warum er es getan hatte und was er hier und jetzt davon hielt. Und er war zu dem überraschenden Schluss gekommen: »Obwohl wir versuchten, das Richtige zu tun – und auch meinten, es zu tun –, zeigt sich meiner Einschätzung nach im Rückblick, dass wir das Falsche getan haben.«[22]

Zu dieser Einschätzung war er 25 Jahre nach dem Ende dieses Krieges gekommen, zu der ihn eine reifere Vision von menschlicher Tugend und nachhaltiger politischer Veränderung geführt hatte. Dazu gehörte Mut. Denn andere hochrangige und maßgebliche Zeitgenossen, die ebenso wie er an der Führung des damaligen Krieges beteiligt gewesen

22 Bill Wallace, »McNamara Comes Clean About the Vietnam War« in: *San Francisco Chronicle*, www.sfgatecom (12.2.2007).

waren, weigerten sich, auch so zu denken und sich auf Gespräche einzulassen, nicht mit den Vietnamesen von damals und nicht einmal untereinander in den USA.

Schon der Umstand an sich, dass da jemand frühere Wertvorstellungen einer kritischen Überprüfung unterziehen konnte, ist für uns alle ein deutlicher Hinweis, dass es möglich ist, sein Leben lang weiter dazuzulernen. Noch wichtiger ist es, dass man dafür offen ist, dies zu tun, und sogar bereit ist, dies anderen mitzuteilen. Das Leben macht uns reifer. Das Leben formt uns. Das Leben bekehrt uns. Das Leben macht uns im Laufe des Älterwerdens offener, so dass wir anders denken, sogar über uns selbst.

Wir müssen ganz unabhängig von unserem physischen Alter Träume vom Wünschenswerten entwickeln, um unseren bescheidenen Beitrag zu dessen Verwirklichung leisten zu können. Wenn man sich einfach vom Forum der Ideen, von der gemeinsamen Erörterung öffentlicher Fragen, von der Weitergabe von Werten an die Jugend zurückzieht – also nur noch schulterzuckend sagt: »Ich weiß auch nicht« oder schlimmer noch: »Das ist mir jetzt alles gleich«, heißt das, dass man die Jungen auf Gedeih und Verderb ihren eigenen Ideen überlässt, ohne ihnen aus der eigenen, längeren Erfahrung wertvolle Anregungen zu geben.

Wir dürfen unsere Träume nicht unterdrücken. Wie anders könnte das Leben aussehen, wenn genügend viele Menschen auf die Verwirklichung ihrer Träume hinarbeiten würden! Wir müssten dazu alle Annahmen, die die Welt bis an den jetzigen Punkt gebracht haben, überprüfen. Am Ende würde eine Weisheit stehen, die auf der Erfahrung auf allen Gebieten beruhen würde: auf der

Erfahrung unserer Fehler und Ideale, unserer Verluste und Einsichten, unserer Leiden und unserer kleinen Freuden im bisherigen Leben und unter den derzeitigen Umständen.

Eine Last dieser Jahre stellt sich ein, wenn wir meinen, die Zeit, in der wir noch etwas erträumen könnten, sei vorbei. Dann versinken wir in der Vergangenheit. Wir weigern uns, weiter zu reifen. Wir deuten von vergangenen Fehlern her unser ganzes Leben.

Ein Segen dieser Jahre ist die Fähigkeit, weiterhin Träume zu haben, und die damit verbundene Freiheit, in die Wahrnehmung unserer Welt – so klein und eingeschränkt sie sein mag – die Stimme der Reflexion, der Vernunft, des Gefühls, der tieferen Wahrnehmung einzubringen. Das bringen wir fertig, wenn wir zugeben, dass wir im Leben einiges falsch gemacht haben, und es kritisch überprüfen und berichtigen.

Einschränkungen

Die amerikanische Menschenrechtlerin Maggie Kuhn sagte: »Hohes Alter ist keine Krankheit. Es ist Stärke und Überlebenskunst.«

Falls wir übersehen, dass wir unvermeidlich auf dem Weg ins hohe Alter sind, merken wir gar nicht, welches Geschenk all diese Jahre sind. Uns entgeht die tiefe Einsicht, dass wir nie zu jung sind, um uns vorzustellen, wie wir als alte Menschen sein werden: Schon jetzt, in diesem Augenblick, formen wir die Gestalt, die wir in künftigen Jahren sein werden, und auch den Weg dahin. Früher oder später kommen wir alle an den Punkt, an dem wir uns vorstellen, wie wir in unsere letzte Lebensphase eintreten werden. Wir werden uns ernsthaft und in Ruhe fragen, welche Art Mensch wir dann sein möchten, um gleich jetzt anfangen zu können, dieser Mensch zu werden. Falls wir Glück haben, lernen wir ältere Menschen kennen, die uns genau dazu herausfordern – womöglich einfach dadurch, dass sie sie selbst sind.

Ein besonders markantes Beispiel für dieses »Ganz-ich-selbst-Sein« war die Gründerin der Bewegung »Gray Panthers« in den USA, Maggie Kuhn. Sie war klein und zerbrechlich wie ein Vögelchen und ragte kaum über den Rand eines Rednerpults hinaus. Und sie war eine Frau. Aber sie hatte es in sich.

In den 1980er Jahren war natürlich viel von den Frauen die Rede, aber man sah immer noch nicht viele öffentlich auftreten. Maggie Kuhn schien kaum der Typ zu sein, die Schrittmacherin für ein ganz neues Phänomen zu werden:

dass ältere Frauen sich in der Öffentlichkeit unüberhörbar zu Wort melden. Aber überall, wo sie auftrat, sprangen am Ende die Menschen auf – Männer genauso wie Frauen –, jubelten ihr begeistert zu und riefen in Sprechchören ihren Namen.

Maggie Kuhn, geboren 1905, war mit 65 Jahren als Seminarleiterin in der Presbyterianischen Kirche in den Ruhestand gegangen. Dann hatte sie eine Bewegung gegründet, die binnen 15 Jahren zu einer der einflussreichsten Seniorengruppen der Welt wurde. Sie hatte sich mit ihrer Gruppe für die Reform der Pflegeheime eingesetzt und gegen die Diskriminierung der Alten und für die Abschaffung des sozialen Vorurteils des »disengagement« gekämpft: also gegen die Vorstellung, ältere Menschen sollten aus dem öffentlichen Leben herausgehalten werden und sich heraushalten. Das sah sie genau umgekehrt.

Dank der »Gray Panthers« kam in den USA eine Gesetzgebung auf den Weg, die das Los der älteren Amerikaner spürbar erleichtern sollte. Dabei ging es um eine bessere wirtschaftliche Unterstützung der Alten und den Kampf gegen die Altersdiskriminierung und deren praktische Folgen. Diese Gesetzgebung wurde schließlich vom Senat gebilligt und, was das Beste daran war, sie veränderte spürbar die Stellung der Alten im öffentlichen Bewusstsein.

Mit Maggie Kuhn begann eine ganze neue Bevölkerungsschicht öffentlich gegen die Diskriminierung der Alten aufzubegehren. Die Alten erwiesen sich als äußerst lebendig und in Bewegung.

Und wir sind ihre Erben.

Aber ist die Vorstellung realistisch, dass Menschen in

weit vorgerücktem Alter – also weit über die 80 hinaus – noch wirklich in der Öffentlichkeit etwas bewegen können? Wie kann man von denjenigen, die geradezu ihrer Definition nach auf die eine oder andere Weise eingeschränkt sind, erwarten, dass sie eine neue Gesellschaft formen könnten? Können sie ihre eigenen sozialen Verhältnisse wirklich spürbar verändern – geschweige denn diejenigen aller anderen? Sie tragen Hörgeräte. Sie werden am Grauen Star operiert. Sie fahren nicht mehr Auto. Das alles mag ja sein. Aber was sie tun können, das tun sie mit immer mehr Energie und Zielstrebigkeit.

Sie kennen sich gut genug mit dem Computer aus, um Kontakt untereinander aufzunehmen. Sie kennen sich in der Firmenwelt aus und können organisieren, denn schließlich haben viele von ihnen selbst eine Firma geleitet. Sie kennen sich in der Regierung aus, denn viele von ihnen hatten auf den unterschiedlichsten Ebenen mit ihr zu tun, und sie können diese ganze Erfahrung einbringen, diese Leidenschaft, dieses Engagement, um in der Politik etwas zu verändern – ganz gleich, welche persönlichen Einschränkungen jeder von ihnen inzwischen haben mag. Maggie Kuhn pflegte zu sagen: »Die alten Menschen stellen Amerikas größte unerschlossene und unterbewertete menschliche Energiequelle dar.«

Die Älteren können allen anderen, gleich welchen Alters, auch zeigen, welche Kraft in Einschränkungen steckt. Es stimmt: Sie sind nicht mehr so jung, wie sie einmal waren, und sie gehen nicht mehr so schnell wie früher, falls sie überhaupt noch gehen können. Sie mögen vielleicht keine größeren politischen Auftritte organisieren oder Spenden sammeln. Aber was sie für uns tun, kann niemand anderer tun. Sie regen uns an, den Sinn von »Einschränkung« neu zu überdenken.

Einschränkungen – diese physischen Grenzen, an die die Alten stoßen – sind nicht in jeder Hinsicht Grenzen. Es stimmt, dass sie Zeit und Energie kosten, aber sie bremsen uns nur dann völlig aus, wenn wir selbst beschließen, nicht mehr weiterzugehen. Einschränkungen auf einem Gebiet veranlassen uns, uns auf einem anderen Gebiet weiter zu entwickeln. Wenn die eigenen Beine zu schwach werden, werden dafür die Arme stärker, die man braucht, um in den Rollstuhl hinein- und aus ihm herauszukommen. Wenn das Hören schlechter wird, kann man dafür mehr Briefe schreiben. Einschränkungen wecken zu jeder Zeit und in jedem Alter in uns etwas Neues, an das wir bislang noch gar nicht gedacht hatten.

Sie machen uns auch deutlicher auf die Bedürfnisse anderer aufmerksam. Es bedarf mancher Einschränkung, um uns ein Gespür für die Nöte anderer beizubringen. Wenn unsere eigenen Augen nicht mehr so gut sind wie früher, setzen wir uns dafür ein, dass alle Menschen Sehhilfen bekommen. Und wir werden alles dafür tun, dass wir uns damit auch durchsetzen.

Wenn wir eingeschränkt sind, gibt uns das die Möglichkeit, uns in Demut und Geduld zu üben. Wir sind dann nicht mehr so überheblich wie früher. Dafür werden wir zäher denn je. Weil wir inzwischen wissen, wie schwer es sein kann, aus einem Stuhl herauszukommen, das Zimmer zu durchqueren und uns etwas zum Abendessen zu machen, sind wir auch nicht mehr auf sofortige Ergebnisse aus. Wir können jetzt warten. Wir können etwas mehrmals versuchen. Weil wir gelernt haben, die routinemäßigen physischen Verrichtungen anders anzugehen, haben wir auch gelernt, hartnäckig dranzubleiben: etwa telefonisch einen Politiker zu erreichen, ein Gesuch einzureichen oder einen Leserbrief in der Zeitung abgedruckt zu bekommen.

Und schließlich laden Einschränkungen andere ein, mit Hand anzulegen. Wir können die Bedürfnisse anderer zum Anlass nehmen, Gemeinschaft zu schaffen. Sie bekommen dann Anteil an unseren Gaben, und umgekehrt bereichern auch sie uns.

Wir werden zu Propheten der Armen und Unbekannten, der Eingeschränkten und Ungeliebten, der Bedürftigen und Vergessenen. Damit schließen wir uns dem Rest der Menschheit an, der genauso eingeschränkt ist wie wir, mögen die Einzelnen das bereits wissen oder nicht.

Einschränkungen schaffen Gegenseitigkeit. Indem wir anderen helfen, helfen wir uns selbst. Indem wir anderen helfen, weiten wir unseren Aktionsradius aus.

In Wirklichkeit ist es so, dass wir nur so eingeschränkt sind, wie wir es sein wollen. Definieren wir uns selbst nur anhand unserer Einschränkungen, so verkennen wir, zu welch größeren Dingen sie uns aufrufen. Maggie Kuhn wurde zur modernen Heldin durch die Art, wie sie sowohl das Altsein als auch ihre physischen Grenzen überstieg. So wurde sie zu jener starken, scharf denkenden, visionären Persönlichkeit, die wir dringend gebraucht hatten.

Maggie Kuhn war der Inbegriff der Visionärin. Sie war das Musterbeispiel der Erfahrung in Aktion. Sie war tapfer und klug und hartnäckig. Deshalb wurde sie zur geliebten Großmutter aller, zum Idol und zum besseren Ich vieler Menschen. Sie war das, wovon wir uns wünschen, dass es im Laufe der Jahre auch in uns lebendig ans Licht kommt.

Alter und Einschränkungen sind keine Entschuldigung dafür, dass man in unserer Welt zur Nichtperson wird, in dieser Welt, die mehr denn je starke Vorbilder für Wahrhaftigkeit und Mut, Visionen und neue Initiativen braucht. Maggie Kuhn war das, was die Welt von den Älteren erwartet: Quelle der Weisheit und Wahrheit und Zeichen einer besseren Zukunft für uns alle.

Eine Last dieser Jahre bekommen wir zu spüren, falls wir angesichts unserer Einschränkungen kapitulieren, so als würden sie das Alter ganz und gar definieren und nicht nur einen Aspekt des Lebens darstellen.

Ein Segen dieser Jahre ist, dass uns endlich aufgeht, was wirklich zählt, und dass die Welt darauf wartet, es zu hören. Wir müssen uns nur bemühen, es mitzuteilen, statt uns von unseren Einschränkungen daran hindern zu lassen.

Allein sein

Der Psychoanalytiker C. G. Jung lehrt: »Für den jüngeren Menschen ist es fast eine Sünde – und gewiss eine Gefahr –, sich zu sehr mit sich selbst zu beschäftigen. Aber für den älteren Menschen ist es eine Pflicht und Notwendigkeit, ernsthaft auf sich selbst zu achten. Nachdem die Sonne ihr Licht auf die ganze Welt geworfen hat, zieht sie ihre Strahlen zurück, um sich selbst zu erhellen.«

Dieser große Psychologe des inneren Lebens brachte den Menschen zu Bewusstsein, dass das Leben sich in Stufen entwickelt. Auf einigen dieser Stufen ist man mehr auf die Außenwelt konzentriert, auf anderen konzentriert man sich fast ganz auf die Innerlichkeit, auf das Nachdenken, auf die Sinnsuche. In der Endphase des Lebens scheint es darum zu gehen, in allem, was sich bislang abgespielt hat, einen Sinn zu erkennen.

Jetzt bedarf es der Fähigkeit, sich zu fragen, was im Laufe des Lebens alles mit einem geschehen ist; warum es geschehen ist; wie wir mit all dem umgegangen sind, und vor allem, welchen Sinn das für uns heute haben könnte. Und natürlich bedarf es außerdem des Mutes, sich den Antworten auf Fragen wie diese zu stellen.

Aber das lässt sich nicht mitten im Chaos tun. Das geht nur im Zentrum der Seele und mit unbarmherziger Aufrichtigkeit. Jetzt ist die Zeit gekommen, mit Ausreden aufzuhören. Jetzt ist es an der Zeit, die Schlacken des Lebens wegzuspülen. Und es ist Zeit, die Siege zu feiern – sogar die Siege, von denen auch Menschen, die uns am besten zu kennen meinen, gar nichts wissen. Ganz bestimmt waren es diese Siege, die aus uns neue und bessere Menschen gemacht haben.

Ja, diese Art von Denken und Nachdenken gelingt nur dann wirklich gut, wenn man allein ist. Wenn wir ganz allein mit uns selbst sind, kommen all die Menschen wieder, die wir jemals gekannt haben und die in uns noch ganz lebendig sind. Sie kommen, damit wir klarer sehen, wo wir waren, besser begreifen, was aus uns geworden ist und deutlicher überblicken, was noch ansteht, damit wir aus diesen letzten Jahren die besten unseres Lebens machen.

»Jetzt sind sie alle fort«, sagte die Frau. »Mein Mann ist jetzt schon fast zehn Jahre tot, und mein Sohn und seine Familie leben in Kalifornien.« War also gar niemand mehr bei ihr? »Ja, gar niemand ist mehr hier«, fuhr sie fort. »Manchmal besuchen mich meine Schwester und ihre Tochter. Und ich fahre auch zu ihnen, ein- oder zweimal im Jahr. Aber das ist zu weit, um öfter hinzufahren.« Diese Worte könnte man einfach überhören, sie als Beschreibung der unglücklichen Umstände einer persönlichen Situation auffassen, wenn sie nicht so allgemein wahr wären. Ein älterer Mensch, der ganz allein lebt, ist heutzutage ganz und gar keine Seltenheit. Fast alle leben so, überall. Das Alleinsein stellt die neue Klausur der Alten dar.

Zuweilen wählen Menschen das Alleinsein ganz bewusst. Es gibt eine zunehmende Zahl von Singles jeden Alters, die so leben. Sie lieben die Freiheit, ganz für sich zu sein. Sie schätzen die Erfahrung, einen Ort zu gestalten, der ganz und gar ihnen gehört. Sie nehmen um ihrer Karriere willen einen Job nach dem anderen an, wechseln häufig den Wohnort und leben deshalb allein. Oder sie stehen in der Mitte zwischen zwei Möglichkeiten, zum Beispiel zwischen der, bei den Eltern zu wohnen oder sich anderswo niederzulassen und eine eigene Familie zu gründen. Für sie ist das Alleinsein meist keine Lebensform auf Dauer.

Im hohen Alter dagegen steht man höchstwahrscheinlich gar nicht vor der Wahl, ob man allein leben will. Das wird einem einfach aufgezwungen. Das hat dann überhaupt nichts zu tun mit den romantischen Vorstellungen vom Blockhaus im Wald oder vom Penthouse in der Großstadt oder von der Seniorenresidenz irgendwo am sonnigen Strand. Die Wirklichkeit ist ein leeres Haus oder ein kleines Apartment in den neuen Gebäudekomplexen für Senioren, von denen schon so viele entstanden sind, seit es kaum noch Großfamilien gibt. Es gibt nur noch wenige Menschen, die ganz in der Nähe ihrer Ursprungsfamilie leben. Nicht zuletzt der Arbeitsmarkt hat dafür gesorgt.

Das Problem mit dem Alleinsein ist, dass wir es oft mit Einsamkeit oder Isolation verwechseln. Isoliert zu sein bedeutet, vom Rest der Welt durch Umstände abgeschnitten zu sein, die man nicht selbst bestimmen kann. Da gehen zum Beispiel Menschen überhaupt nicht auf uns ein, so sehr wir uns auch um Kontakt bemühen. Wir leben am Rand, vielleicht auf einem weit abgelegenen Bauernhof. Oder wir sind zu krank, zu schwach, zu scheu, zu wütend, zu weit fort von anderen Menschen, um irgendeine Form von Sozialleben zu führen.

Isolation bedeutet also, von der uns umgebenden Welt entweder abgetrennt oder entfremdet zu sein. Alleinsein ist etwas ganz anderes. Das Alleinsein wählt man. Man sucht es absichtlich, um bei sich selbst zu sein. Wir suchen das Alleinsein um unserer Seele willen. Selbst wenn wir leicht Zugang zu anderen Menschen finden, nehmen wir uns die Zeit, bei uns selbst zu sein. Wir schließen dabei die Welt aus und konzentrieren uns auf das Innere, statt uns immer nur mit den uns umgebenden Dingen auseinanderzusetzen.

Das Alleinsein eröffnet uns die Wunder einer Welt ohne Lärm, einer Welt ohne Wirrwarr, einer Welt frei von allem sozialen Wirbel. Zumindest für eine Zeit lang. Zumindest lange genug, um uns die Wohltat zu gönnen, einfach nur zu *sein*. Wenn die Außenwelt, ihr Geratter und ihr Lärm, ihr Druck und ihre Belästigungen verstummen, sind wir mit uns selbst allein. Dann hilft uns die Stille, in uns selbst hinabzusteigen.

Im Alleinsein warten wir, bis sich aller Lärm legt. Wir können endlich herausfinden, welche Gedanken uns tatsächlich beschäftigen und was wir selbst zu uns sagen – fern all der Worte anderer Menschen, die die Worte unseres eigenen Herzens zu ersticken drohen. Das Alleinsein leert uns von dem Müll, der sich im Laufe der Jahre in uns angesammelt hat. Es lässt uns den tiefen, stillen Ort finden, der das Alter zu einem so gelassenen Lebensabschnitt werden lassen kann.

Im Zentrum unserer Seele gründet ganz tief das Unausgesprochene. Hier warten die Ideen, die wir schon allzu lange nicht mehr zugelassen haben, die wir nicht weiterdenken wollten und konnten. Hier lagern auch die Ideen, von denen wir noch nie wussten, dass es sie in uns gibt. Jetzt, im Alleinsein, haben wir die Möglichkeit, sie hochkommen zu lassen, sie anzusehen, sie im Kopf zu bewegen und sie uns anzueignen – oder sie zu verwerfen, ein für alle Mal. Das sind die Teile in uns, die danach schreien, aufgearbeitet und bereinigt zu werden, nicht mit jemand anderem, sondern in uns selbst. Lohnt es sich, einen alten Groll weiter zu hegen? War ein Verlust langfristig gesehen wirklich ein Verlust? Falls ich in meinem Leben etwas nicht verwirklichen konnte, das ich gern verwirklicht hätte: Worin bin ich stattdessen gewachsen und reifer geworden? Im Alleinsein kommen wir zum Frieden mit uns selbst und dem Leben, das jetzt hinter uns liegt. Wir kommen auf neue Weise wieder in Kontakt mit unserer Vergangenheit. Sie liegt jetzt hinter uns, kann uns jetzt nicht mehr wehtun, kann uns nicht mehr demütigen. Was immer wir in unserem Leben getan haben, wo immer wir waren: Wir sind jetzt das, was wir deswegen sind, sind vielleicht deswegen sogar stärker.

Hier also, auf dem Grund des Brunnens unseres Selbst, liegt unser unvollendetes Selbst, unser wahres Selbst, und wartet darauf, dass wir ihm unsere Aufmerksamkeit widmen. Es stimmt, dass wir an dem, was war, nichts ändern können – außer der Art, wie wir es betrachten. Es stimmt auch, dass wir an dem, was jetzt ist, nur wenig ändern können – außer der Art, wie wir es betrachten. Falls es in uns etwas gibt, das wir noch anpacken müssten, dann ist jetzt die Zeit gekommen, das zu tun.

Im Alleinsein kann man weder vor dem Leben davonlaufen noch vor dem Alterungsprozess noch vor den eigenen Gefühlen. Das Gegenteil ist der Fall. Das Alleinsein fordert einen heraus, sich all dem zu stellen; alles auszusortieren, zu lüften, zu bewältigen und dann ohne die Last des Vergangenen weiterzugehen.

In den letzten Lebensjahren haben wir ein Leben zu leben, das nicht von dem infiziert zu sein braucht, was alles geschehen ist. Wir haben die Pflicht, jetzt gut mit den Menschen um uns herum auszukommen, die dieses neue Leben möglich machen. Wir schulden ihnen das Beste, was wir haben. Und das Beste in uns ist das, was von der Vergangenheit nicht beeinträchtigt ist.

Das Alleinsein zwingt uns, in der Gegenwart Bilanz zu ziehen und die Vergangenheit zu sichten. Leben wir jetzt auf die glücklichste Weise, die die jetzigen Umstände uns ermöglichen? Diese Verantwortung bleibt uns bis zum Ende. Das Alleinsein befähigt uns, uns selbst zu durchleuchten und herauszufinden, was uns möglicherweise daran hindert.

Eine Last dieser Jahre spüren wir, wenn wir das Alleinsein nicht als ein Geschenk begreifen, das auf eine ganz natürliche Weise denen zufällt, die sich die Zeit und den Raum nehmen, ihren eigenen innersten Kern zu erkunden.

Ein Segen dieser Jahre ist, dass das Alleinsein ihr natürlicher Zustand ist. Das Geschenk, gründlich nachdenken zu können, macht die Gegenwart zum Ort, an dem es sich zufrieden leben lässt.

Produktiv bleiben

Der amerikanische Literaturkritiker und Biograf Leon Edel schreibt: »Mit dem Altwerden muss man so umgehen, dass man seinen Geist rege sein lässt und so weiterlebt, als ginge das Leben nie zu Ende. Ich habe immer Tschechow bewundert, der sich noch ein neues Haus baute, als er schon kurz davor war, an Tuberkulose zu sterben.«

Ganz bewusst leben zu wollen, bis man stirbt, dürfte im Leben eine der größten Tugenden sein. Man bleibt leicht auf irgendeiner Lebensstufe einfach stehen, ist zufrieden mit dem, was ist, und will gar nicht mehr noch mehr sein. Aber wenn wir weiterhin aktiv etwas tun – uns mit etwas beschäftigen, aus irgendeinem Grund, für jemanden, für etwas Größeres als uns selbst –, dann geben wir uns bis ans Ende selber her und haben ein volles Leben gelebt. Das ist geradezu die Definition eines erfüllten Lebens. Für manche mag das darin bestehen, an jedem ihrer Lebenstage die Blumen zu versorgen, weiterhin zu schreiben, Klavier zu spielen oder sich dafür einzusetzen, dass die Welt noch etwas besser wird, bevor wir gehen, damit wir sie unseren Nachfahren möglichst gut hinterlassen.

Kein erfülltes Leben ist es, wenn wir uns daran gewöhnen oder sogar Lust daran haben, uns selbst einschrumpfen zu lassen, von innen her trocken und spröde zu werden und mit dem Denken aufzuhören, wo doch das Denken dasjenige ist, was die Welt am meisten braucht. Die hohe Kunst besteht darin, am Leben zu bleiben und aus ihm etwas zu machen, wofür es sich täglich lohnt aufzustehen. Das ist ein Zeichen für die uns umgebende Welt, dass wir alle und jeder Einzelne von uns in die Welt gesetzt sind, um sie anders zu machen als sie vor uns war.

Im Ruhestand geht es nicht darum, ob wir noch arbeiten oder nicht mehr arbeiten. Es geht nur darum, welche Art von Arbeit wir verrichten und aus welchem Grund wir das tun.

Der Unterschied zwischen dem, was ich in meinen frühen Jahren arbeite, und dem, was ich in meinen späten Jahren arbeite, liegt auf der Hand. Der Zweck des Ruhestands besteht nicht darin, uns von aller Arbeit freizustellen. Er ist dazu da, uns von Gleisen zu nehmen, auf die wir gesetzt waren. Arbeit ist nicht als Strafe für unsere Sünden gedacht. Wir sind nicht dazu verdammt, »unser Brot im Schweiß unseres Angesichtes zu verdienen« (Gen 3,19), wie die alten Erbauungsbücher suggerierten. Dabei hatte man anscheinend unbewusst übersehen, dass die Menschen schon lange, bevor die Sünde in die Welt kam, den Auftrag erhalten hatten, den Garten der Welt »zu bebauen und zu hüten« (Gen 2,15). In Wirklichkeit ist die Arbeit dazu gedacht, uns selbst Erfüllung und unserem Leben einen Sinn zu schenken.

Arbeit ist eine für das spirituelle Leben notwendige Dimension. Ohne Arbeit können wir weder die Erde »bebauen und hüten« noch unseren eigenen Paradiesgarten pflegen. Wir sind nicht hier, um einfach die Früchte der Erde zu verbrauchen, sondern wir sind hier, um auch immer wieder neu etwas anzupflanzen, es zu ernten, den Boden aufzulockern, es zu pflegen. Die Arbeit, die wir tun, und die Art und Weise, wie wir sie tun, ist das, was wir den kommenden Generationen hinterlassen.

Arbeit ist also nichts Sklavisches. Arbeit ist etwas Kreatives. Sie ist der Ausdruck unserer selbst, den kein anderer ganz genauso fertigbringt. Sie ist absolut einmalig, vollkommen unser Eigenes. Keine zwei Menschen wischen den Boden auf ganz genau die gleiche Weise. Keine zwei Menschen pflanzen Blumen auf ganz genau die gleiche Weise. Unsere Arbeit ist so unterschiedlich, wie es unsere Fingerabdrücke sind; sie ist so individuell gestaltet wie unsere DNS. Sie ist der Stempel, den wir der Welt aufprägen, die Erinnerungsmarke, die wir hinterlassen.

Weil das so ist, enthebt uns der Ruhestand nicht der Verantwortung, weiterhin die Welt zu hegen und zu pflegen. Mehr noch: Die Arbeit, die wir nach Beginn unseres Ruhestands verrichten, ist keine nutzlose, wertlose Arbeit, nur weil sie keine bezahlte Arbeit ist. Im Gegenteil.

Folglich stellt sich in erster Linie die Frage: Welcher Art von Arbeit sollen wir uns widmen? Die Antwort darauf lautet: Der Arbeit, die dort ansteht, wo wir sind! Es gibt unzählige Möglichkeiten für ehrenamtliche Dienste. Jede gemeinnützige Einrichtung braucht Menschen, die bereit sind, bei ihrer Verwaltung und ihren Aktivitäten ohne Bezahlung mitzuarbeiten. Es gibt die Möglichkeit, beim Besuchsdienst in einem Krankenhaus mitzumachen oder im Hospizdienst bei Sterbenden zu wachen, uns in einem Eine-Welt-Laden oder in Sozialdiensten beim Betreuen von Kindern, beim Ausgeben von Essen oder Kleidern aktiv einzusetzen oder in Gemeinden und Vereinen beim Durchführen von Festen und bei vielem anderem mehr.

Diese Jahre sind aber vor allem dazu da, die eigene Seele sich entfalten zu lassen. In diesen Jahren können wir das Malen lernen oder wieder ein Instrument spielen oder eine Jugendmannschaft trainieren oder Besuche in einem Altenheim machen, damit die dortigen Menschen, von denen viele ganz allein sind, jemanden haben, mit dem sie über etwas Belangvolles sprechen können.

Eine Last dieser Jahre kann es sein, uns nur deshalb für überflüssig zu halten, weil wir nicht mehr an die Arbeitszeiten einer Firma gebunden sind.

Ein Segen dieser Jahre kann sich aus der Möglichkeit ergeben, unseren Teil der Welt so zu verändern, dass er Ausdruck unserer selbst und zugleich auch wohltuend für andere wird.

Erinnerungen

Der englische Schriftsteller W. Somerset Maugham schreibt: »Was das hohe Alter schwer zu ertragen macht, ist nicht das Schwächerwerden unserer geistigen und körperlichen Kräfte, sondern das ist die Last der eigenen Erinnerungen.«

Hier besteht die Aufgabe natürlich darin, die Erinnerungen nicht zur Last werden zu lassen. Vielmehr geht es darum, ihnen die Art von Sinn zu geben, die sie nicht schmerzlich, sondern kostbar sein lässt. Wir sind uns oft gar nicht richtig darüber im Klaren, dass unser Erinnerungsvermögen nicht nur eine mentale Funktion ist, sondern auch viel mit freier Auswahl zu tun hat. Die Entscheidung liegt an uns, welche unserer Erinnerungen an eine bestimmte Zeit und an einen bestimmten Menschen oder Ort oder Augenblick zum gegenwärtigen Zeitpunkt auf unser Leben formend einwirkt.

Das Erinnerungsvermögen ist eine der stärksten Funktionen des menschlichen Geistes. Und es ist auch eine der bestimmendsten. Was in unserer Erinnerung vor sich geht, wirkt sich deutlich auf das aus, was sich in unserem ganzen Leben abspielt. Das Erinnerungsvermögen ist wie ein wildes Pferd: ungezügelt, reiterlos, eigenwillig. Es reißt uns oft irgendwohin mit, wo wir gar nicht hinwollen, oder es führt uns immer und immer wieder an Orte zurück, an denen wir nicht bleiben können, so sehr wir es möchten. So versetzt es uns ständig in den einen oder anderen Zustand, an den einen oder anderen Ort, lässt uns Kraft schöpfen oder macht uns verwirrt und setzt uns einer Welt aus, die in uns noch unvollendet ist. Das Unvollendetsein ist der Preis, den wir dafür zahlen, immer älter zu werden.

Den Jungen begegnet die Erinnerung in der Stimme der Älteren. Diese Stimmen aus der Vergangenheit können sie interessieren oder auch langweilen, und allzu oft erfassen sie gar nicht die Botschaft hinter dem Inhalt. Bei der Erinnerung geht es nämlich gar nicht in erster Linie um das, was sich in der Vergangenheit abgespielt hat. Wichtig ist dabei, was im gegenwärtigen Augenblick in uns selbst vorgeht. Die Erinnerung ist nie wirkungslos. Sie lässt uns nie allein. Sie besteht aus dem Material des Lebens, das dabei ist, zum Mahlgut der Seele zu werden.

Es gibt im Erinnerungsvermögen eine Energie, die man leicht verkennt. Nichts wäre falscher als die Annahme, weil etwas vergangen sei, habe es für die Gegenwart keine Bedeutung mehr.

Das, was immer noch in der Erinnerung präsent ist, hat für uns gerade die meiste Bedeutung. Es zeigt das im Leben Unvollendete an. Es weist auf das hin, was für uns immer noch von emotionaler Bedeutung ist. Es hindert uns daran, das zu übersehen, was wir erst noch voll zulassen müssen, wenn wir mit uns selbst ganz ehrlich sein wollen. Und vor allem: die Erinnerung und der Umgang mit ihr sind das Einzige, was uns zu authentischen Lehrern der Jugend macht. Die Erinnerung zeigt uns, was wir getan haben und jetzt leider nicht mehr tun können, und das, was wir nicht getan haben und jetzt bereuen, weil wir es nicht getan haben. Das alles bleibt in der Erinnerung für immer lebendig da.

»Ich war jung, und mein Vater war streng«, sagte die Frau. Sie war gertenschlank, elegant und machte den Eindruck einer ziemlich beherrschten Persönlichkeit. »Er ließ mich nie zum Tanzen gehen.« Sie hielt kurz inne und blickte in die Ferne. »So lief ich von zu Hause fort«, erzählte sie weiter. »Ich nahm einen Zug und fuhr nach Kalifornien und kam nie mehr heim.« Sie machte wieder eine Pause. »Bis er starb.« Und dann kamen ihr die Tränen. Das Gefühl, dass der alte Mann jetzt hier im Raum präsent sei, war fast mit Händen zu greifen. Sie war in ihren 70ern; die Wunde war immer noch frisch.

Die Erinnerung ist vieles. Sie ist ein Aufruf, in uns das zu lösen, was einfach offen geblieben ist. Sie ist eine Einladung, das froh zu genießen, was vorbei ist, aber zugleich die Goldwährung unseres Lebens darstellt. Sie ist der Wunsch nach Vollendung. Sie ist der Wunsch, dass bleibe, was wir einst hatten und zu früh verloren haben. Sie ist immer eine Gelegenheit zum Heilwerden. Sie bewahrt für uns all das auf, dem wir uns noch stellen müssen und mit dem wir noch ringen müssen, um es zu überwinden, bevor unsere Seele unbeschwert fliegen kann. Ohne Erinnerungen könnten wir im Leben unbekümmert immer weiterspazieren, ohne zu merken, was in diesem Leben noch unvollendet ist, was also noch in uns rumort und darauf wartet, endlich beachtet zu werden.

Das Erinnerungsvermögen ist die eine Funktion des menschlichen Geistes, die an unseren innersten Kern rührt. Es führt uns dorthin zurück, woher wir gekommen sind; und es erinnert uns gleichzeitig daran, was es war, das uns fortgetrieben hat. Es ist der Aufruf, das zu vollenden, was wir vor Jahren begonnen hatten, aber immer noch auf Lösung wartet. Es sagt uns, was uns fehlt und was wir bedauern und womit wir erst noch Frieden schließen müssen, wenn unser Leben je ganz geklärt werden soll.

Das große Geschenk der Erinnerungen besteht darin, unser Leben jederzeit und immer als ein Ganzes sehen zu können. Sie machen aus unserem gesamten Leben ein »piece in progress«, ein sich entwickelndes Stück. Indem ein Teil unserer Seele in der Vergangenheit ist und einer in der Gegenwart, sind wir in der Lage, ein Leben weiterzuschreiben, das in sich stimmig und ganz wird. Dank unseres Erinnerungsvermögens besteht unser Leben nicht einfach aus einer unzusammenhängenden Aneinanderreihung von Handlungen. Alles passt ins Bild unseres Selbst und zu den Zielen unseres Herzens. Es lässt sie wirklich werden. Es macht sie ganz.

Unser Erinnerungsvermögen hält uns in Verbindung mit denen, die vor uns gelebt haben. Zuweilen taucht es uns in Abschnitte unseres Lebens ein, denen wir nachtrauern. Dann wieder lässt es uns durch Gegenden unseres vergangenen Lebens schweifen, in denen wir ziemlich versagt haben, und wir bedauern das immer noch sehr.

Aber die Erinnerung ist nicht dazu gedacht, uns an vergangenen Zeiten festkleben zu lassen. Sie hat den Sinn, uns zu befähigen, das, was uns früher weniger gelungen ist, jetzt besser hinzubekommen. Sie ist die größte aller Lehrmeisterinnen. Unsere Aufgabe ist es, bis an den Punkt zu gelangen, von dem an wir uns so auf unsere Erinnerungen verlassen können, dass sie uns aus der Vergangenheit in eine bessere Zukunft führen.

In der bewussten Erinnerung gibt es nichts Unwichtiges. Wenn man sich hinsetzt und jemandem zuhört, wie er durch die Fragmente seiner Lebensgeschichte wandert, kann man erkennen, was ihn umtreibt, was ihm Freude macht, was er an Liebe erleben durfte und was er an Ablehnung und Enttäuschung erleiden musste; man kann sehen, was noch unerledigt ist und noch bewältigt werden müsste, damit alles Verlorene oder noch Fehlende sich mit allem Gelungenen und Erfüllten im Hier und Jetzt zu einem gesunden Ganzen fügen kann.

Die Erinnerung ermöglicht es denen, die uns im Leben lieb und teuer waren, in unserem Inneren fortzuleben. Sie binden uns damit nicht an die vergangenen Zeiten, sondern erinnern uns daran, dass das Leben auch schon früher gut war und jetzt mindestens genauso gut sein kann.

Was aber vielleicht das Wichtigste von allem ist: Die Erinnerung konfrontiert uns auch mit unseren Emotionen – allen Gefühlen, Ängsten und Kämpfen –, die in uns immer noch in Form von offenen Fragen stecken, als ungelöste Schmerzen und unvollendete Freuden. Sie sagen uns, was noch alles zu tun ist. Sie werden zur Aufgabenliste für morgen, die uns aus unserer eigenen Erfahrung heraus zeigt, wie wir leben, wie wir lieben, wie wir vergessen, wie wir weitermachen sollten.

Für alternde Menschen sind Erinnerungen nicht einfach bloß Schlacken aus der Vergangenheit, ganz im Gegenteil: Sie erinnern sie auf glückliche Weise daran, dass ihnen immer noch Möglichkeiten offenstehen, auf die sie sich einlassen können; sie liefern ihnen die Themen, die sie noch abschließen müssen. Sie sind die Wasserzeichen unseres Wachsens und Reifens, sie sind die Aufforderung, unseren Anspruch auf die Freuden unserer Vergangenheit geltend zu machen, und der Aufruf, all dieses aufs Neue zu suchen, in anderer Form vielleicht, aber als Verheißung der gleichen Arten von Freude im Hier und Jetzt.

Eine Last der Erinnerung kann in diesen Jahren spürbar werden, wenn wir zulassen, dass wir mehr und mehr mit den Menschen, der Zeit und den Orten verschmelzen, die längst vergangen sind.

Ein Segen dieser Jahre besteht darin, wahrzunehmen, dass alle unsere Erinnerungen, die traurigen und die glücklichen, die aufregenden und die sicheren, die Erinnerungen an Erfolge und diejenigen an Augenblicke des Scheiterns, uns die Zuversicht schenken wollen, um voll Vertrauen den letzten Abschnitts unseres Lebensweges zu betreten. Es ist das Vertrauen, dass wir, nachdem wir uns mit den Ansprüchen der Vergangenheit auseinandergesetzt und versöhnt haben, auch sicheren Schrittes in die Zukunft gehen dürfen.

Zukunft

Der amerikanische Schriftsteller Louis Kronenberger ist der Ansicht: »Das hohe Alter ist eine hervorragende Zeit dafür, etwas Anstößiges zu tun. Mein Ziel ist es, jede Woche wenigstens einmal etwas zu sagen oder zu tun, worüber sich alle aufregen.«

Die »Zukunft« ist nach 70 keine soziale Grenze, kein geografischer Ort, keine psychologische Einbildung. Sie ist eine Geisteshaltung. Oder genauer: eine von zwei Geisteshaltungen. Über beide haben wir schon so oft reden gehört, dass wir schon lange nicht mehr genau hinhören.

Mit der einen Geisteshaltung sagt man: »Wir alle werden älter. Vieles kann man dann einfach nicht mehr machen.« Mit der anderen sagt man: »Ich habe schon immer die Pyramiden von Gizeh sehen wollen; also fahre ich dieses Jahr hin. Ich wollte schon immer Mandoline spielen lernen; also melde ich mich jetzt zum Unterricht an.«

Die Zukunft ist ein köstlicher Aspekt des Älterwerdens. Man muss sie mit Inbrunst ergreifen. Sie wird mit jedem Tag intensiver, lebendiger, wesentlicher. Wer endgültig darauf gekommen ist, dass die Zeit mitten in seinem Leben gegenwärtig ist, für den ist die Zukunft nicht mehr »irgendwo da vorne«. Die Zukunft ist hier, sie schnappt uns nach den Fersen und wird im Weitergehen immer anspruchsvoller.

Die meisten Menschen leben so, als könnten sie alles, was sie nicht jetzt machen, einfach später tun. Sie verspüren im Leben keine Dringlichkeit. Es kommt ihnen eher wie eine lange, stille Hinbewegung zum Gipfel vor. Aber nicht alle sehen es so.

Wer voller sprühender Energie in die 60er gekommen ist, voller Leben ist, relativ sicher, sprudelnd vor Ideen und endlich voller Selbstbewusstsein, wird mehr als je zuvor mit dem Sinn der Sterblichkeit konfrontiert. Blitzartig entdeckt man in diesem Alter, dass die Zeit, die eigene Zeit, ein Ende hat. Dann stellen sich mit großer Heftigkeit die Fragen: Welchen Zweck hat die Zeit in dieser Phase meines Lebens, in der die Fähigkeit, mich für etwas Bestimmtes zu interessieren, anscheinend nutzlos geworden ist? Woher kommt diese Kluft, dieser mangelnde Zusammenhang zwischen dem, was ich tue, und dem, was ich bin? Warum liegt dazwischen jetzt diese Kluft? Alles, was zu tun sich lohnt, scheint gelaufen zu sein. Ich habe das Arbeitsleben hinter mir, die Kinder sind erwachsen, das Leben ist fad, sauer, kalt geworden. Was fange ich jetzt mit meiner Zeit an? Soll ich sie einfach absitzen oder ausfüllen? Und wenn ich sie ausfüllen soll: Womit und wofür?

Schon allein die Vorstellung, dass man keine Arbeit mehr erledigen, keine Termine mehr einhalten, keine öffentlichen Forderungen mehr erfüllen, keine Berge mehr besteigen muss, stellt alles in Frage, wovon diese Menschen bislang glaubten, es gehöre zum Lebendigsein. Der Umstand, dass sie jetzt sozusagen aus dem Leben herausgenommen und in eine Art von konturenlosem, formlosem, substanzlosem Nirgendwo versetzt worden sind, lässt ihre Seelen erstarren. Das sind diejenigen, die jetzt sich selbst und dem Rest der Welt immer wieder sagen: »Wir werden eben alle älter.«

Aber es gibt auch eine andere Geisteshaltung, die sich jetzt energisch bemerkbar machen möchte. Sie äußert sich angesichts der knapper werdenden Zeit dringlicher. Man denkt: Es gibt im Leben noch sehr viel mehr, als ich bisher kennenlernen konnte. Es gibt da draußen noch so viel Luft, die ich bislang einfach noch nicht habe atmen können. Da gibt es noch dieses ganze übrige Leben zu leben, das mir bislang noch nicht vergönnt war, das ich noch nicht kenne, dessen ich mir noch nicht bewusst war. Das hohe Alter ist genau wie jede andere Lebensstufe auch eine Zeit zum Lernen. Und es könnte sein, dass wir jetzt am besten lernen können, worum es im Leben eigentlich geht.

Das hohe Alter ist die Zeit dafür, den Geist der Verwegenheit herauszulassen, den kühnen Geist, der einem kommt, wenn man lange über die Marktplätze des Lebens gegangen ist, ihre Köstlichkeiten in Augenschein genommen, ein paar ihrer Früchte ausgewählt hat, manche gekostet, manche verworfen hat. Jetzt wissen wir endlich, was noch fehlt, wissen, was gut ist, wissen, was wir noch brauchen. Jetzt haben wir den Narzissmus der Jugend hinter uns gelassen, den Überlebenskampf der jungen Erwachsenen bestanden, wir stecken nicht mehr in der Mühle der mittleren Jahre und sind jetzt so weit, über uns selbst hinaus auf den Herzschlag des Lebens achten zu können. Jetzt können wir den Geist fliegen lassen. Wir können das verwirklichen, wovon uns die Seele sagt, dass das zum vollen Menschsein dazugehört. Das ist der Augenblick, für den wir geboren sind.

Jetzt kann uns nichts mehr halten. Wo immer wir gebraucht werden, können wir jetzt hingehen. Was immer wir gern tun möchten, können wir jetzt tun. Was immer gesagt werden muss, können wir jetzt sagen. Mother Jones wanderte im 19. Jahrhundert aus Irland in die USA ein. In New York hatte sie viele Jahre unter ausbeuterischen Bedingungen gearbeitet, als sie mit über 60 aufstand und die »Knights of Labor« organisierte. Bis ins hohe Alter führte sie Streiks und Versammlungen zum Wohl der Arbeiterklasse an. Ein Kongressabgeordneter soll voller Frustration ausgerufen haben: »Diese Frau ist die gefährlichste Frau Amerikas!«

Das hohe Alter ist die Zeit, um gefährlich zu werden. Da kann man gefährliche Unternehmungen lieben, kann gefährlich ehrlich sein, gefährlich engagiert. Das ist die Zeit, um nach Gizeh oder in die Hauptstadt des Landes zu reisen, an Festen und politischen Versammlungen teilzunehmen, Musikstunden zu nehmen, Familienmitglieder zu besuchen, die auf uns warten, und uns um Fremde zu kümmern, die uns brauchen.

Es ist nicht die Zeit, um einander daran zu erinnern, dass »wir alle älter werden« – so, als wäre das Älterwerden der Fluch der Verdammten. Es ist die Zeit, um in alles und jedes, was wir tun können, ein Höchstmaß an Leben hineinzustecken. Es ist die Zeit, in der wir mit besonderem Profil, mit Kraft, mit Hingabe leben sollten. Es gibt nichts mehr, wofür wir unsere Energie aufsparen müssten. Jetzt ist es einfach an der Zeit, die Zeit intensiv zu verbringen.

Gibt es für mich noch Zukunft, wenn ich alt werde? Natürlich gibt es die. Auf dieser Lebensstufe ist die Zukunft der morgige Tag. Der morgige Tag ist heilig. Er macht mich auf das Geschenk des Lebens aufmerksam. Er ist meine ganze Kraftquelle. Er ist alles, was ich noch zu geben habe. Und ich sollte ihn nicht vergeuden, ganz gleich, in welcher Lage ich jetzt bin und wie ganz anders ich jetzt mit ihm umgehen muss, als ich das vor 25 Jahren getan habe. Er ist alles, was ich jetzt habe, um damit in Fülle ich selbst zu sein.

Vor allem anderen ist der morgige Tag dafür da, dass ich ihn lebe, statt nur durchs Leben zu schlendern und auf das Sterben zu warten. Mir wird der morgige Tag nicht einfach bloß dazu geschenkt, dass ich einen Tag älter und ein Stück weniger lebendig werde. Was immer ich morgen tun werde, wird für alle in meiner Umgebung ein Zeichen dafür sein, dass man das Leben entweder bis zum Rand auskosten oder aber verbummeln kann, um dann, vor der Zeit nutzlos und vertrocknet, schließlich zu Staub zu zerfallen. Aber das hieße, diejenigen im Stich zu lassen, die von mir Weisheit erwarten und Inhalt und einen hellen Schimmer Sinn für ihr eigenes Leben.

Die Älteren sind die wahren Zeichen dafür, was es mit dem Leben auf sich hatte und wozu es noch da sein soll. Diese Verantwortung nicht wahrzunehmen, hat etwas Unmoralisches an sich. »Wer ein Leben rettet, rettet die ganze Welt«, sagen die Rabbis. Wenn wir älter werden, bedeutet ein Leben retten: unser eigenes Leben mit Inhalt leben.

Eine Last dieser Jahre wird spürbar, wenn man annimmt, dass die Zukunft schon vorbei ist.

Ein Segen dieser Jahre besteht darin, noch einmal ganz neu den Sinn dessen erkennen zu können, was es heißt, am Leben zu sein, wir selbst zu sein, voller Leben zu sein. Der Segen ist unser eigenes Leben.

Alterslosigkeit

Der amerikanische Kolumnist Doug Larson schreibt: »Falls du nie mehr den starken Wunsch verspürst, Schneebälle zu werfen, hat dich der Alterungsprozess fest im Griff.«

Nur Kinder sind ganz offen für den spontanen, lebhaften, drängenden Impuls, Schneebälle zu werfen. Und nur wirklich weisen Erwachsenen geht auf: wenn wir sie nicht werfen, werden wir es wahrscheinlich niemals schaffen, die Muster zu durchbrechen, die uns ganz gleich in welchem Alter niederhalten und ausbremsen. Das lässt sich nur von den Jungen lernen. Und die können nur von uns lernen, wann man es nicht tun sollte.

Wenn wir wieder mit den Jungen in Kontakt kommen, hält uns das in Kontakt mit der Welt. Dafür gibt es mehr Möglichkeiten, als wir uns vorstellen können.

Ein eigenartiger Anblick: ein ehemaliges großes Geschäftshaus, altmodisch und behäbig, mitten in einer Straße voller abgewirtschafteter Häuser, in denen jeweils drei oder vier Familien auf engstem Raum zur Miete hausen. Es liegt an der Ecke des Blocks und ist hinten und vorn von prächtigen Gartenflächen umgeben. Auf beiden Seiten wird es von lebensgroßen Kindersilhouetten in leuchtenden Farben eingerahmt. Da sieht man ein Kind Klavier spielen, daneben tanzt ein Kind im Ballettröckchen eine Pirouette, auf der Rückseite ist eine Farbenpalette und weiter hinten ein Kind auf einer Bühne zu sehen. Offensichtlich ist es ein einziges großes Spielhaus für Kinder. Jedes Kind auf der Welt würde diese Zeichen verstehen und davon angezogen werden.

So reich und aufsehenerregend dieses renovierte Gebäude einer ehemaligen Autoreparaturwerkstatt mitten in der Innenstadt auch sein mag, sein Name ist ganz schlicht: Es sei »The Neighborhood Art House«, steht mit großen lila Buchstaben über der Ecktür, also in etwa: das Kunsthaus für das ganze Viertel. Jede Wochen rennen über hundert Kinder zwischen sechs und 14 Jahren über den mit Backstein gepflasterten Innenhof in das Gewirr von Übungsräumen und Kunstateliers, Schreibecken und Computerreihen in diesem Haus, das sie als das ihre ansehen. Das ist keine Schule. Hier werden keine Noten und Diplome verteilt und keine Hausaufgaben zugewiesen, und niemand wird für das getadelt, was er gern tun möchte. Hier können die Kinder Trommel spielen oder Ballett tanzen, ihre Gedichte vorlesen oder ein Marionettenspiel entwerfen oder ein oder zwei Ölgemälde anfertigen. Und das ist alles kostenlos, dank der Menschen dieser Stadt. Das ist eindrucksvoll.

Aber genauso eindrucksvoll ist es, wenn man im Sommer an dieser Ecke vorbeikommt und dann alle diese Kinder im Innenhof aufmerksam auf Stühlen sitzen sieht, mit auf die Hand gestütztem Kinn und weit offenen Augen, während gut gekleidete Männer und Frauen, alles ehemalige oder noch Berufstätige aus der Stadt – Anwälte, Krankenschwestern, Firmenmitarbeiter, Rentner – in der Sonne sitzen und ihnen vorlesen. Der Innenhof ist pro Vorlesestunde mit fast hundert Kindern gefüllt, und der Parkplatz ist mit fast hundert Autos gefüllt, während Erwachsene mit Büchern unter dem Arm hinein- und heraushuschen.

Jedes Kind hat eine persönliche Vorleserin oder einen Vorleser, die jeden Tag kommen, um diesen Kindern etwas zu bieten, das sonst niemand für sie tut: Sie lesen ihnen so vor, als wären sie ihre eigenen Kinder, machen Tiergeräusche nach oder verändern im Laufe der Geschichte ihre Stimme, je nachdem, welche der handelnden Person gerade dran ist. Sie denken sich Kobolde und Reisen in Heißluftballons aus, erzählen Geschichten, wie Immigrantenkinder mit ihren Problemen fertigwurden, schildern die Wunder der Sternenwelt und die Eigenart der Dinosaurier.

Darüber hinaus aber überbrücken sie für diese Kinder auch den Unterschied zwischen Kindern und Eltern, zwischen Freiheit und Autorität, leisten also vieles von dem, was früher die Großeltern taten, als Kinder und Großeltern noch im gleichen Haus, der gleichen Stadt, im gleichen Staat wohnten. Sie flößen den Kindern Vertrauen zu den Erwachsenen ein. Sie öffnen sie für das Gespräch mit Erwachsenen, für den Einfluss seitens der Erwachsenen. Sie bieten ihnen Zuflucht vor Regeln. Sie werden Freunde, dieses Kind und dieser Erwachsene.

Freundschaften zwischen den Generationen, also zwischen den Älteren und den Jüngeren, sind für die Älteren so wichtig wie für die Kinder.

Kinder schließen uns an die Gegenwart und an die Zukunft an. Das fehlt uns, wenn wir allein und selbstgenügsam in unserem Senioren-Apartment sitzen. Kinder spielen heute kaum mehr Halma oder Dame, aber sie können uns in die Geheimnisse der Videospiele einweihen. Sie werden uns kaum Kinderlieder vorsingen, aber dafür kennen sie den Wortlaut vieler Songs aus dem Radio. Sie erklären uns, was neue Wörter bedeuten. Sie halten uns in Kontakt mit einer warmen, von Leben erfüllten Welt. Das schenkt auch uns Wärme und Leben.

Kinder setzen das Kind in uns frei, ehe es vollends verwelkt und vergeht. Sie erleichtern uns den Kontakt mit den Kindern späterer Generationen in unserer eigenen Familie, also mit denjenigen, die wir nur einmal im Jahr sehen oder mit denen wir am Telefon mühsam ein Gespräch in Gang zu bringen versuchen.

Sie erinnern uns daran, dass wir immer noch ein lebendiger Teil der Menschheit sind. Wir sind nicht dazu bestimmt, vom Rest der Gesellschaft abgeriegelt zu werden. Vielmehr sollten wir ihr Weisheitszentrum sein, ihr Zeichen für ein künftiges besseres Leben, ihr Vorratshaus mit der Art von Überlieferung, von der in den Büchern kaum etwas steht.

Fängt die Gesellschaft erst einmal an, die Menschheitsfamilie pragmatisch aufzuteilen, dann gibt es überhaupt keine Familie mehr. Dann bleiben uns nur noch Tagesheime für die Kinder, Seniorenheime für die Alten und abgeschirmte Wohnanlagen, um die sich Familien mit Kindern überhaupt nicht zu bewerben brauchen. Unsere Gesellschaft ist schon weitgehend in ganz unterschiedliche Alters-, Interessen- und Zugehörigkeitsgruppen aufgespalten. Da gibt es kaum noch die Möglichkeit, im Alltag die verschiedenen Reifestufen des Lebens zu durchlaufen. Wir haben das Recht verloren, voneinander zu lernen. Und vor allem ist der älteren Generation das Recht genommen worden zu lehren. Dadurch sind wir füreinander Fremde geworden. Wir haben den Anschluss an die Fülle des Selbst verloren.

Diese natürliche und notwendige Verknüpfung von Alten und Jungen lässt sich nicht auf ein festes Programm mit »Aktivitäten für ältere Bürger« reduzieren. Hier steht der gesunde Herzschlag unserer Kultur auf dem Spiel, dieser Herzschlag, der immer Neues in unsere Adern hinein- und wieder herauspumpt. Er sorgt dafür, dass auch andere Themen als Mord, Chaos, Drogen und Sex das Bewusstsein erfüllen.

Wenn Ältere eine lebendige Beziehung zu einem Kind haben, hilft ihnen das, über sich selbst und die Grenzen ihres eigenen Privatlebens hinauszureichen und wieder voll und ganz Mensch zu werden. Und wenn Kinder erfahren, dass andere Ältere als ihre Eltern sich für sie interessieren, mit ihnen sprechen, ihnen vieles zeigen, wofür ihre Eltern keine Zeit haben – zum Beispiel wie man angelt oder ein Fahrrad repariert oder Plätzchen backt oder auf altmodische Art Popcorn herstellt –, dann kann das Kind mithilfe eines Erwachsenen, der nicht gleichzeitig sein strenger Erzieher ist, im Leben Wurzeln fassen.

Eine Last dieser Jahre bekommt man zu spüren, wenn man es zulässt, dass man von der uns umgebenden Welt isoliert wird.

Ein Segen dieser Jahre erschließt sich, wenn man ein Kind findet, das einem hilft, aus allen alten Rollen herauszutreten und wieder ein lebendiger Mensch zu werden.

Spontaneität

Der amerikanische Filmschauspieler und Produzent Lowell Thomas verriet einmal: »Das Geheimnis meiner Vitalität und Aktivität ist, dass es mir gelungen ist, viel Spaß zu haben.«

Das hohe Alter schließt eine Gefahr in sich, die das Älterwerden zu einer der schwierigsten Phasen unseres Lebens machen kann statt zu einer der erfüllendsten. Letzteres aber sollte sie sein. Die Gefahr liegt darin, dass man anfängt, sich alt zu verhalten. Spaß aber ist es, was uns am Lachen hält, und das Lachen lässt uns im Hier und Jetzt glücklich bleiben. Und einzig und allein im Hier und Jetzt werden wir die letzte Phase unseres Lebens verbringen. Aber man rät uns allen Ernstes, nicht mehr ganz so voll zu leben und so viel Spaß zu haben.

Das Motto »Act your age« (»Inszeniere dein Alter«) kann ein nützlicher Rat sein, wenn man 17 ist; für 77-Jährige ist es völlig fehl am Platz. Wenn wir uns als Alte inszenieren, sind wir am Ende, ganz gleich, wie alt wir sind. Und wenn wir wirklich alt sind und anfangen, uns als Alte zu inszenieren, ist das noch schlimmer. Dann wird das Inszenieren des Altseins zur tödlichen Kindheit. Wir bauen uns dann selbst derart ab, dass wir am Ende vielleicht noch atmen, aber nicht mehr leben.

Tatsache ist, dass es für das Altwerden nicht auf die gleiche Weise spezifische Tätigkeiten gibt, wie es sie für alle anderen Lebensphasen gibt. Zwischen sechs und 22 ist das Lernen angesagt. Zwischen 22 und 50 steht die Aufgabe an, Kinder zu haben und sie großzuziehen. Mit ungefähr 65 ist es angemessen, sein Berufsleben auslaufen zu lassen. Aber danach besteht das Einzige, was für das Älterwerden spezifisch ist, darin, dass man immer voll bei dem ist, was sich im Augenblick abspielt. Wenn es im Leben wirklich darum geht, zu leben, dann besteht die Kunst, gut zu leben, darin, dass man sein Leben in Fülle lebt, es in sich aufsaugt, es feiert.

Allzu oft verkennen wir, dass ein Leben in Fülle sehr viel mehr von unserer inneren Einstellung und unserer grundlegenden Spiritualität abhängt als von unserer körperlichen Verfassung. Falls wir davon überzeugt sind, dass Gott gut ist, halten wir auch das Leben für gut. Falls wir Gott für eine Art von hinterhältigem, strengem Richter halten, der uns mit schönen Dingen in Versuchung führt, um zuzusehen, ob wir für irgendeine moralische Schlechtigkeit anfällig sind, halten wir auch das Leben für ein Dasein voller Fallstricke, vor dem man Angst haben muss.

Richtig gut leben kann man aus einer Spiritualität der Weite und Großherzigkeit heraus. Dann betrachtet man das Leben eher als Gnade und nicht als Buße, als Zeit, in der man voller Erwartung ist und viel Gutes und Schönes erhofft, anstatt dass man überall irgendwelche Probleme lauern sieht. Uns ist unser Leben nicht dazu geschenkt, dass wir viel leiden. Unser Leben ist uns dazu geschenkt, um unseren Schöpfer angesichts der Freuden und der Schönheit seiner Schöpfung lieben zu lernen. Unser Leben ist uns dazu geschenkt, um in Würde mit dem natürlichen Leiden umzugehen, dass wir sterbliche Geschöpfe sind.

Wenn wir es verpassen, uns voll ins Leben zu stürzen, versagen wir es uns, es voll zu leben.

Für die älter Werdenden gibt es Versuchungen, die besonders verführerisch sind, weil sie so sinnvoll klingen; aber sie erweisen sich als zunehmend destruktiv. Den Spruch »Heute Abend bin ich zu müde. Ich glaube, ich gehe nicht hin«, lernen wir im Alterungsprozess bereits früh kennen. Die anderen gehen dann ohne uns zur Vorführung oder zum Fest oder zu dem wichtigen Ereignis. Sie sagen: »Na ja, sie ist jetzt älter und kann nicht mehr so viel mitmachen.« Damit bringen wir ihnen bei, uns nicht mehr mit einzubeziehen, und wundern uns dann, wie es so weit kommen konnte.

Oder wir sagen: »Das ist mir zu anstrengend. So etwas kann ich nicht mehr.« Und so ersparen wir uns die Mühe, ein paar Leute einzuladen und dafür einige Kleinigkeiten vorzubereiten. Wir feiern schließlich auch nicht mehr Weihnachten, verschicken keine Geburtstagskarten mehr. So tun wir immer weniger, bis schließlich unser einziger Lebensinhalt nur noch darin besteht, dass wir daheim herumsitzen.

Oder wir sagen: »Ach, das habe ich noch nie gemacht, und damit will ich auch gar nicht mehr anfangen.« Und so besuchen wir nicht das Konzert im Park, gehen nicht mit zum Angeln und beteiligen uns nicht bei einer Haussammlung für den nächsten Basar. Damit klinken wir uns aus dem Leben aus, als wären wir schon tot und begraben. Aber in Wirklichkeit begraben wir uns selbst.

»In dieses Gefährt steigen, bloß um einen Wasserfall zu sehen?«, sagen wir. »Ich nicht! Das ist mir viel zu gefährlich.« So werden wir nie den Nebel sehen, der aus den Niagara-Fällen aufsteigt. Wir werden nie die Rocky Mountains von einem Aussichtspunkt auf einer Bergspitze aus sehen oder die Alpen von der Zugspitze aus. Auf diese

Weise versagen wir uns Schicht um Schicht des Lebens und fragen uns, warum das Leben für uns nichts Aufregendes mehr bereithält.

»Ein ganzes Wochenende weggehen?«, sagen wir.

»Einen regelmäßigen Volkshochschulkurs belegen?«, winken wir ab.

»Wissen Sie, was das kostet?«, erwidern wir.

»Einen Computer kaufen, um E-Mails verschicken zu können?«, fragen wir skeptisch.

»Noch ein paar Tage länger wegbleiben? Wie sollen das meine Blumen überstehen?«, wenden wir ein.

So tun wir immer seltener den Schritt, der uns etwas Neues bringen könnte. Wir hören damit auf, weiterzuwachsen. Wir bleiben schon viel zu früh in unseren alten Gleisen stecken – und warten einfach bloß noch. Wir bekommen das Geschenk des Lebens und reichen es ungeöffnet zurück.

»Ja, das klingt recht vielversprechend, aber ich habe niemanden, der mich mitnehmen würde«, wenden wir ein. Doch wir könnten aus uns herausgehen, um neue Bekanntschaften zu machen und andere Gefährtinnen zu finden und uns anderen Gruppen anzuschließen, statt uns in unserem Loch zu vergraben.

»Darüber bin ich hinaus«, sagen wir, als wäre das Leben eine Reihe von abzuhakenden Übungen, die manche noch vor sich, wir aber hinter uns haben. Wir sind darüber hinaus, beim Kinderfasching mitzumachen. Wir sind darüber hinaus, Silvester mitzufeiern. Wir sind darüber hinaus, am Strand zu liegen und ein Buch zu lesen. Wir igeln uns in unserem Nest ein und lassen das Leben an uns vorbeigehen.

Aber wenn wir das tun, lassen wir damit die Chance ungenutzt vorüberstreichen, neue Menschen kennenzulernen und neue Erfahrungen zu sammeln. Dann finden wir auch nicht die Quellen weiteren Reifens, die wir immer noch anzapfen können.

Das Leben ist nicht einfach nur das, was mit uns geschieht – obwohl es auch in mancher Überraschung auf uns warten kann –, sondern das Leben ist auch das, was wir aktiv herbeiführen.

Wir werden, was wir tun. Wir werden innerlich neu, wenn wir uns selbst drängen, Neues zu tun. Wir werden wach, wenn wir es uns nicht gestatten, unser Leben weithin zu verschlafen. Wir werden unserer selbst sicherer, wenn wir unser Alter vergessen und genug Selbstvertrauen entwickeln, um die Angst zu vertreiben, die wir vor allem möglichen haben – angefangen von einigen Treppenstufen bis zum steilen Berg.

Wir sind nie im Leben »über etwas hinaus«, es sei denn, wir lassen zu, dass das Leben uns überholt.

Doch, wir können alles tun. Ja, vielleicht ermüden wir rascher, sind früher erschöpft. Und natürlich gibt es ein paar Dinge, die derart große Anstrengung erfordern würden, dass wir lieber etwas Angenehmeres, physisch weniger Anstrengendes tun sollten. Gewiss, viele alte Freundinnen und Freunde, die unser Leben über Jahre wirklich bereichert haben, sind von uns gegangen. Und manches übersteigt tatsächlich unsere finanziellen Möglichkeiten. Aber nichts davon kann rechtfertigen, damit aufzuhören, in Fülle zu leben.

Jetzt ist es an der Zeit, neu anzufangen, neu zu werden, neue Wege zu finden, um das Leben zu genießen, und jede

Möglichkeit zu nutzen, um ein aufregender, interessanter, bedeutsamer Mensch zu werden. Wir schulden der Welt unser Bestes, weil auch die ganze übrige Welt sich mit irgendetwas abzumühen hat.

Eine Last dieser Jahre wird spürbar, wenn wir es zulassen, dass wir schneller, als wir es sollten, weniger werden als das, was wir sein könnten.

Ein Segen dieser Jahre ist, dass sie uns aufrufen, tief in uns selbst hinabzusteigen, um all das zu entdecken, was wir sind. Und zwar jetzt. Auf der Stelle.

Nostalgie

Der amerikanische Filmschauspielerin Katharine Hepburn sagte einmal: »Ich habe über das Alter keine romantischen Gefühle. Entweder ist man in jedem Alter interessant oder überhaupt nicht. Am Altsein ist nichts besonders Interessantes – und übrigens auch nicht am Jungsein.«

Es gibt tatsächlich kein vollkommenes, optimales, krönendes Lebensalter. Das beste Lebensalter ist immer das derzeitige. Wenn wir einem Lebensalter den Vorzug geben, verpassen wir die besonderen Qualitäten der anderen.

Zwar tut es gut, in Gedanken in die Vergangenheit zurückzuschweifen und an die Menschen zu denken, die uns den Impuls gaben, unserer großen Lebenspläne zu verwirklichen, und uns zum Weitermachen drängten, wenn es leichter gewesen wäre auszusteigen. Doch auf lange Sicht kann das auch destruktiv werden. Es ist gut, wenn wir wissen, wo wir hergekommen sind, um auch die Entfernung vom jetzigen Standort bis zum Ziel richtig einschätzen zu können. Und es tut gut, wenn wir uns an die freudigen Ereignisse unseres Lebens erinnern, damit wir in trüberen Zeiten das Vertrauen haben können, dass es auch wieder bessere Zeiten geben wird, weil solche erfahrungsgemäß auch immer wieder kommen.

Aber nicht gut ist es, wenn wir die Vergangenheit für die beste Zeit unseres Lebens halten. Es ist nicht gut, wenn wir unsere Jugendzeit zum Ideal verklären, dem wir nachtrauern, wenn wir in eine andere Lebenszeit hineingewachsen sind. Es ist nicht gut, uns gegen das zu sperren, was wir jetzt sind, und uns etwas zu wünschen, das wir nicht sind.

Allzu häufig und allzu verbreitet ist die Versuchung, sein Leben in einer bestimmten Phase einzufrieren, also auf die eine oder andere Befindlichkeit fixiert zu bleiben und nicht mehr weitergehen zu wollen.

Wie die verschiedenen Menschen das Leben sehen, zeigt sich besonders darin, wie sie mit dem Tod eines nahestehenden Menschen umgehen. Für manche markiert dieser Tod den Tag, an dem ihr Leben stehen bleibt. Sie halten auf ihrer Spur an, bleiben vor Schmerz gelähmt, versinken in ihrem Verlustgefühl. Für andere wird dieser Tod zu einer Schwelle in ihrem Leben. Sie stellen sich ihrem Schmerz, überschreiten diese Schwelle, nehmen dabei den Schmerz mit und gehen zugleich über ihn hinaus. Wir alle haben schon diese beiden Möglichkeiten miterlebt, wie man mit dem Ende einer Lebensphase und dem Anfang einer neuen umgehen kann, aber es kann eine Zeit lang dauern, bis wir die Konsequenzen dessen, was wir da erleben, begreifen.

Am Tag nach der Beerdigung kamen einige wenige Freunde vorbei, um nach der trauernden Witwe zu sehen. Dic große Masse der Trauergäste war schon wieder weg. Damit würde sie bestimmt ganz besonders schmerzlich die einsetzende Leere empfinden. Da war niemand mehr, mit dem sie sprechen konnte, niemand mehr, mit dem sie beim Essen alte Erinnerungen austauschen konnte, niemand, der sie von der drückenden Last der Tage ablenken konnte. Sie würde sicher jemanden in ihrer Nähe brauchen.

Der Tod ihres Mannes war zu plötzlich gekommen. Es hatte keine lange Krankheit gegeben, die sie auf den Verlust innerlich vorbereitet hätte. Da waren nur der Unfall gewesen, die Infektion, die Fahrten ins Krankenhaus, das

Koma, der lange, stumme Abschied. Jetzt würde der Schmerz erst so richtig einsetzen.

Als sie ankamen, war sie hinten im Haus. Sie rief ihnen zu: »Bitte bringt doch beim Hereingehen gleich ein paar von den Kartons mit!« Drei oder vier Kartons waren bereits voll und mit Klebeband verschlossen neben der Küchentür gestapelt. Sie stand im Schlafzimmer über die Schubladen des Kleiderschranks gebeugt und wühlte sich durch Kleidungsstücke. Auf einer Seite des Betts lag ein Stapel Hemden, auf der anderen lagen Anzüge und Krawatten. »Danke!«, rief sie den Besuchern zu, als diese mit den Kartons kamen. »Jetzt kann ich das hier auch gleich alles einpacken!«

Sie hatte die Schrankfächer und die Kleiderstangen bereits ganz leergeräumt. Die Schranktüren standen weit offen. Alles andere im Zimmer hatte sie offensichtlich bereits zusammengelegt und in den Kartons verstaut. Und dann erklärte sie, wie um einer noch nicht ausgesprochenen Frage zuvorzukommen: »Ihr wisst ja, das Leben geht weiter. Man sollte seine Gegenwart nicht zum Museum seiner Vergangenheit machen.«

Tatsächlich: Das Leben geht weiter. Wir können es nicht festhalten. Wir brauchen es auch nicht festzuhalten. Es ist gar nicht möglich, in der Vergangenheit zu leben, so groß die Versuchung auch sein mag, das zu tun. Wenn das Leben für die Lebenden vorgesehen ist und wir es nicht leben, verurteilen wir uns selbst zu einem vorzeitigen Tod. Und was noch bedauernswerter ist: Wir tun das dann ausgerechnet im Namen all der Beziehungen und Orte und Ereignisse, die uns in der Vergangenheit zum Weiterwachsen und Reiferwerden verholfen haben. Aber gerade diese fruchtbaren Zeiten sollten uns doch in der Zuversicht bestärken, dass auch aus der augenblicklichen Finsternis in uns etwas Neues erwachsen wird.

Die Grenzlinie zwischen Erinnerung und Nostalgie ist ganz schmal. Aber zwischen beiden ist ein gewaltiger Unterschied.

Die Erinnerung ist Sammlung. Schöne Erinnerungen bringen uns Licht in graue Tage, und Wärme in kalte Nächte. Sie versammeln um uns alle guten Geister aus der Vergangenheit, die wir brauchen, damit sie uns antreiben. Sie befähigen uns zum Glauben an die Zukunft. Denn sie erinnern uns daran, dass unsere Vergangenheit voller Leben und Hoffnung auf das, was noch kommen werde, war. Unsere Erinnerungen bilden einen Schatz: sie enthalten Alarmsignale und Vertrauensbeweise, produktive Schmerzen und kostbare Antriebskräfte. Erinnerungen versenken nicht so sehr in die Vergangenheit hinein, sondern treiben uns eher in Richtung Zukunft an.

Die Nostalgie ist davon grundverschieden. Die Nostalgie ist nicht einfach nur eine Vergegenwärtigung des Vergangenen, sondern ein Versinken in der Vergangenheit. Die Nostalgie hält uns wie eine Falle mit einem Fuß im Heute und mit einem Fuß im Gestern fest. Aber die nostalgische Melancholie ist *nicht* das Grundmuster für das hohe Alter – sondern nur eine Möglichkeit.

Jede Lebensstufe ist interessant, sofern wir uns nur darauf einlassen, alle ihre Freuden zu erkunden. Das Alter ist die interessanteste von ihnen. Jetzt sind wir die Gestalter unseres eigenen Schicksals, die Ermöglicher unserer eigenen Freuden, die Wächter unserer eigenen Persönlichkeit. Jetzt sind wir für alles selbst verantwortlich: für das, worüber wir jetzt reden, was wir jetzt tun, was aus uns wird. Wollten wir das alles in der Vergangenheit begraben, in der wir noch unfertig waren, unkontrollierbaren Umständen ausgeliefert, so hieße das, die kostbarste Zeit unserer Lebens zu vergeuden.

Die Nostalgie ist eine gefährliche Versuchung, die Liebe zu einem Teil unseres Lebens mit der Liebe zum Leben als ganzem zu verwechseln. Sie ersetzt die Freuden der Gegenwart durch verklärende Vorstellungen von der Vergangenheit.

Die Nostalgie ist nicht Erinnerung. Die Nostalgie ist ein Sich-Verzehren und Sehnen, sie trauert Dingen und Verhältnissen nach, die in der Vergangenheit für uns gut waren, aber im Hier und Heute überhaupt nicht mehr passen würden.

Die in der Nostalgie steckende Verführung ist die Versuchung, seine Zuflucht in Vergangenem zu suchen, statt sich mit Zuversicht und Tapferkeit den Herausforderungen der Gegenwart zu stellen. Sie ist ein Schnappschuss aus der Vergangenheit, der so hergerichtet ist, dass er uns passt. Wir erinnern uns dann an die schönen Tage auf dem alten Boot, vergessen dabei aber, wie mühsam es immer war, das Boot instand zu halten, es herumzuschleppen und zu rudern. Wir erinnern uns an unseren geliebten Hund, aber vergessen das viele Bellen und Herumspringen und den Schaden, den er am Sofa angerichtet hat. Solange wir nicht gut mit diesen beiden Dimensionen umgehen können, benutzen wir unsere Erinnerung, um sowohl vor der Realität der Gegenwart als auch vor der Realität der Vergangenheit zu kneifen.

Diese Rückkehr in eine unreale Vergangenheit ist eine betörend gefährliche Versuchung des hohen Alters. In diese Falle geraten leicht alle, die des Lebens, des Sich-Einlassens auf immer Neues, des Schritthaltens mit dem Leben müde sind. Und so neigen sie dazu, das Leben, das sie hatten, zu übertreiben und das Leben, das sie haben, abzuwerten. Das wirkt sich darauf aus, wie wir unser gegenwärtiges Leben einschätzen. Es bestimmt auch das, worüber wir reden. Das mag uns mit unseren Geschichten und deren besonderem Reiz vielleicht für eine gewisse Zeit interessant machen – aber schließlich werden wir völlig uninteressant. Die Menschen werden der Gespräche, die immer bloß endlose und immer neu wiederholte Erzählungen aus einer anderen Zeit sind, bald müde. Sie interessieren sich für die älteren Menschen nicht aus Nostalgie. Sie erwarten von uns Weisheit und Mut, erwarten von uns den Beweis, dass das Leben in allen seinen Formen nicht nur möglich, sondern wunderschön ist.

Die Last der Nostalgie besteht darin, dass sie uns aus der Gegenwart entfernt und bewegungslos in der Vergangenheit festsitzen lässt.

Der Segen der Nostalgie besteht darin, dass sie dazu dienen kann, uns vor Augen zu halten: Genau wie wir bisher alles im Leben überstanden haben, in unserem bisherigen Leben reifer geworden sind, viel Frohes erleben durften und viel Wertvolles lernen konnten, so können wir auch unser jetziges Leben genauso erfüllt und fruchtbar leben und immer noch vieles dazulernen – und zudem jetzt unsere mutige Einstellung mit anderen teilen.

Spiritualität

Die amerikanische Psychologin Florida Scott-Maxwell schreibt in ihrem Tagebuch *The Measure of My Days*, das sie führte, als sie schon über 80 war: »Das Alter verblüfft mich. Ich dachte, das würde eine stille Zeit. Meine 70er waren interessant und ziemlich gelassen, aber meine 80er sind leidenschaftlich. Mit zunehmendem Alter werde ich intensiver.«

Warum auch nicht? Wenn wir im Laufe der Jahre immer stärker ein Gespür dafür entwickeln, wie voller Sinn vieles ist und wie voller Unsinn vieles andere, sollten wir ja auch für die Ebbe und Flut des Lebens sensibler werden, statt immer weniger zu empfinden. Mit dem Älterwerden ignorieren wir das Leben nicht einfach, sondern wir lassen uns auf einer anderen Ebene tiefer darauf ein, aus anderen Motiven, mit einem konzentrierteren Herzen.

Wenn wir im Laufe der Zeit und der immer seltener wechselnden Phasen etwas lernen, dann bestimmt dies: Es gibt im Leben einige Dinge, die sich nicht bereinigen lassen. Wenn wir ins Grab sinken, werden wahrscheinlich etliche unserer Sorgen noch nicht behoben, etliche unserer Lebenspläne noch nicht erfüllt sein. Das wird uns Jahr für Jahr klarer. Manch familiärer Bruch wird noch nicht ganz verheilt sein. Manche in Hitze und Hast gesprochenen Worte werden noch nicht bereinigt sein. Manche Freundschaften werden nicht erneuert worden sein. Manche Träume werden nie verwirklicht worden sein. War unser Leben also vergeudet? War das alles umsonst?

Das wäre nur der Fall, wenn wir den Sinn der letzten Lebensphase nicht wahrnehmen würden. Sie ist nicht dazu gedacht, uns in unseren Unzulänglichkeiten zu verfestigen. Sie dient vielmehr dazu, uns frei und dadurch immer reifer werden zu lassen.

Allerdings ist die Hoffnung, dass am Ende alle Brüche geheilt sein werden, bestenfalls unrealistisch. Viele Menschen sind längst verstorben und bereits noch länger aus unserer Reichweite geraten. So lässt sich in diesem späten Stadium das Gespräch mit ihnen nicht mehr aufgreifen, und erst recht können Zerwürfnisse nicht mehr behoben und offene Wunden nicht mehr geheilt werden.

Vieles von dem, wofür wir uns immer noch verantwortlich, ja wofür wir uns schuldig fühlen, können wir eben überhaupt nicht mehr rückgängig machen, selbst wenn wir das wollten. Eine gescheiterte Ehe können wir nicht wiederherstellen. Jahre der Vernachlässigung, eine lebenslange Gleichgültigkeit, eine lange Geschichte der Missachtung gegenüber Menschen, die von uns hätten Zuwendung erwarten können, lassen sich nicht mehr ungeschehen machen. Wir können nichts mehr gegen die vielen Jahre mangelnden Kontakts mit den Kindern tun, die Jahre der Spannung mit unserer Mutter, des Gefühls der Distanz gegenüber unserem Vater und gegen all die Eifersüchteleien und Gefühlsausbrüche und kleinlichen Gereiztheiten, die sich durch unsere Jahre gezogen haben und immer noch all unsere Abwehrgefühle wecken. Diese Zeit, diese Situationen sind einfach vorbei, unseren Händen entglitten, außerhalb unserer Kontrolle.

Aber in unserem Inneren sind die Narben immer noch da. Wir sind verletzt worden. Wir haben andere verletzt. Wir haben Fehler gemacht. Und soweit wir sehen konnten, gab es nie und gibt es auch heute keinerlei Möglichkeit, das ganze Kuddelmuddel wieder richtig zusammenzusetzen. Was sollen, was können wir also überhaupt noch tun?

Falls wir bei so viel Unvollendetem, bei so vielen unbewältigten Dingen in unserem Leben nichts Direktes mehr tun können – wie können wir da überhaupt mit Gelassenheit dem Ende unseres Lebens entgegensehen? Doch diese im Lauf der Jahre zunehmende Unruhe ist eine Gnade, die der Endzeit, den letzten Jahren, dem Gipfel des Lebens vorbehalten ist. Erst dann kann das Bewusstsein, dass wir alle diese Mängel haben, etwas Entscheidendes in uns bewirken. Erst dann kann dieser Schmerz produktiv werden. Warum? Weil wir uns jetzt ganz allein damit auseinandersetzen müssen. Jetzt ist niemand mehr da, der uns vergeben könnte, niemand mehr, der uns sagen könnte, dass wir Recht gehabt hatten, niemand, der unserem Drängen nachgibt, niemand, der sich weigert, sich auf uns einzulassen. Jetzt ist das alles einfach lebendig in uns da. Jetzt müssen wir in den tiefsten Bereich unserer selbst eintreten und Frieden finden: nicht mehr mit unseren früheren Gegenspielern, sondern – was viel wichtiger ist – mit uns selbst, mit unserem Gewissen, mit dem uns zu versöhnen wir uns jahrelang gesperrt haben.

Es gibt Themen in unserem Leben, die für das, was sich in unserem Leben abgespielt hat, viel relevanter sind als die schlichten Fragen, wer was wem angetan hat und warum und was für Folgen das für uns hatte. Stattdessen geht es jetzt mehr um die Frage, was wir aus all dem geworden sind. Sind wir ein reiferer Mensch geworden – oder sind wir bloß durchs Leben marschiert und haben verkündet, wir seien an allem unschuldig, obwohl uns unsere Seele im

Inneren deutlich gesagt hat, wie sehr wir in Wirklichkeit schuldig waren?

Das ist die Lebensphase, in der wir auf der Suche nach Antworten auf unsere Probleme und nach einer Lösung für sie nach innen blicken müssen, in unser eigenes Herz und unsere eigene Seele. Das ist die Zeit, in der wir uns selbst in die Augen sehen, uns selbst genauer beleuchten müssen. Es ist die Lebensphase der spirituellen Reflexion, des spirituellen Neuwerdens. Jetzt ist es an der Zeit, uns selbst die Frage zu stellen, was im Laufe all der Jahre aus uns geworden ist. Mögen wir diesen Menschen, der wir geworden sind? Sind wir dank all dessen, was wir durchlebt haben, aufrichtiger, umgänglicher, fürsorglicher, barmherziger geworden? Und falls nicht: Was müssen wir noch tun?

Was immer zu den Brüchen in unserem Leben geführt hat, wir haben unseren Teil dazu beigetragen. Wie steht es um das anspruchsvolle, narzisstische, verdorbene Kind, das es in uns immer noch gibt? Sind wir willens, uns mit diesen immer noch vorhandenen Schlacken auseinanderzusetzen?

Wenn jetzt unser Körper am Abnehmen ist und wir anfangen, ins Jenseits hinüberzuschmelzen: Sind wir da fähig, in unserem Inneren alles das abzulegen, was sich unser Leben lang als Hindernis zwischen uns und die gesamte übrige Schöpfung gelegt hat?

Können wir unserer eigenen Seele Auge in Auge gegenübertreten und zu dem stehen, die oder der wir sind? Falls wir selbstsüchtig waren: Können wir uns täglich in der Disziplin üben, uns um andere zu kümmern? Falls wir uns selbst gegenüber unehrlich waren: Bringen wir es jetzt fertig, die volle Wahrheit über uns selbst auszusprechen? Falls wir Gott-los waren: Sind wir jetzt fähig, darauf zu vertrauen, dass der Schöpfer des Lebens dennoch auch unserer Seele Heimat bieten wird, und können wir uns vor dem Leben schlechthin verneigen, das Anspruch auch auf unser Leben erhebt?

Können wir anfangen, uns selbst nur als Teilchen des Universums zu sehen, als kleines Fragment, und nicht als dessen Zentrum? Können wir uns so weit zurücknehmen, dass wir die Hitze und den Regen, den Schmerz und die Einschränkungen, die Unzulänglichkeiten und Unbequemlichkeiten des Lebens akzeptieren können, ohne uns darauf zu verlegen, auf passive Weise den Rest der Welt für die täglichen Mühen zu bestrafen, die das Menschsein mit sich bringt?

Können wir über etwas lächeln, worüber wir seit Jahren nicht gelächelt haben? Können wir uns selbst an solche hergeben, die uns brauchen? Können wir unsere Wahrheit aussprechen, ohne es nötig zu haben, recht zu bekommen? Können wir jetzt die Tücken des Lebens annehmen, ohne vom Rest der Welt zu verlangen, er müsse uns über jedes vernünftige Maß hinaus dagegen absichern und in Watte packen? Können wir mit anderen Menschen reden und es zulassen, dass sie uns etwas sagen?

Es heißt immer, alte Menschen würden mit zunehmendem Alter immer schwieriger. Nein, das stimmt überhaupt nicht. Es wird ihnen lediglich immer unwichtiger, ihre Masken beizubehalten; es wird immer wahrscheinlicher, dass sie die Mühen des Menschseins und Menschlich-Seins auf sich nehmen. Sie tun nicht länger, »als ob«. Sie stellen sich der Tatsache, dass das Jetzt, diese Phase, dieser Alterungsprozess, die letzte uns gegebene Zeit ist, die wir haben, um mehr zu sein als all die Kleinlichkeiten, die wir uns im Laufe der Jahre erlaubt hatten. Aber zunächst einmal müssen wir uns dem stellen, was kleinlich an uns ist, und uns über die Zeit freuen, die uns noch geschenkt ist, um süß zu werden statt saurer denn je.

Eine Last dieser Jahre ist die Gefahr, unserem selbstsüchtigen Ich ganz die Zügel schießen zu lassen.

Ein Segen dieser Jahre ist die Möglichkeit, uns dem in uns zu stellen, was uns versklavt hatte, und unseren Geist frei von all dem wegfliegen zu lassen, was ihn alle diese Jahre hindurch an die Erde gefesselt hatte.

Einsamkeit

Der englische Dichter Lord Byron schreibt: »Was ist der schlimmste aller Schmerzen, die im Alter warten? Was zeichnet tief der Stirn die Falten ein? Zu sehen, wie geliebte Menschen aus dem Lebensbuch gestrichen werden; allein zu sein auf Erden, wie jetzt ich es bin.«

Der Alterungsprozess trennt uns vom Rest der Menschheit. Je älter wir werden, desto jünger kommt uns der Rest der Welt vor, und desto deutlicher werden wir uns dessen bewusst, dass es um uns herum zunehmend leerer wird. Wenn die Eltern schon vor Jahren gestorben sind und dann die gleichaltrigen Freundinnen und Freunde sich der Reihe nach verabschieden, geht uns auf, dass wir immer einsamer werden. Es gibt immer weniger Menschen, die noch genau wissen, wer wir sind, wo wir herkommen und was im Leben uns wichtig ist. Das Leben der anderen Menschen unterscheidet sich stark von dem unsrigen. Sie kennen unsere Verlusterfahrungen nicht.

Das Alter ist das größte aller Klagelieder. In vielerlei Hinsicht wirkt es sich auf uns stärker aus als der Tod. Nach dem Tod lebt man in der Erinnerung anderer fort. Im Alter ist es wahrscheinlicher, dass man sich vergessen fühlt, ja abgetrennt vom lebendigen Leben selbst.

»Onkel Otto«, sagte das Kind laut, »du bist jetzt der Älteste in der ganzen Familie.« Für einen Augenblick schien es im Raum etwas stiller zu werden. Eine Art unbehagliches Wissen schien über der Gruppe zu schweben. David hatte eindeutig das Unaussprechliche ausgesprochen.

David war neun. Ihm bedeutete das Unaussprechliche

nichts. Onkel Otto war 90. Für ihn bedeutete das Unaussprechliche alles, dieses Bewusstsein, dass, falls die Verwandten in der Altersreihenfolge sterben sollten, er als der Älteste so gut wie sicher der Nächste sein würde. Auch konnte dieses Familientreffen jetzt ganz gut das letzte sein, das er miterleben würde. Schließlich war Weihnachtszeit, und der Familie war nur zu bewusst, dass Tante Annie, die vorige Weihnachten 90 gewesen war, dieses Jahr in ihrer Runde fehlte.

Otto saß sehr still, sehr aufrecht, gut gekleidet, wach, ja in gewisser Hinsicht schön da. Er war ein kleiner, drahtiger Mann mit klarem Blick, geradem Rücken und festem Schritt. Er war nicht »90«, sondern Onkel Otto. Wäre jemand auf ein Gespräch darüber aus gewesen, wie es sich anfühle, 90 zu sein, hätte er das von ihm kaum erfahren.

Und das ist auch ganz richtig so. Diese Frage war überhaupt nicht Onkel Ottos Frage. Es ist eine Frage an uns alle, sobald wir entdecken, dass wir in fast jeder Gruppe, in die wir kommen, der oder die Älteste sind. Wir müssen uns selbst jeden Tag die Frage beantworten: »Wie fühlt man sich in einer jüngeren Welt, wenn man selbst so alt ist?«

Wenn wir altern, sickert eine gewisse Einsamkeit in uns ein. Es ist die Einsamkeit, die uns von dem entfernt, woher wir kommen, und von dem, wohin wir gehen. Wir fangen an, immer weniger hier zu sein und immer mehr … wo? Die Beschäftigung mit dem Wo-Sein fängt an, in uns einzuziehen.

Andererseits sind wir einsam, und das sogar mitten unter vielen Menschen, weil es – wenn überhaupt – nur so wenige gibt, mit denen wir über dieses neue Lebensgefühl sprechen können. Und andererseits kommt es uns – sogar uns – so unwirklich vor. Wir wissen: Das Alter ist nichts als eine Zahl. Bloß, dass es eben doch etwas ist.

Uns beginnen Dinge zu passieren, die die Zahl wirklich werden lassen. Wir beginnen zu spüren, dass uns das Leben zwischen den Fingern zerrinnt wie das Öl zarter Oliven, sanft und stetig, sanft und regelmäßig, sanft und unvermeidlich. Von da an werden wir dann einsam, nicht weil wir so isoliert oder ignoriert wären, sondern genau deshalb, weil wir jetzt in der Fülle des Lebens sind, unseres eigenen Lebens. Wir leben nicht mehr das Leben der Menge. Unser Leben aber, das haben wir inzwischen begriffen, ist sehr viel anders als ihres.

Wir vermissen das Gefühl der Wichtigkeit, das sich mit der Geschäftigkeit des mittleren Alters eingestellt hatte. Zumindest vermissen wir es so lange, bis wir uns einer neuen Wichtigkeit bewusst werden. Sie stellt sich dank der Tatsache ein, dass wir einfach die sind, die wir sind, statt nur das, was wir getan haben. Bis zu diesem Zeitpunkt haben wir das Gefühl, als unterhielten wir uns unter Wasser miteinander: Wir wissen nicht mehr richtig, worüber die anderen eigentlich reden. Das ist ziemlich erschreckend. Und auch die uns umgebenden Menschen – Menschen, die wir schon sehr lange kennen – verstehen uns nicht mehr. Und wir unsererseits erzählen ihnen auch nichts von der Angst oder dem Schmerz, die sich einstellen, wenn man sich jetzt in seiner ganz eigenen Welt vorfindet und nichts mehr zu sagen hat, was sie möglicherweise verstehen oder für das sich zu interessieren sie anfangen könnten.

Wir vermissen den täglichen sozialen Stimulus, der sich daraus ergab, dass wir ins Büro gingen, ins Geschäft, in den Laden, in das Klassenzimmer, in die Menschenmenge, zu den Geburtstagsfeiern, zu den Straßen-Grillfesten. Selbst wenn es ringsherum eine Menge Leute gibt, sind das alles Leute, mit denen wir noch nie zusammen waren. Keinen kennen wir wirklich. Erkennen, ja, das tun wir sie vielleicht, und wir sprechen vielleicht auch mit ihnen; aber wir kennen sie nicht wirklich so, wie wir früher unsere langjährigen Weggefährten kannten. Wir vermissen den intellektuellen Stimulus, das Gefühl, etwas geleistet zu haben, gebraucht zu werden – wie es die täglichen Probleme mit sich gebracht hatten. Wir vermissen es, beteiligt zu sein an Arbeiten, an Projekten, an Zielen, an großartigen Leistungen, von denen außer uns und unseren Kollegen fast niemand etwas wusste. Wir vermissen es, einen Platz zu haben, den wir ausfüllen können.

In früheren Zeiten blieben ältere Menschen ihr Leben lang in der eigenen Familie. Im früheren Zeiten ging man in den Ruhestand, wann man das selbst beschloss – oder wahrscheinlicher eigentlich nie. Bis sich das alles so stark änderte, waren wir Menschen, nicht ausgemusterte Rentner.

Das stimmt ja alles, ist ja alles richtig. Andererseits gab es früher kein Fernsehen, das die älteren Menschen auf dem Laufenden hielt. Es gab kein Internet, das es ihnen ermöglichte, mit ihrer weit verstreut lebenden Familie und ihren fernen Freunden in Kontakt zu bleiben. Es gab keine Möglichkeit, Teil von etwas Größerem und Wichtigerem zu werden, wenn man mit der eigenen Arbeit aufgehört hatte. Jetzt suchen wir nach Menschen, die sich die Zeit nehmen, um etwas von dem zu tun, was in der Gesellschaft dringend zu tun bleibt. Wir suchen nach Menschen, die sich bei etwas engagieren, weil es sich lohnt, und nicht, weil es gut bezahlt ist.

Womöglich erkennen wir dann, dass wir einsam sind, weil wir uns nie umgesehen haben, ob es in unserer Umgebung vielleicht Menschen gibt, die uns brauchen können.

Ein Mensch, der gebraucht wird, wirklich gebraucht, ist nie einsam, nie isoliert, nie ohne Lebenszweck. Alles, was wir tun müssen, ist, hinauszugehen und etwas zu tun. Die Welt wartet mit offenen Armen auf uns.

Eine Last dieser Jahre kann es sein, dass wir uns irgendwo in einem Loch verkriechen und unser Alter, die Veränderungen in unserem Leben und alles, was wir verloren haben, betrauern.

Ein Segen dieser Jahre kann es sein, dass wir uns der Welt, die auch hier und jetzt noch auf uns wartet, zur Verfügung stellen.

Vergebung

Der amerikanische Rechtswissenschaftler Oliver Wendell Holmes sagte: »Die Jungen kennen die Regeln, die Alten kennen die Ausnahmen.«

Mit dem Alter wird das Herz weicher, nicht so sehr aus Tugend, sondern aus Erfahrung. Mit 70 wissen wir nicht nur, dass niemand vollkommen ist, sondern auch, dass niemand vollkommen sein kann: die anderen nicht, wir nicht, niemand. Ja, wir lernen im Laufe der Jahre, dass das Leben lediglich eine Abfolge von Ausnahmen ist, mit denen man rechnen, mit denen man zurechtkommen, die man verstehen muss. Unsere Normen sind nicht mehr als Normen, sind nichts Absolutes, und wer sie absolut setzen will, wird schon bald zum Opfer seiner eigenen Starrheiten.

Wir wissen dies jetzt im Alter mit einem Wissen, das nur aus der eigenen Erfahrung kommen kann, aus dem Bewusstsein der eigenen Mängel, der eigenen Fehler, des eigenen Wunsches, vollkommen zu sein und des eigenen gewaltigen Bedürfnisses nach Barmherzigkeit, sosehr wir uns auch um alles Mögliche bemüht haben. Wir wissen das und vieles andere jetzt recht gut, wir wissen, dass man alles mit mehr Güte, mehr Liebe, mehr Behutsamkeit angehen muss. Das Problem ist nur: Sobald wir etwas wissen, können wir es niemals mehr nicht mehr wissen. Es verlangt von uns eine Art von Ehrlichkeit. Es belastet uns mit seiner Wahrheit.

Das Alter ist ein regelrechter Fundus hart erworbener Wahrheiten. Wir wissen jetzt: Die Ehe ist kein Ort, wo man immer und nur »fortan miteinander glücklich und zufrieden lebt«. Die Jugend ist nicht »sorgenfrei«, ganz gleich, wer das sagt. Regierungen sind nicht unwiderruflich unserer »Loyalität« wert, und, so lernen wir, auch Religionen »sündigen«. Aber vielleicht noch unausweichlicher ist die Erkenntnis, dass vieles nicht nur unsere Erwartungen enttäuscht hat, sondern dass auch wir selbst uns enttäuscht haben. Wir haben nicht nur viel zu vergeben, sondern uns muss auch viel vergeben werden – falls nicht von anderen, dann jedenfalls von uns selbst. Alfred Lord Tennyson sagte es so: »Zwei alte Männer, ihr Leben lang Feinde, / Trafen sich am Grab und weinten beide, / Löschten mit Tränen das böse Erinnern, / beweinten den Verlust so vieler Jahre.«

Der eigentliche Grund zur Trauer liegt oft nicht so sehr in dem, was wir getan haben oder uns angetan wurde, sondern in dem, was deswegen wir getan haben. So gehen zum Beispiel Familienfehden über viele Generationen weiter, obwohl keiner mehr weiß, wann, warum und wie genau der Zwist überhaupt begonnen hat. Noch schlimmer als die Risse zwischen Familien sind die zerbrochenen Freundschaften. Denn anders als in Familien gibt es da keine natürlichen Treffpunkte, die zwei Menschen – vielleicht sogar gegen ihren Willen – wieder zusammenführen könnten.

In der Leidenschaft des Augenblicks, jung und getränkt mit dem Gift des Perfektionismus, bestehen wir auf dem, was uns zusteht. Und wenn wir es nicht bekommen, stapfen wir gereizt davon, rechtschaffen und in selbstgerechter Wut, mit gequälter Seele: Es ist besser, ein Opfer zu sein als ein Versager. Man hat uns Unrecht getan. Jemand hat die ungeschriebenen Lebensregeln gebrochen, nach denen wir leben. Jemand hat am Lack unserer eigenen Vollkommenheit gekratzt, ist fortgegangen, hat uns schutzlos, verlassen, fern, unnahbar zurückgelassen. Zuweilen weiß der betreffende Mensch, was er angerichtet hat und warum. Zuweilen weiß er es auch nicht. Wir tauchen einfach ab und warten auf eine Wiedergutmachung, die nie kommt.

Dann vergehen die Jahre. Je wichtiger die Beziehung war, desto lebhafter bleibt die Erinnerung an das, was uns angetan wurde. Die Erinnerung und der Schmerz über das Gewesene verblasst nicht, sondern wird mit jedem Jahr stärker. Das ist eine offene Wunde, die mit der Zeit schwärt, eine Narbe auf dem Herzen, Säure im Bauch. Und die Zeit geht weiter.

Nur die Vergebung kann einen solchen Schmerz lindern. Eine bloße Entschuldigung wird dafür nicht ausreichen. Diese Art von Schmerz, den man sich all die Jahre hindurch zur Brust genommen, den man beleckt und genährt, gehegt und gepflegt hat, lässt sich nur vom Verwundeten heilen, nicht vom Verursacher der Wunde, denn der Verwundete ist es, der ihn immer noch lebendig hält.

Die Härte hat sich jetzt in mein eigenes Herz verlagert. Sie übersteigt bei Weitem die Hartherzigkeit dessen, der mit dem Messer zugestoßen hatte. Das ist jetzt meine Härte. Sie gehört mir. Ich habe sie wachsen lassen. Und ich leide unter ihr mehr als der Mensch, den ich für diese Verletzung verantwortlich mache.

Das ist das Unerledigte in Beziehungen. Man fragt sich: Warum tut mir eine so alte Wunde jetzt, wo ich alt bin, noch mehr weh als damals, als sie mir zugefügt wurde? Oder umgekehrt: Warum bin ich jetzt für sie sensibler als vor Jahren? Die Antwort lautet: »weil«: weil ich jetzt älter bin; weil ich spüre, wie schnell die Zeit jetzt rast; weil ich sehe, wie dumm ich damals war; weil mir aufgeht, dass die Distanz zwischen mir und jemandem, den oder die ich einmal sehr geliebt hatte, meiner Seele mehr geschadet hat, als es die Verletzung je hätte tun können, und weil ich im Laufe der Zeit schließlich gelernt habe, dass im Leben die Regeln nicht halb so wichtig sind wie die Ausnahmen; weil ich zu viele Jahre für etwas vergeudet habe, das es nicht wert ist, damit sein Leben auszufüllen; weil es jetzt an der Zeit ist, der Ausnahme mehr Gewicht beizumessen als der Schuldzuweisung.

Eine Schuldzuweisung löst nie wirklich etwas. Damit gleicht man nur die Gewichte auf der Waage aus. Aber aus dem Bedürfnis nach Gerechtigkeit wird nicht der Balsam der Liebe. Sie gibt mich nicht mir selbst zurück, so dass ich dann vielleicht ein bisschen demütiger würde oder auch menschlicher. Das bringt nur die Vergebung fertig.

Im hohen Alter ist Vergebung die Therapie, mit der man reinen Tisch machen kann. Sie heilt durch Annehmen. Dass Vergebung aus selbstloser Großzügigkeit geschehe, ist ein Mythos. Die Vergebung ist für den Vergebenden wichtiger als für denjenigen, der sie empfängt.

Wenn uns Bitterkeit wie Sand in die Seele rieselt, werden wir für viele Jahre aus dem inneren Gleichgewicht gebracht. Sie kratzt und gräbt und nagt und frisst an unserem Herzen. Natürlich gelingt uns trotzdem manchmal ein Lächeln, aber es ist eher ein vorgetäuschtes als ein echtes. Wir sind nicht wirklich offen, nicht wirklich von Liebe erfüllt, nicht wirklich ein glücklicher Mensch. Und das Ende der Zeit rückt näher.

Nur wir selbst können uns von der Last jener Bitterkeit befreien, die alter Groll immer noch mit sich bringt. Nur wir selbst können anfangen, den Sinn für die Ausnahmen zu entwickeln und damit das Vorgefallene als verzeihliche

Ausnahme einordnen, statt es als unabänderliche Bosheit für immer stehen zu lassen. Erinnern wir uns überhaupt noch ganz genau, wie es damals so weit kam? Und sind wir uns wirklich sicher, dass es so böse gemeint war, wie wir es uns all die Jahre ausgemalt haben? Gibt es da nichts, was einiges erklären, mildern, verständlich machen könnte? Die Dichterin Mary Lou Kownacki schrieb: »Gibt es denn überhaupt jemanden, den wir nicht lieben würden, wenn wir nur seine ganze Geschichte kennen würden?«

Haben wir nicht schon viel zu viel Zeit wegen dieser Nichtigkeit vergeudet? Ist das ein Thema, von dem wir uns weiterhin niederdrücken lassen wollen, wo wir jetzt doch unsere letzten Tage verleben, die die besten von allen sein könnten? Haben wir es so weit gebracht, damit wir am Ende derart im Gewesenen verstrickt bleiben? Wollen wir diese Distanz zwischen uns und dem Leben aufrechterhalten, jetzt, wo wir doch wissen, wie wunderbar das Leben eigentlich gedacht ist?

Die Vergebung setzt das Leben wieder zusammen. Sie beweist, dass wir viel dazugelernt haben. Sie ist ein Anzeichen dafür, dass wir innerlich heil geworden sind. Sie ist ein Merkmal unserer Selbsterkenntnis. Sie ist das Maß des Göttlichen in uns.

Das hohe Alter sagt uns, dass wir selbst oft versagt haben, dass wir selbst nie etwas wirklich vollkommen richtig gemacht haben, nie wirklich vollkommen waren – und dass das so vollkommen in Ordnung ist. Wir sind, die wir sind – und das sind auch alle anderen. Und indem wir anderen vergeben, erwerben wir uns das Recht, auch uns selbst die Tatsache zu vergeben, dass wir weniger sind, als wir immer sein wollten.

Eine Last dieser Jahre besteht darin, dass wir Gefahr laufen, uns von dem, was uns in der Vergangenheit zu schaffen gemacht hat, lähmen zu lassen.

Ein Segen dieser Jahre besteht in der Fähigkeit, einzusehen, dass das Leben nicht vollkommen sein muss, um vollkommen zu sein. Was es braucht, ist die Vergebung – die, zu der man sich durchringt und die, die man empfängt.

Kontaktpflege

Der französische Schriftsteller La Rochefoucauld schrieb: »Wenige Menschen verstehen es, alt zu sein.«

Tatsächlich muss man es mühsam lernen. Jungsein ist in unserer Gesellschaft leicht. Es hat die starke Anziehungskraft des heiligen Grals. Um das Jungsein kreist diese Welt. Es gibt kaum eine Anzeige, die es nicht verherrlicht. Die Medizin verspricht es. Trainingsprogramme garantieren es. Jungsein, so macht man uns glauben, ist die wahre Definition des Lebens. Und in einem gewissen Sinn stimmt das auch.

Aber die Grundeinstellung einer jugendlichen Gesellschaft mit ihrem Tempo und Lärm und ihrer Energie, ihrem Schub und Antrieb und ihrer Selbstgewissheit kann allzu oft auch sehr in die Vereinsamung treiben, statt hoffnungsvoll zu sein. Alle sind jung – nur ich nicht. Was also bleibt mir noch übrig, wenn nicht mehr Schub und Antrieb mein Lebenselixier ist?

In einer auf Jugend ausgerichteten Kultur kann Altsein sehr deprimierend werden. In Hollywood, so heißt es, sollen Schriftsteller über 30 nur noch schlechte Aussichten haben. Die Produzenten fürchten, dass selbst hoch talentierte über 30-Jährige zu sehr den Anschluss verloren haben, um die Jüngeren noch richtig zu erreichen. Das aber sei wesentlich, weil in dieser Alterskohorte die Wirtschaftskraft am stärksten wächst. Die Werbeindustrie weiß, wie wichtig das ist. Auch uns bringt man das bei. Diese Altersgruppe treibt unsere Gesellschaft an.

Das ist eine betrübliche Vorstellung. Eine Kultur, die darauf angelegt ist, bei Kindern Bedürfnisse zu wecken und diese dann zu befriedigen, hält für das heranrückende Alter wenig Gutes bereit. Sie liefert die ältere Generation auf Gedeih und Verderb einer Welt aus, in deren Themenkatalogen sie kaum noch vorkommt. Und schlimmer noch: Sie droht in der Gesellschaft insgesamt eine Videospiel-Mentalität heranzuzüchten, in der schnell besser ist als langsam, jung besser als alt und mit Gewalttätigkeit alles leicht gelöst werden kann. Die Opfer von Videospielen bluten nicht; sie leiden nicht; sie zerplatzen einfach. Alle langsamen und nachdenklichen Annäherungen an ernsthafte Themen kann man dann vergessen. Vergessen kann man die Ansammlung von Wissen, das erst im Lauf der Zeit wächst. Wo mit Gewalttätigkeit alles zu lösen ist, kann man auch Vernunft und Bildung, Alter und Weisheit vergessen.

Lautlos, aber stetig wird damit die ältere Bevölkerung auf einer ganz eigenen Insel isoliert. Es ist eine unsichtbare Insel, und sie wird nur noch sehr spärlich versorgt. Und die alten Menschen selbst, mit ihrer Vorliebe für Gespräch, Nachdenken und Analyse, verschwinden einfach aus den Produktionslisten, so wie digitale Ziele auf dem Computerbildschirm. So bieten zum Beispiel in den USA nur eine Handvoll von den 150 verfügbaren Fernsehkanälen klassische Musik, Fernsehdiskussionen über Bücher, Diskussionsforen über politische Themen an, und genauso wenige produzieren Programme über Theater oder Kunst. Diskussionsmaterial, das eine Gesellschaft braucht, um die aktuellen politischen, sozialen oder wirtschaftlichen Themen auf dem Hintergrund einer über tausendjährigen Tradition des Nachdenkens reflektieren zu können, wurde völlig aus den Programmen gestrichen.

Niemand empfindet diesen Mangel stärker als die wachsende Bevölkerungsschicht der Älteren. Auch diejenigen, die sich nicht über die Auswirkungen der zunehmenden Altersdiskriminierung beschweren, leiden unter ihren isolierenden Folgen. Die Anzahl der in der amerikanischen Gesellschaft allein lebenden Menschen stieg von 17 Prozent aller Haushalte im Jahr 1970 auf 26 Prozent aller Wohneinheiten im Jahr 2000.[23] In den USA sind ganze Senioren-Dörfer entstanden, die völlig von der sie umgebenden Gesellschaft abgetrennt sind.

Schlimmer noch ist, dass es inzwischen aus der ganzen Welt tragische Berichte darüber gibt, wie es den isolierten Älteren geht, sei es aus Australien und Frankreich, aus Deutschland oder aus den USA. Sie leben in Altenheimen und Wohnstiften, in ihren eigenen Wohnungen, in sozialen Wohnanlagen oder in teuren Senioren-Wohnbezirken. Diese Alten, die sich in allen Schichten und allen Regionen finden, in den unterschiedlichen Städten und Metropolen, haben eines gemeinsam, und alle ihre Geschichten laufen auf das gleiche Ende hinaus: Sie sterben allein, und es kommt vor, dass man die Toten erst nach Tagen, Wochen oder sogar Monaten entdeckt.

Erklärungen dafür gibt es viele: Es gebe nicht genügend soziale Dienste; die Familien kümmerten sich zu wenig um ihre Angehörigen und die Nachbarn zu wenig umeinander, es gebe zu wenig Gemeinschaftsgeist. Wie kann es vorkommen, wird immer wieder gefragt, dass jemand stirbt, und niemand merkt, dass er oder sie fehlt und niemand sich

23 Bevölkerungsprofil der USA vom Jahr 2000 (Quelle: U.S. Census Bureau).

darum kümmert? Große Städte können tatsächlich sehr anonym sein, und nirgendwo kann man mehr allein sein als dort. Das gilt auch für uns selbst.

In der heutigen mobilen Gesellschaft sind die Familienmitglieder und Verwandten über das ganze Land verstreut. Niemand schaut mehr in kürzeren Abständen bei der Oma vorbei. Die Menschen haben oft weit entfernte Arbeitsplätze und neigen eher dazu, mit den Kollegen Kontakte zu knüpfen als mit den Nachbarn. Soziale Gruppen formieren sich heute außerhalb der Nachbarschaft: in Kegelclubs oder bei Firmenereignissen, in Vereinen oder privaten Clubs, bei Freizeitaktivitäten der Pfarrei oder in speziellen Interessenclubs. Wir kennen gar nicht mehr alle Leute in der Wohnanlage, geschweige denn im Wohnviertel.

Das Großstadtleben funktioniert nicht nach dem gleichen Modell wie das Dorf oder die Kleinstadtgemeinde. Wir sind eine Masse von Fremden, die in überfüllten Gebieten nach etwas Raum suchen, in dem wir allein und Individuen sein und über ein Stück Privatsphäre verfügen können.

Heutzutage und im Alter können wir uns meistens unsere persönliche Privatsphäre dadurch schaffen, dass wir uns dort, wo uns der physische Raum dazu fehlt, eine psychische Distanz verschaffen. Wir reden im Aufzug und der U-Bahn nicht miteinander. Wir setzen uns nicht mehr auf eine Bank vor dem Haus. Wir machen keinen Abendspaziergang mehr, um dabei von Haus zu Haus die Nachbarn zu grüßen. Wir kennen unsere Apothekerin, den Postboten und die Bankangestellte nicht mehr namentlich, und sie kennen auch uns nicht mehr persönlich. Es ist eindeutig so, dass die ganze Welt neu lernen muss, wie man wieder zu den Leuten nebenan in Beziehung tritt, falls wir jemals wieder eine echte Gemeinschaft und eine zivilisierte Welt werden wollen. Falls wir das nicht tun, ist es kein Wunder, wenn Menschen tagelang tot sein können und niemand sie vermisst.

Aber ein Teil des Problems ist auch: Je älter wir werden, desto mehr neigen wir dazu, immer weniger den Kontakt mit der uns umgebenden Welt zu pflegen. Und das liegt an uns: Wir rufen niemanden an, schreiben niemandem, suchen zu niemandem Kontakt: so als gäbe es für uns keinen Platz im Leben, als gäbe es niemanden, der uns braucht, niemanden, der genauso sehr auf unseren Anruf wartet wie wir auf seinen.

Es gibt also noch etwas anderes, das wir nicht außer Acht lassen dürfen, wenn wir die Isolation beklagen, die sich so oft einstellt, wenn wir älter werden: das sind wir selbst. Denn wir müssen nicht isoliert sein, sofern wir uns nicht selbst isolieren. Beim Älterwerden ist es von zentraler Bedeutung, dass man auf andere zugeht. Wir müssen unbedingt hinausgehen, um den Rest der Welt zu treffen, statt daheim darauf zu warten, dass die Welt zu uns kommt.

Als Helen und Herman das Ende ihres ehrenamtlichen Einsatzes feierten, war ihr Wohnzimmer überfüllt. Das war eindeutig kein isoliertes Ehepaar gewesen. Sie waren beide schon fast Mitte 80, aber sie waren stadtbekannt, und jede Organisation war an diesem Tag vertreten. Helen und Herman hatten jeden Montag die örtliche Armenspeisung geleitet. Sie hatte gekocht, die anderen freiwilligen Helferinnen und Helfer eingeteilt, das Essen aufgetragen und jeden Besucher namentlich begrüßt. Herman war für

Spülen und Reinigung zuständig gewesen und hatte am Schluss wieder alles abgeschlossen. Sie hatte Krebs, Mühe mit den Beinen und litt an etlichen chronischen Krankheiten. Das alles konnte sie nicht von ihrem Engagement abhalten, bis sie schließlich dem Druck seitens der Familie nachgab und den Montagseinsatz jemand anderem überließ.

Was ist die Voraussetzung dafür, dass man beim Älterwerden so beliebt ist wie Helen und Herman? Woher kommt es, dass manche ältere Menschen einfach dazupassen und weiter mitmachen – und andere allein sterben und es erst nach Monaten auffällt, dass sie nicht mehr da sind?

Die Fähigkeit, aus sich herauszugehen, also sich selbst um die Nöte der Welt zu kümmern, die einen umgibt, ist die für das hohe Alter wichtigste Eigenschaft. Eine von George Vaillant von der Harvard-Universität durchgeführte, groß angelegte Untersuchung hat die Entwicklung von Erwachsenen in drei sozialen Schichten – bei Männern mit Harvard-Abschluss, Männern in der Innenstadt und Frauen mit College-Abschluss untersucht. In allen drei Schichten war der entscheidende Faktor für ein erfülltes Alter, im Laufe des Lebens die sozialen Beziehungen immer stärker ausgeweitet zu haben. Geld, Bildung und Familie hatten hingegen keine so starke Rolle gespielt.[24]

Aber diese »Ausweitung« hatte nicht nur einfach darin bestanden, viele soziale Kontakte zu knüpfen, so wichtig das auch sein mag. Die Betreffenden hatten mehr als das getan: Sie hatten sich aktiv bei einer oder mehreren großen

24 Vaillant (wie Anm. 15), 215 f.

sozialen Aktionen engagiert, bei denen es darum ging, »anderen zu helfen«.

Tatsächlich beruhen die meisten der wichtigen Bereiche des öffentlichen Lebens auf dem ehrenamtlichen Einsatz älterer Menschen. Sie sorgen sich um andere Ältere, sie kümmern sich um die Kinder junger Eltern, die zu stark beschäftigt sind, als dass sie alles selbst schaffen könnten. In den USA sind sie es, die das »Essen auf Rädern« zubereiten und ausliefern, so dass viele Ältere in ihrer eigenen Wohnung bleiben können. Hier sind es auch die Älteren, die die Schautafeln der Gemeinde gestalten und vor Wahlen die Stimmzettel austragen. Sie betätigen sich ehrenamtlich in Büchereien und Museen, in Krankenhäusern und Parks. Sie widmen sich Forschungen, die sie nicht durchführen konnten, als sie noch im Lehramt waren. Sie schreiben die Bücher, für die sie als Berufstätige noch nicht die Zeit hatten. Sie gründen die Diskussionsgruppen und Literaturkreise und organisieren die öffentlichen Veranstaltungen, die die Welt am Laufen halten. Ein Sufi-Meister hat gesagt: »Wenn du wissen willst, ob du dein Lebenswerk vollendet hast, aber immer noch am Leben bist, dann wisse: Du hast es noch nicht vollendet.«

Die Alten sind diejenigen in der Welt, die etwas geben, und indem sie Gebende sind, knüpfen sie ein weites Netzwerk von Kontakten und Freunden und von Menschen, die auf sie angewiesen sind, sie brauchen, von ihnen Antworten erwarten.

Am wichtigsten dürfte jedoch sein, dass das hohe Alter das einzige Alter ist, in dem wir selbst erstmals im Leben frei genug sind, um ein gutes Stück weit unser Denken auf eine viel weitere Welt als unsere private zu richten. Auf diese Weise können wir für die Welt insgesamt wichtig werden. Wir sind jetzt dafür bereit, über uns selbst hinaus auszugreifen, und das um all der anderen Menschen willen, denen wir diese Welt überlassen werden.

Eine Last dieser Jahre ist die Gefahr, dass wir uns selbst einfach nur deshalb nutzlos vorkommen, weil wir nicht mehr dieselben Rollen und Positionen innehaben wie in der Jugend.

Ein Segen dieser Jahre ist die Freiheit, aus uns heraus auf andere zugehen zu können. Wir können jetzt alles, wozu wir fähig sind, tatsächlich tun, und wir können alles, was wir in all den Jahren in Seele und Geist entwickelt haben, auf allen möglichen Gebieten zum Wohl der übrigen Menschheit umsetzen.

Gegenwart

Der Philosoph und Dichter George Santayana sagte: »Außer dem Geist ist nichts an sich und unbesiegbar jung. Und der Geist kann wahrscheinlich in der Ruhe des hohen Alters besser in den Menschen einziehen und in ihm ungestörter gedeihen als im Trubel der Abenteuer des Lebens.«

Geht die lange Zeit der Jahre des Familienlebens und der Arbeitsroutine zu Ende, so machen sich die Veränderungen des Lebensstils am deutlichsten darin bemerkbar, dass sich die Tage anders gestalten. Das Leben hat jetzt eine andere Gangart, und diese ist nicht immer bequem. Es dauert nicht lange, und wir fangen an, unter dem Gefühl des Verlassenseins zu leiden. Der Grund dafür ist das, was wir für eine der größten Annehmlichkeiten des Alters gehalten hatten: unsere ganze Zeit zur Verfügung zu haben. So zeitlich unbeschwert wir uns auch fühlen mögen – das Problem ist jetzt, dass wir einfach nicht wissen, was wir tun sollen, wenn »nichts zu tun« ist.

Fast unser ganzes Leben lang waren die Tage genau geregelt. In der Folge können wir leicht den Geist des Spielens verlieren. Nicht nur unser Körper altert, auch unser Geist kann etwas muffig werden. Im Laufe der Jahre ist uns ein Stück weit das Gefühl verloren gegangen, viele Möglichkeiten zu haben und uns in etwas ganz hineingeben zu können. Und was noch wichtiger ist: Der Sinn für das Spielen, diese Qualität in uns, die uns wirklich jung hält, hat nach all den Jahren, in denen wir sie vernachlässigt haben, viel von ihrem elektrisierenden Reiz verloren. Es kann vielleicht sogar einige Zeit dauern, um diesen Sinn wieder zu wecken. Aber wir müssen ihn wieder in uns wecken, wenn wir unbeschwert alt werden wollen.

Das Alter ist dazu gedacht, den Geist lebendiger werden zu lassen. Das Alter ist dazu gedacht, uns wieder spielen zu lassen: mit Ideen, mit Vorhaben, mit Freunden, mit dem Leben.

Es ist eine der schöneren Gaben des Älterwerdens, dass die Zeit bedeutungsvoller wird. Die Zeit wird jetzt zur Weggefährtin. Wir sind uns ihrer immer bewusst. Sie schwebt über uns wie ein kühlender Nebel, wie eine wärmende Sonne – sie weckt uns auf, die Kraft des Gegenwärtigen wahrzunehmen.

Wenn wir ins höhere Alter kommen, verleben wir die Augenblicke nicht beiläufig. Jetzt verkosten wir sie. Wir melken einen um den anderen aus, wringen ihn aus, genießen ihn. Noch nie war das Gegenwärtige so würzig. Noch nie war jeder Tag köstlicher, schmerzlicher, befreiender, sorgenvoller, war jede Minute vollständiger ausgekostet als jetzt, wo wir beginnen, die uns womöglich noch verbleibenden Tage zu zählen. Noch nie war unser Geist lebendiger. Tatsächlich heißt es jetzt, keine Zeit mehr zu verlieren. Das Jetzt ist nun nicht bloß ein Augenblick unterwegs zum nächsten Augenblick. Es ist alles, was wir vom Leben haben.

Wenn wir es lernen, uns mit so großer Leidenschaft in den Augenblick zu versenken, mit so viel reiner, unabgelenkter Sinnlichkeit, dann lernen wir es endlich, wirklich zu leben. Das bisherige Leben hatte den Zweck, bis zu diesem Punkt im Leben zu gelangen. Es war reine Einübung in diese Zeit, waren erste Ansätze zu dem, was es heißt, voll und ganz zu leben. Erst in der Gegenwart lernen wir zu leben, und die Gegenwart ist das, worauf wir uns im Alter konzentrieren. Wir leben jetzt hier, nur hier – und tun das ganz bewusst und absichtsvoll.

Dinge, für die wir zuvor nie ein Auge hatten – Dinge, die wir unser Leben lang besaßen und in die Hand nahmen und sahen – werden plötzlich, fast wie zum ersten Mal, strahlend präsent. Wir beginnen die Art wahrzunehmen, wie ein Baby zurücklächelt, wenn wir ihm lange genug zulächeln. Wir fragen uns, wieso am Ufer eines vollkommen still daliegenden Sees Wellen plätschern. Wir begreifen, dass der Schmerz in den Augen eines geliebten Menschen jetzt angesprochen werden muss, bevor es zu spät ist, ihn zu stillen.

Die Gegenwart findet wie nie zuvor ihren Weg in die Mitte unserer Seele. Wenn die Zeit so verstreicht, wird die Wertschätzung viel intensiver. Wir begreifen, dass sich ein Gespür für Wertschätzung am besten in der gesteigerten Achtsamkeit für die Gegenwart entfaltet, die sich mit dem Alter einstellt. Wir beginnen Gerüche zu riechen, auf die wir noch nie geachtet hatten, weil wir viel zu sehr beschäftigt waren mit Papierkram und Werkzeugen und Einkaufen oder dem schweren Korb voller Wäsche, die noch zu waschen war. Jetzt fällt es uns leicht, uns einfach draußen vor einer Bäckerei hinzusetzen und den Geruch von frischem Brot zu riechen. Mit dem Geruch kommt natürlich auch die Vergangenheit hoch, aber mit ihr auch das Gefühl, wie liebenswert die Gegenwart ist. Das Leben im Ganzen hat uns nicht verlassen. Ja, vielleicht haben wir noch nie in unserem Leben so viel echtes Leben wahrgenommen wie jetzt. Jetzt können wir uns hinsetzen, seine Verwicklungen anschauen, von seinem Sinn betört werden.

Aber die Gegenwart ist noch mehr. Sie hat etwas Dringliches an sich, etwas, was uns antreibt, mehr zu tun, als wir meinen an einem einzigen Tag tun zu können. Uns geht auf: Die meisten Menschen stehen den ganzen Tag an der Drehbank, sitzen den ganzen Tag am Schreibtisch, sind den ganzen Tag hinter den Kindern her, hasten den ganzen Tag durch den Verkehr oder starren den ganzen Tag auf die Uhr. Wir nicht. Nicht die jungen Alten, nicht die alten Alten. Wir gehen von Ort zu Ort, weil wir dort sein möchten; weil wir uns darüber freuen, dass wir dort sein können; weil wir wissen, dass es ein Geschenk und eine Gnade für uns ist, dort zu sein, nicht eine Mühsal, nichts Langweiliges, keine Zeitverschwendung. Wir schreiten durch die Zeit und hinterlassen in ihr um der kommenden Zeiten willen unseren Abdruck.

Wir stimmen uns auch auf andere Weise auf die Zeichen ein, die die vor uns Hingegangenen hinterlassen haben. Wir fragen uns, wer wohl die alte Bank im Park gemacht hat. Und in unserem Herzen bedanken wir uns bei denjenigen, die den Stein geschleppt haben, die ihn mit einer Inschrift versehen haben, die ihn festzementiert haben, damit er für uns sicherer ist und damit er noch viele Jahre dort stehen kann.

Ja, wir sagen uns selbst, dass niemand umsonst lebt. Aber wir nehmen mit einer Art Schmerz wahr, dass wir das vor diesem Augenblick noch nie so gesehen hatten. Ach, das Alter …

Die Gegenwart ist eine Art Drehtür des Lebens, die uns von einem Ding zum anderen mitnimmt. Und sie lässt und jetzt langsamer werden. Sie hält uns an, weil wir auf die vielleicht intensivste Art wahrzunehmen begonnen haben, dass wir eine Vergangenheit haben. Bislang hatten wir das

Gefühl, alles, was wir denken, würde immer so bleiben und sich irgendwie aneinanderreihen. Das ist jetzt verschwunden. Und ganz klar und deutlich gesagt: Die Kraft der Gegenwart liegt darin, dass sie uns bewusst macht, dass uns womöglich gar nicht mehr viel Zukunft bleibt. Hoffentlich noch zehn Jahre. Wahrscheinlich noch fünf. Morgen noch, so Gott will.

Es ist also die Gegenwart, die uns ständig an den Wert des uns gerade vor Augen Liegenden erinnert. Diesen Weg hier werde ich womöglich nie mehr gehen. Wie viele Reisen werde ich nach dieser noch machen können? Aber warum mir darüber den Kopf zerbrechen? Diese jetzige war so gut. Dieses Jetzige war so schön. Ist es wirklich so wichtig, wie viel mehr davon es noch geben wird? Der einzige Grund, weshalb man je etwas wiederholen muss, ist der: damit man schließlich lernt, es in seiner Fülle zu erfahren.

Die Gegenwart des hohen Alters, des gegenwärtigen Alters, enthüllt uns die Unsichtbarkeit des Sinns. Alles im Leben ist voller Sinn – sobald wir fähig sind , ihn zu sehen, zu erfahren, nach ihm Ausschau zu halten. Sobald wir wirklich in die Fülle der Gegenwart eintreten, hören wir auf, das Leben für selbstverständlich zu halten.

Leben ist jetzt. Nur jetzt. Aber wer von uns hat je innegehalten, um das zu bemerken? In all diesen anderen Jahren taten wir, was wir taten, weil es zu dieser Zeit unsere Lebensaufgaben waren. Aber unsere jetzige Lebensaufgabe ist einfach das Leben selbst. Was wir noch nicht gelebt haben, wartet immer noch darauf, von uns gelebt zu werden. Hinter jedem Augenblick wartet der Geist des Lebens, der Gott des Lebens. Jedes kleinste Ding, mit dem wir uns abgeben, ist dazu da, uns tiefer in seine Substanz hineinzuführen. Die englische Mystikerin Juliana von Norwich nahm einmal eine Eichel in die Hand und sagte: »Darin ist alles, was je war.« Und sie hatte recht. In diesem kleinen Ausbund an Leben sind die Elemente allen Lebens in der Welt. In diesem Augenblick, im Jetzt des Lebens ist alles, was wir je waren und sein werden. Und es ruft uns jetzt auf, all das in seiner ganzen Fülle zu sein und immer mehr zu sein.

Die Gegenwart führt uns in die Mitte unserer selbst und stellt uns die Frage: Wo warst du die ganze Zeit? Wie konntest du es verpassen, vergessen, übersehen, was schon immer in diesem Augenblick steckte? Wenn du zur Arbeit hastetest, hast du da begriffen, dass es bei der Arbeit darum geht, deinen schöpferischen Beitrag zur Welt zu leisten? Wenn du in Liebe mit jemandem eins wurdest, war dir da klar, dass es in der Liebe um die Ekstase des Göttlichen im Leben geht? Wenn du verletzt und abgelehnt und übergangen wurdest, wusstest du da, dass vom Kreis eines anderen ausgeschlossen zu sein einfach hieß, dass du dir den Wert und die Stärke deines eigenen Selbst bewusster machen solltest?

Die Gegenwart ist die Freundin des Alters, nicht seine Feindin. Sie überflutet uns mit Leben. Sie durchfeuchtet uns mit dessen Salzlauge. Sie schenkt uns den Raum und die Zeit, um wahrzunehmen, dass wir ohne unsere Vergangenheit vermutlich diese Gegenwart nicht so gut leben könnten.

Die Last der Gegenwart besteht darin, dass sie uns die Tatsache vor Augen führt, dass die Zeit verfließt.

Die Gnade der Gegenwart besteht darin, dass sie uns das Fließen der Zeit verstehen hilft – damit wir mit dem Geist in voller Blüte leben.

Wertschätzung

Der Naturforscher und Künstler John Burroughs schreibt: »Auf wie wunderbare Weise werden die Blätter alt! Voller Licht und Farben sind ihre letzten Tage.«

Wenn im Leben nur noch wenig anderes zu tun bleibt, als gut zu leben, wird das Leben umso kostbarer und mit seinen vielen Schichten von Schönheit noch viel eindrucksvoller als früher. Muscheln am Strand werden zu Kunstwerken, die des Aufbewahrens wert sind. Der Wind an einem trockenen Tag eröffnet eine neue Einsicht in den Glanz der Schöpfung. Das Lächeln eines anderen Menschen verknüpft uns mit der gesamten Gemeinschaft der Menschen. Unser Fehler ist vielleicht einzig der, dass wir so lange brauchen, um uns von der Wucht der Normalität wachrütteln zu lassen. Wir sehen, aber erst ziemlich spät. Wir hören die uns umgebende Welt, aber nur zum Teil. Wir spüren die Symphonie des Lebens, aber nur schwach. Und dann plötzlich, wenn nichts mehr zwischen uns und der rohen, herben, süßen Mitte des Lebens steht, das sie verdecken könnte, ist es voll da, lebendig und strahlend direkt vor unseren Augen. Ein Empfinden der Wertschätzung überkommt uns, aber zu oft kommt es zu spät.

In einem Restaurant saß eine Gruppe junger Leute, die alle auf die eine oder andere Weise physisch behindert waren. Eine junge Frau zog das Profil des Jugendlichen neben sich mit der Fingerspitze langsam nach: die Augenhöhlen, die Nase, die Ohren, die Lippen. Dann warf sie ihren Kopf auf eine Seite, lachte vor Entzücken leise auf und sagte: »Du bist wunderschön! So wunderschön!«

Die junge Frau, die das Gesicht mit so viel liebevoller Aufmerksamkeit abgetastet hatte, war blind. Sie neigte den Kopf nach hinten, und man konnte sehen, dass ihre Augenhöhlen leer und vernarbt waren. Sie sah nichts. Oder vielleicht war es in Wirklichkeit so, dass sie es gelernt hatte, wesentlich mehr zu sehen, als die meisten von uns zu sehen vermögen. Vielleicht konnte sie sehen, was wir anderen alle mit unserem klaren Sehvermögen und unseren oberflächlichen Seelen niemals zu sehen vermögen.

Diese Begebenheit kann uns alle nachdenklich machen: Wie kommt es, dass man etwas verlieren kann und dadurch dennoch einen besseren Sinn dafür bekommt? Vielleicht liegt es am Instinkt für das Leben, der sich erst dann deutlich in uns regt, wenn uns ein Stück Leben abgeht.

Vielleicht ist das eines der großen Geschenke des Altwerdens. Wenn wir nicht mehr so schnell gehen können, wie wir das früher taten, sehen wir endlich umso deutlicher und bewusster als jemals vorher jede einzelne Blumen, die Risse in den Gehsteigen, die uns begegnenden Kinder. Es scheint, als bestünde eine der Funktionen des Altwerdens darin, uns die Fähigkeit zu verleihen, alles das zu sehen, was wir all die Jahre bisher übersehen haben.

Vielleicht besteht eine der wichtigsten Auswirkungen des Alterns darin, dass wir begreifen lernen, dass wir das Leben nicht für selbstverständlich halten sollten. Das Leben kann man nicht in sich hineinschlingen – man kann es nur in Ruhe verkosten. Man muss an ihm nippen und es langsam bis zur Neige austrinken.

Leider gehören in einer überall in einen schnellen Gang geschalteten Gesellschaft das Schmecken und Verkosten nicht zu den Merkmalen unseres Alltags. Wir plagen uns durch dichten Verkehr und trommeln mit den Fingern nervös auf dem Lenkrad herum. Wir programmieren sogar unser Glaubensleben. Da gibt es keine spontanen »Einkehr« in der Kirche mehr und keine Meditationszeiten am Flussufer. Wer führt noch mit Freunden lange Gespräche über spirituelle Themen oder philosophische Fragen? Wir sind zu sehr mit dem Überleben beschäftigt, als dass wir noch so lange Pausen machen könnten, wie es nötig wäre, um das Leben verkosten zu können.

Aber jetzt ist dieses ganze Gehetze vorbei. In jedem Verlust und jeder Einschränkung, die sich mir auferlegen, steckt eine Einladung, tiefer ins Leben einzutauchen, als ich das bislang getan habe. Wenn das Atmen schwieriger wird, rieche ich die Luft – vielleicht seit Jahren zum ersten Mal. Wenn ich die Tage verrinnen sehe, wird jeder von ihnen mehr zum Abenteuer, sofern ich das nur aus ihm mache. Wenn die Menschen vor mir anfangen, auf eine herzzerbrechend regelmäßige Weise für immer aus meinem Leben zu verschwinden, fange ich an, mit den Menschen, die um mich herum sind, mehr über wichtige Dinge zu reden, aus Sorge, ich könnte ihnen nicht mehr weitersagen, was ich selbst viel zu spät gelernt habe.

Jetzt fange ich an, zurückzuschauen und aus meiner Erinnerung aufzusammeln, was ich während all der Jahre des Rennens und Aufnehmens und Sammelns und Auswechselns und Aufgebens von Menschen und Dingen längs des Weges übersehen hatte. Und indem ich so sammle, entwickle ich selbst genug Seele, um endlich den Platz all dieser anderer in meinem Leben richtig schätzen lernen zu können. Der eine lieferte mir das Vorbild für die Disziplin, die ich brauchte. Eine andere lehrte mich die Liebe zur Arbeit, die mein Leben eher zum kreativen Unternehmen als zur bloßen Schufterei machte. Von einem Dritten bekam ich eine Einführung ins Leben und lernte, wie man es in Reife und zugleich mit Begeisterung leben kann.

Ich schätze jetzt, wo ich rascher friere, die sommerliche Wärme noch mehr als früher. Aber wenn ich mich in eine warme Decke wickeln und mir ein gutes Buch vornehmen kann, werden mir auch der Winterwind und der klatschende Regen eher zum Freund als zum Feind. Der Herbst, so merke ich, verspricht eher einen weiteren lichtvollen Frühling als nur ein ödes, graues Ende des Lebens.

Die Last dabei, sich mit diesen verlorenen Jahren auseinandersetzen zu müssen, liegt in der Angst, dass ich den Großteil meines Lebens vergeudet habe, als ich immer nur stur nach vorn geschaut habe und weitergehetzt bin.

Der Segen liegt darin, dass ich jetzt nicht nur die Vergangenheit ganz neu wertschätzen lernen kann, sondern auch auf ganz neue Weise die Gegenwart.

Glaube

Der französische Essayist Jean de La Bruyère schrieb: »Wir hoffen, alt zu werden, doch fürchten wir das Alter. Wir wollen leben und haben Angst vor dem Sterben.«

Es ist schwer zu sagen, wovor wir mehr Angst haben: vor dem Tod oder vor dem Altwerden. Es könnte durchaus sein, dass wir in gleich starkem Maß das Altwerden und auch das Sterben fürchten, aber weil wir den Tod fürchten, akzeptieren wir das hohe Alter, wenn auch ziemlich widerstrebend. Viel lieber würden wir jung bleiben, denn wir können uns nicht vorstellen, wie wunderbar das hohe Alter sein kann. Wir möchten leben, weil wir den Tod nicht verstehen, den Geburtskanal zu dem, wovon der Geist versichert, dass es eine neue, andere Art von Leben sein wird – was immer es genau sein mag. Aber die Finsternis, die dieses »was immer« umgibt, blockiert sowohl unser Denken als auch unser Fühlen.

Finsternis ist die Pathologie der Seele. Sie ergibt sich aus dem Bewusstsein, dass, auch wenn ich im Leben noch so kompetent sein mag – einen guten Haushalt führe, prächtige Kinder aufgezogen habe, eine einigermaßen einflussreiche Stellung habe –, ein Zeitpunkt kommen wird, wo ich selbst absolut keine Kontrolle habe. Ich werde sterben.

Mehr noch: Ich weiß auch nicht wirklich, was dabei von mir verlangt werden wird. Ich habe keinerlei Vorstellung davon, wie dieser Augenblick aussehen wird. Ich weiß nur, dass ich allein sein werde. Ich werde diesen Weg ohne Begleitung und ganz allein gehen; ich werde das größte Unternehmen meines Lebens ohne Gefährten, ohne Unterstützung anpacken müssen. Es wird niemanden geben, der mit mir durch diesen Tunnel ins Nirgendwo gehen wird. Es ist der Augenblick absoluter Auslieferung.

Aber jetzt noch nicht. Noch nicht, bis ich jede Minute aus dem Leben gesaugt habe, die ich aus ihm heraussaugen kann. Noch nicht, bis ich um jeden Atemzug gekämpft habe, den ich noch habe. Noch nicht, bis ich den größeren spirituellen Sinn dieser Lebensphase erfasst habe. Noch nicht, solange ich noch sehe, dass der Gott, der mich geschaffen hat und mich zu meiner vollen Größe hat heranwachsen lassen, noch nicht damit fertig ist, mich ausreifen zu lassen.

Was wir fürchten, ist nicht so sehr ein Endgericht. Doch, wir haben oft versagt, aber die meisten von uns haben dennoch meistens alles getan, was sie unter dem Stress der damaligen Situation tun konnten. Unsere Fehler sind Legion, aber unsere Bosheit war minimal. Es stimmt, wir waren nie eine so unbefleckte Seele, wie wir es gern gewesen wären, aber wir haben uns echte Mühe gegeben. Und wie auch unsere Fragen über Gott, über das Leben, über das Ende aussehen mögen, wir haben trotz unseres mangelnden Vertrauens auf das Unbekannte ein gewisses Vertrauen. Natürlich sind wir uns nicht sicher, wer Gott ist, aber wir sind uns einigermaßen zuversichtlich sicher, wer oder was Gott nicht ist.

Wir haben an Ideale geglaubt. Wir fanden es oft schwierig, uns zwischen ihnen zu entscheiden – wenn eines mit einem anderen in Spannung stand –, aber wir glaubten zum Beispiel sowohl an die Liebe als auch an die Gerechtigkeit. Wir glaubten sowohl an das Gesetz als auch an die Barmherzigkeit, auch wenn wir eher dem einen als dem anderen zuneigten. Selbst wenn unsere Anstrengungen, mehr zu tun und besser zu sein, nicht ganz so groß waren, wie sie hätten sein können, gaben wir doch nie den Versuch auf, innerhalb der Grenzen des Besten zu leben. Selbst wenn wir nie den Charakter besaßen, in jeder Hinsicht absolut die Besten sein zu wollen, hatten wir unseren Glauben. Bis jetzt. Bis die Tage kürzer zu werden begannen. Bis wir eines Tages aufwachten und plötzlich merkten, dass wir schon weit mehr Zeit hinter uns als noch vor uns hatten.

Das Problem ist, dass wir nicht sicher sind, ob wir an den Glauben glauben. Wir stellen ihn auf die einzige Art auf die Probe, die wir kennen. Wir bezweifeln, ob wir ihn überhaupt haben. Wir fragen uns, ob wir genug Glauben haben. Wir stellen uns die Frage, was mit dem Glauben passiert ist, den wir hatten. Einmal. Als wir jung waren. War diese Art von Glauben überhaupt wirklich ein Glaube? Oder war das eher Magie? Stellt das nagende kleine Bedürfnis nach voller Klarheit unseren Glauben, wie immer er aussehen mag, völlig in Frage?

Das Paradoxe ist, dass dieses Nichtwissen letztlich das ausmacht, worum es im Glauben geht.

Gewiss besteht ein Zweck des Lebens darin, uns an den Punkt zu bringen, von dem an wir es schaffen, dem Universum zu vertrauen und die Logik seines scheinbaren Chaos in unserem Leben zu erkennen: der Schneestürme im Winter, der glühenden Hitze im Sommer, des Sterbens im Herbst. Aber dieses große, aus offenem Herzen kommende Vertrauen stellt sich nur ganz langsam ein. Es zieht nur in die ein, die in all die Jahre zurückschauen können und wahrnehmen, dass aus tragischen Ereignissen Segnungen wurden. Ganz am Schluss.

Erst als die Jahre vorbeigegangen waren, begannen wir

mühsam und zögerlich zu begreifen, dass im Kosmos ein Segen waltet. Lange vor der Technologie war schon Gott.

Wir kochten damals unsere Speisen auf dem Feuer. Nicht nur zur Zeit der Neandertaler, sondern noch in unserer eigenen Zeit. Wir konservierten Fleisch mit Salz. Wir mahlten Getreide mit Wind- und Wasserkraft. Uns ging auf, dass uns sowohl als Menschheit wie auch als Volk alles gegeben wurde, was wir zum Leben brauchten, und wir es uns selbst verschaffen konnten. Die Nahrungsmittel gab es frisch, nicht vakuumverpackt. Das Wasser kam aus dem Fluss, nicht dem Hahn. Licht wurde es jeden Tag, und während es dunkel war, schliefen wir. Zwischen uns und den Elementen gab es das Wunder namens Leben und den Gott, der sie so regelmäßig machte wie die Morgendämmerung und so dauerhaft wie das Gebirge. Wir nahmen wahr, dass uns eine dauerhafte Güte umgibt, die uns aufrecht hält und weiterträgt.

Aber uns kommt allmählich die Einsicht, dass wir nur zum Teil sehen gelernt haben. Jetzt fließen uns all diese Wahrnehmungen in die Seele und lindern unsere Ängste vor der Finsternis, deren Ende wir nicht kennen.

Natürlich haben wir unser Leben lang unseren Glauben gehabt. Aber er richtete sich auf so vergängliche Dinge. Wir vertrauten Banken, die Pleite gingen, und Regierungen, die uns anlogen. Wir bauten unseren Glauben auf Bescheinigungen, die verblassten, auf Positionen, die vergingen, und auf Geld, das uns nicht zufriedenstellen konnte. Wir setzten unser Vertrauen auf uns selbst und nannten es Glauben. Jetzt, wo unsere eigene Lebenskraft zu schwinden beginnt, lernen wir, dass wir unseren Glauben auf etwas anderes verlegen müssen.

Jetzt sind wir in den Jahren, in denen wir anfangen müssen, loszulassen, wie ein Kind, das langsam ins Wasser des Sees eintaucht. Dinge zu haben, das Kommando über etwas zu haben, ist nicht mehr so wichtig. Oder wie im 6. Jahrhundert der syrische Philosoph Philoxenos schrieb: »Nicht wer viele Besitztümer hat, ist reich, sondern wer keine Bedürfnisse hat.«

Eine Last dieser Jahre besteht in der Versuchung, zu denken, einem grausamen Universum ausgeliefert zu sein, wenn uns die Kraft fehlt, unseren Willen in der uns umgebenden Welt durchzusetzen.

Ein Segen dieser Jahre ist es, dass wir jetzt auf den Leben spendenden unsichtbaren Gott zu vertrauen beginnen können, und zwar stärker, als wir auf die Accessoires des Lebens vertraut haben, die uns ohne Garantie zugefallen und ohne Vorwarnung abhanden gekommen sind.

Vermächtnis

Der römische Philosoph Seneca schrieb: »Nichts ist unwürdiger als die von Jahren schweren Alten, die außer ihrem Alter keinen anderen Beweis dafür haben, dass sie lange gelebt haben.«

Etwas fast unerträglich Schmerzliches umgibt die Gräber unbekannter Soldaten, die anonymen Gräber, die Leichenschauhäuser mit nicht identifizierten Toten. Aber es ist nicht nur die Anonymität des Todes, die dort so schwer lastet. Sicher liegt es auch daran, dass ein Leben von uns gegangen ist und wir keinerlei Möglichkeit haben, zu erfahren, welches Vermächtnis es hinterlassen hat.

Aber es ist ein großer Unterschied zwischen einem Vermächtnis im gewöhnlichen und einem Vermächtnis im tieferen Sinn.

»Ein Vermächtnis zu hinterlassen« bedeutet heute normalerweise, die Aufteilung seines Vermögens – meist Geld – unter seinen Erben genau zu regeln, und zwar mittels eines juristischen Dokuments, des Testaments. Für die meisten Menschen ist es ein seltenes Ereignis, in einem Testament erwähnt zu werden.

Aber dennoch sprechen Menschen immer wieder davon, wie das Leben eines unlängst Verstorbenen sie bereichert habe. Mögen die Verstorbenen reich oder arm, Männer oder Frauen, mächtig oder machtlos gewesen sein – es ist nicht ihr Testament und nicht ihr Geld, das ihr gemeinsamer Nenner ist, sondern ihr immaterielles Vermächtnis. Was uns wirklich bereichert, ist der Umstand, dass unser Leben mit den vor uns Hingegangenen in Berührung gekommen ist.

Solche Vermächtnisse sind gar nicht selten. Sie verbinden uns sowohl mit der Vergangenheit als auch mit der Zukunft. Wir vergessen allzu leicht, dass jede und jeder von uns ein Vermächtnis hinterlässt, ob wir das wollen oder nicht und ob uns das recht ist oder nicht. Unser Vermächtnis ist die Qualität des Lebens, das wir hinterlassen. Was wir gewesen sind, wird sich den Herzen derer einprägen, die noch viele Jahre nach uns leben werden. Die einzige Frage ist nun: Kultivieren wir dieses lebendige Vermächtnis genauso sorgfältig, wie Banker, Finanzbeamte und Notare die materiellen Vermächtnisse verwalten, die aus nichts als Aktien, Wertpapieren, Versicherungspolicen und Sparkonten bestehen und von denen ein Großteil womöglich schon von den Steuern aufgefressen wird? Was lassen wir zurück? Das ist die Frage nach der Qualität und Färbung, die unsere gesamte Lebenszeit annimmt.

Wir hinterlassen unsere Einstellung gegenüber der Welt. Man erinnert sich an uns, je nachdem, ob und wie wir andere zur Liebe zum Leben und zur Offenheit für andere inspiriert haben. Man wird sich wegen unseres Lächelns an uns erinnern und wegen unseres Stirnrunzelns, wegen unseres Lachens und wegen unserer Klagen, wegen unserer Güte und wegen unserer Selbstsucht.

Wir hinterlassen für alle sichtbar unser Wertesystem, das alles prägt, was wir tun. Auch Menschen, die uns nie direkt gefragt haben, was für uns im Leben zählt, sind nicht im Zweifel darüber, was das war. Sie wissen, ob wir Sorge für die Erde getragen haben, weil sie sahen, wie wir unsere Blumenbeete anlegten – oder die Abfälle bis über die Fläche hinausquellen ließen, die ein Garten hätte sein können. Sie wissen, wie wir über die Menschen mit anderer Hautfarbe oder Glaubensüberzeugung dachten, denn sie lasen das daraus ab, wie wir von ihnen redeten und welche persönlichen Kontakte wir mit ihnen hatten. Sie kennen die Tiefe unseres spirituellen Lebens, denn sie lasen es daran ab, wie wir mit den uns umgebenden Menschen umgingen und was wir vom Leben hielten und wofür wir unser Leben einsetzten.

Wir hinterlassen die Erinnerung an die Art, wie wir Fremde behandelt haben und die uns Nächsten geliebt haben. Wie wir uns um die gekümmert haben, die uns liebten, wie wir in schweren Zeiten mit ihnen geredet haben, wie wir uns selbst vergessen haben, um ihren Bedürfnissen zu entsprechen.

Wir hinterlassen mit unserer Einstellung zu Tod und Leben und zu Ziel und Sinn ein Vorbild für die Beziehung zu Gott. Unser eigenes spirituelles Leben ist für das spirituelle Suchen und Ringen der uns umgebenden Menschen sowohl eine Herausforderung als auch eine Hilfe. Um dem Augenblick der Wahrheit näher zu kommen, suchen sie nach Vorbildern dafür, wie es geht, trotz aller Ungewissheit über das bloße Spekulieren hinauszukommen.

Unser Vermächtnis ist weit mehr als unser finanzieller Wert. Unser Vermächtnis hört nicht an dem Tag auf, an dem wir sterben. Wir haben jeden Augenblick unseres Lebens in es hineingelegt. Es ist die Krönung des Alterungsprozesses. Es ist die wichtigste Aufgabe dieser Jahre. In dieser Lebensphase verfügen wir über die Einsicht und auch über die Weisheit, sehen zu können, dass es an uns liegt, wie unser Vermächtnis aussehen wird.

Falls wir das Bedürfnis haben, alte Erinnerungen zu tilgen und neue zu schaffen, können wir das jetzt zu tun.

Falls wir ein unausgeglichenes Leben geführt haben, falls die Betonung mehr auf dem Verbrauchen und Ansammeln gelegen hat als auf dem Geben und Teilen und Helfen, dann sind dies jetzt die Jahre, um unsere Lebensweise zu ändern und anderen zu ermöglichen, besser zu leben. Falls wir unsere geistige Entwicklung um des Materiellen willen vernachlässigt haben, haben wir jetzt die Zeit, um noch einmal gründlich zu überdenken, was es heißt, lebendig und voller Leben zu sein, alles Leben zu lieben und Gottes voll zu sein. Das können die Jahre sein, in denen unser Geist sich weit über alle alten Wunden erhebt, über frühere Kleinlichkeiten und eingefleischte Vorurteile, die uns daran gehindert haben, unser Leben mit Freunden zu bereichern, die schwarz und braun und gelb und rot und weiß sind, die anders sind als wir, deren Leben ganz anders ist als das unsere, die uns viel beizubringen haben über die vielen anderen Möglichkeiten, in dieser Welt zu sein.

Falls wir jetzt all unsere alten Vorstellungen überdenken müssen, die jetzt so sehr im Konflikt mit der uns umgebenden Welt stehen; falls wir sogar unsere Vorstellung von Gott neu überdenken müssen, so ist jetzt die Zeit dafür da, uns den wahren Fragen und Themen des Lebens zu widmen. Bei diesen Themen geht es nicht um Beruf und Geld, Prestige und Status, Überlegenheit und Arroganz.

Es ist an der Zeit, uns zu fragen, welches Vermächtnis wir hinterlassen werden. Denn eines ist sicher: Mögen wir uns selbst darüber Gedanken machen oder nicht – die anderen Menschen, die uns kennen, werden das tun.

Eine Last dieser Jahre spüren wir, wenn wir der Vorstellung erliegen, persönliches spirituelles Reifen sei für uns kein Thema mehr, und deshalb der Welt ein Vermächtnis der Unvollständigkeit hinterlassen.

Ein Segen dieser Jahre ist es, wenn wir die Zeit dafür haben, in uns selbst zu vollenden, was wir all diese Jahre vernachlässigt haben, so dass das Vermächtnis, das wir anderen hinterlassen, dem vollen Potenzial entspricht, das in uns angelegt war.

Nachwort

Die Zeit im Zwielicht

Werde mit mir zusammen alt!
Das Beste steht noch aus,
Das Lebensletzte, um dessentwillen es den Anfang gab:
Unsere Zeiten sind in Seiner Hand
Der sprach: »Ein Ganzes hatt' ich vor.
Jugend zeigt nur die Hälfte.
Trau Gott: Sieh alles. Fürcht' dich nicht!«
Robert Browning

Sean geht täglich einige Kilometer weit und schreibt und forscht weiterhin. Bill fängt jeden Morgen um sechs Uhr an und widmet sich den ganzen Tag der Verwaltung seines Grundbesitzes. Dick und seine Frau Billie unternehmen jedes Jahr eine Reise an einen neuen Ort in der Welt und sind dazwischen in der Gemeindearbeit aktiv. Treva versorgt immer noch täglich bettlägerige Kranke. Annie und Sophie fehlen nie beim Kartenspielen. Mary Margaret ist Seelsorgerin im Gefängnis. Bernie ist Krankenhausseelsorgerin und geht täglich kilometerweit durch Korridore, um Kranke zu besuchen und Familien zu trösten, die sie nie wieder sehen wird. Maureen ist Finanzdirektorin und geht ins Büro, um sich um Einkünfte in Höhe von Hunderttausenden von Dollars pro Steuerjahr zu kümmern.

Sie sind eine eindrucksvolle Gruppe. Sie halten die Welt am Laufen. Sie sind der Mittelpunkt ihrer Familien, die

Stimme ihrer Zeit, das Gedächtnis ihrer Gruppen. Das Schönste an ihnen ist jedoch, dass keine und keiner von ihnen ungewöhnlich ist. Ihre Zahl ist Legion. Millionen anderer Menschen tun Tag für Tag das Gleiche. Und wie sie sind auch diese alle zwischen 70 und 90 Jahre alt.

Sie sind gesund und glücklich, hellwach und aktiv, voller Leben und sehr, sehr produktiv. Aber machen wir uns nichts vor, sie – und wir alle – werden langsamer werden, bevor alles vorbei ist.

Dann wird die Zeit des Zwielichts kommen, dieser Raum zwischen dem Hier und dem Dort, zwischen Erde und Ewigkeit. Wir werden anfangen, mehr dort als hier zu sein. Dann werden die Sorgen dieser Welt verblassen, und wir werden uns auf etwas anderes konzentrieren.

Das heißt nicht, dass diese letzte Lebensphase eine inaktive, eine sinnlose Zeit wäre. Ganz und gar nicht.

Das mag die Zeit im Pflegeheim sein, im Krankenhaus, auf der Pflegestation der Wohnanlage, wenn wir, konzentriert wie Laserstrahlen, das Leben – unser eigenes und das aller anderen – mit frischer und frappierender Aufmerksamkeit sehen werden. Wir fangen dann an, Dinge zu verstehen, an die wir nie richtig gedacht hatten, wie etwa den Sinn der Zeit, das Vorherrschen der Schönheit, die Kraft einer uns berührenden Hand.

Dann beginnen nach und nach die alten Sorgen zu verblassen. Nichts scheint heute mehr so wichtig zu sein, wie es noch gestern war. Und wir wissen: Auch all diese Dinge – all diese Dinge, die uns früher mit ihren Ansprüchen ganz in Beschlag genommen haben – werden uns nicht mehr anfechten. Auch sie werden eines Tages im

Schmelztiegel des Lebens verschwinden und darin zu nichts zergehen.

Früher haben wir unser Leben solchen Dingen gewidmet, und jetzt können wir uns kaum noch daran erinnern, worum es dabei genau ging. Wir haben uns über sie beklagt und geärgert, wir haben ihretwegen Beziehungen beendet und neue geknüpft. Wir haben unser Leben an Dinge hergegeben, von denen wir jetzt wissen, dass sie sehr unbedeutend waren. Jetzt sind wir in Frieden.

Das Toben hat aufgehört. Das Sterben hat begonnen. Das Leben hat uns sein Bestes gegeben. Wir sind jetzt vollendet, abgesehen davon, dass uns noch das Ende selbst bevorsteht. Wir müssen jetzt an Wichtigeres denken als an das, was uns bis vor Kurzem noch ganz in Beschlag genommen hat. Jetzt müssen wir darüber nachdenken, wie wir uns von denen verabschieden können, die sich immer noch nicht eingestehen können, dass wir am Gehen sind. Wir müssen uns entscheiden, wie wir auf diese neue, leise Art leben wollen. Wir müssen genügend Energie in uns aufbringen, um für die, die kommen, um bei uns zu sein, voll präsent zu sein, wenigstens ein letztes Mal.

Aber unser eigenes Werk ist noch nicht vollendet.

Genau wie auch alle anderen Zeiten ist die Zeit des Zwielichts nicht für nichts da. Sie bringt ihre eigenen Aufgaben, ihre Lasten, ihre leisen Geschenke mit sich.

Die Zeit des Zwielichts ist die Zeit des Vertrauens. Alles ist uns jetzt aus dem Händen genommen. Wir haben unsere letzten Jahre gut genutzt. Wir haben mit der ganzen Energie gelebt, die uns zur Verfügung stand. Und jetzt müssen wir der Zeit, in der wir überhaupt keine Energie mehr haben, vertrauen, dass sie uns auf neue Weise für diejenigen um uns herum offen macht. Wir müssen unseren Ärzten und unseren Pflegern und unserer Situation und unserem Hinübergang vertrauen. Wir müssen es zulassen, dass andere für uns sorgen, und darauf vertrauen, dass diejenigen, die das tun, etwas von uns empfangen, so wie wir von ihnen etwas empfangen.

Wir müssen immer wieder neu die Geduld aufbringen, die uns der Schmerz raubt, die das Atmen von uns verlangt oder die uns durch die Zeitpläne anderer abverlangt wird. Wir müssen uns dem Prozess überlassen, dass ein Muskel, ein Augenblick um den anderen stirbt.

Jetzt ist die Zeit für eine neue Stärke – und auch für die Schwäche, die sie wieder wegnimmt. Man braucht Stärke dazu, um recht zu ertragen, was man überhaupt nicht mehr ändern kann. Es gibt eine Stärke, eine neue Art von Würde, die sich daraus ergibt, dass man die Schwäche gut erträgt, dass man lächelt, wenn es nach normalen Maßstäben nicht mehr viel zum Lächeln gibt, und dass man daran glaubt, dass der Tod der Geburtskanal in ein neues Leben ist.

Es ist jetzt an der Zeit, sich ins Annehmen zu ergeben. Wir treten jetzt womöglich zum ersten Mal in unserem ganzen Erwachsenenleben in eine Phase totaler Abhängigkeit ein. Wir werden jetzt aufgefordert, eher anzunehmen als zu widerstehen, eher willkommen zu heißen als in Frage zu stellen, eher zu glauben als zu zweifeln.

Wir werden auch noch Gespräche führen müssen. Das ist unsere letzte Zeit, um aufrichtig, liebevoll, offen, dankbar, geduldig, liebenswert, liebevoll und geliebt zu sein.

Es ist die Zeit, um mit Gott zu verschmelzen. Die Worte, die uns jetzt kommen, werden ehrlich sein, werden Worte der Hoffnung sein. Diese Zeit wird der Gipfel alles Lernens während all der anderen Jahre sein. Der Vorhang zwischen uns und der Ewigkeit wird zu zerreißen beginnen, und wir werden zum langsamen Gang durch ihn hindurch ansetzen, bereit, offen, auf das Herz Gottes geworfen.

Wir wissen jetzt, dass dieses Leben ein Ganzes ist. Die erste Hälfte war gut, so gut. Warum sollten wir auch nur einen Augenblick daran zweifeln, dass diese zweite Hälfte irgendwie weniger gut sein könnte?

Jetzt ist es so weit, dass sich uns das Geheimnis entschleiert. Jetzt ist die Zeit vollendet. Jetzt ist Schluss. Jetzt fängt alles erst an.

Dank

Ich möchte mich bei all den Menschen bedanken, deren Werke in diesem Buch zitiert werden, und zwar für ihre präzisen Forschungen über das Altern und auch für ihr Engagement für dieses wichtige Thema. Dank ihrer und vieler anderer, die wie sie sind, wird unsere Gesellschaft in der Lage sein, aus der Erfahrung, Kreativität und Weisheit der älteren Menschen in einem Maße zu lernen wie nie zuvor.

Ich bin jetzt und für immer all denen dankbar, deren fortwährende Unterstützung bei diesem Werk dazu beitrug, dass das Manuskript seinen vorliegenden Aufbau und Inhalt und seine endgültige Gestalt annehmen und schließlich erscheinen konnte. Dazu gehören: Susan Doubet OSB, die das Manuskript bearbeitet und die Zitate überprüft hat; Marlene Bertke OSB mit ihrer exzellenten Fähigkeit zum Korrekturlesen; und Maureen Tobin OSB, deren langfristige Unterstützung den Schreibprozess bis in alle Einzelheiten begleitete und alles erst möglich machte.

Ganz besonders dankbar bin ich den Vorab-Leserinnen und -Lesern, deren Lebenserfahrung diesem Werk seine Richtung und Tiefe gegeben hat. Diese Menschen aus unterschiedlichsten Lebensbereichen haben die hier vorgetragenen Gedanken mit ihren eigenen Lebensumständen und ihrem eigenen Hintergrund verglichen und wesentliche inhaltliche Beiträge geleistet. Diese Leserinnen und Leser waren Helen Boyle, Rev. Dr. Fred Burnham, Rev. Dr. Joan Brown Campbell, Mary Delaney, Dr. Jack Delaney, Dr. Gail Grossman Freyne, Russ und Kathy Peace, Dr. Sara Pitzer,

Sue Pucker, Teresa Wilson und die Frauen des Pilgrim Place sowie auch meine eigenen benediktinischen Mitschwestern Carolyn Gorny-Kopkowski OSB, Mary Lou Kownacki OSB, Rosanne Loneck OSB, Anne McCarthy OSB, Mary Miller OSB und Ellen Porter OSB.

Schließlich möchte ich mich besonders bedanken bei Denise Robinson, der ehemaligen stellvertretenden Leiterin des Pennsylvania Department of Aging, die jetzt Mitglied des Pennsylvania Council of Aging ist. Denises professioneller Hintergrund, ihr Wissen und ihr aktuelles Engagement auf diesem Gebiet trugen in hohem Maß zur Präzisierung der Daten und auch der im Manuskript dargelegten Gedanken bei.

Soweit ich nicht allen Vorschlägen und Einsichten ganz entsprochen habe, nehme ich die alleinige Verantwortung für jede Schwäche, die der Text noch haben mag, auf mich.

Am meisten aber fühle ich mich denjenigen älteren Menschen zu Dank verpflichtet, die mir geholfen haben, die Wichtigkeit und den Wert der weisen alten Menschen für unser aller Leben zu erkennen.